河南省"十四五"普通高等教育规划教材

非虚构写作理论与实践
FEIXUGOU XIEZUO LILUN YU SHIJIAN

主　编　沈文慧　禹权恒
副主编　陈　瑛　张东旭　吴浪平

河南大学出版社
HENAN UNIVERSITY PRESS
·郑州·

图书在版编目(CIP)数据

非虚构写作理论与实践/沈文慧,禹权恒主编.--郑州:河南大学出版社,2022.11(2025.7重印)

ISBN 978-7-5649-5363-8

Ⅰ.①非… Ⅱ.①沈… ②禹… Ⅲ.①汉语-写作-高等学校-教材 Ⅳ.①H15

中国版本图书馆 CIP 数据核字(2022)第 220016 号

责任编辑　侯若愚
责任校对　韩　露
封面设计　潘　静

出　　版	河南大学出版社
地　　址	郑州市郑东新区商务外环中华大厦 2401 室
邮　　编	450046
排　　版	河南金河印务有限公司
印　　刷	郑州尚品数码快印有限公司
版　　次	2022 年 11 月第 1 版
印　　次	2025 年 7 月第 4 次印刷
开　　本	710 mm×1010 mm　1/16
印　　张	20.75
字　　数	278 千字
定　　价	80.00 元

本书如有印装质量问题,请与河南大学出版社联系调换。

编写说明

本教材是河南省教育厅遴选的河南省"十四五"普通高等学校规划立项建设教材,适用于普通高等学校中国语言文学类、新闻传播类相关专业的非虚构写作课程。

20世纪五六十年代至今,世界范围内的非虚构写作方兴未艾,涌现出了蕾切尔·卡逊、杜鲁门·卡波特、诺曼·梅勒等一批著名的非虚构作家,他们的《寂静的春天》《冷血》《刽子手之歌》《凡蒂尼的早餐》等非虚构作品曾经引起轰动一时,并获得广泛好评。2015年,白俄罗斯女作家阿列克谢耶维奇以《切尔诺贝利的回忆:核灾难口述史》《战争的非女性面孔》《锌皮娃娃兵》《我不知道该说些什么,关于死亡还是爱情——来自切尔诺贝利的声音》等非虚构作品获得诺贝尔文学奖的殊荣,更激起了人们对非虚构写作的热情。20世纪80年代,中国学界开始了对非虚构写作的理论探讨,但真正形成创作热潮是在2010年被誉为"文学国刊"的《人民文学》开辟非虚构专栏、高举非虚构写作大旗之后。目前,中国主流文学刊物《收获》《中国作家》《花城》《大家》《钟山》《十月》《当代》《花山》等都开设了非虚构栏目。中国的非虚构写作可谓成绩斐然,题材内容涉及到乡土中国、城市百态、历史记忆、自然生态、社会焦点、个体生活等世间万象,并与新闻传播、影像叙事等多种文化媒介相融合,越来越彰显出蓬勃的生机与活力。其实,中国纪实文学传统久远深厚,从最早的《尚书》到《春秋》《国语》《左传》《战国策》,无不兼具了"史实"和"文学"的双重特征,司马迁的《史记》,鲁迅更誉之为"史家之绝唱,无韵之离骚"。况且,"文章合为时而著,歌诗合为事而作"的现实主义始终是中国文学的主流形态,更不必说兴起于20世纪三四十年代繁荣至今的报告文学。因此,"非虚构"虽然是个外来新词,却有深厚的本土文化基因,这是它迅猛发展的重要原因之一。

习近平总书记强调："教育要引导青年正确认识世界，全面了解国情，把握时代大势。"他希望"广大青年用脚步丈量祖国大地，用眼睛发现中国精神，用耳朵倾听人民呼声，用内心感应时代脉搏，把对祖国血浓于水、与人民同呼吸共命运的情感贯穿学业全过程、融汇在事业追求中"。长期以来，"象牙塔"是人们对大学的惯用称呼，大学生便是封闭在象牙塔中的"王子"和"公主"，初中、高中、大学，从一个校门到另一个校门，大学生的天空是低矮的，视野是狭窄的，阅历是浅陋的。国家的蓬勃发展，百姓的欢乐忧伤，生活的酸甜苦辣，社会的万千气象，于他们往往是遥远而陌生的存在。很多大学生的写作之所以无病呻吟、生编硬造、模仿抄袭，原因之一就是写作素材匮乏，"无话可说"。"问渠那得清如许，为有源头活水来"，只有让学生真正走进生活，用自己的眼睛去观察、自己的心灵去体验、自己的大脑去思考，才能找到写作的"源头活水"。

非虚构写作根植于现实土壤，与广袤的大地、鲜活的生活休戚相关，它要求大学生走出"象牙塔"，走进广阔的现实社会，体察天地万物，感受民生百态，关注社会变革，思考现实问题，因此，非虚构写作是一种大视野、大胸怀、大格局的写作，拥有鲁迅所说的"无穷的远方，无数的人们，都和我有关"的家国情怀。非虚构写作尤为强调写作主体的"在场"和"行动"，强调写作主体对国家、民族、百姓命运的关切、介入与担当。通过非虚构写作，使当代大学生走出校园，走进社会，推动大学生"脚步丈量祖国大地，用眼睛发现中国精神，用耳朵倾听人民呼声，用内心感应时代脉搏"，使当代大学生的思想更接地气，视野更开阔，胸怀更加博大，精神更加充实，对于实现高校立德树人的根本任务大有裨益。

基于以上考虑，我们于2018年在汉语言文学专业开设了《非虚构写作理论与实践》课程，并同时开展教材建设。经过广泛的深入调查研究，紧密结合新时代经济社会发展对高素质创意写作人才需求，立足新时代高校中文、新闻学科教育教学变化实际情况，形成本教材的编写理念和方案。本教材的编写者力求贯彻以下原则：

1.理论学习与实践训练相结合,知识积累与能力提升相统一。在传授系统的非虚构写作基础理论、基本知识的同时,将基础理论和基本知识运用到具体的文本分析和写作实践中,通过对优秀非虚构文本的分析解读和针对性的写作实践训练,提高学生的审美鉴赏能力和非虚构写作能力。2.注重思想引领和情感陶冶,对教材中涉及的非虚构文本从思想内容、艺术品格、价值导向等方面精挑细选、严格把关;在写作实践训练的议题设置上,倡导学生感受民生百态,关注社会变革,思考现实问题,书写改革开放和社会主义现代化建设的伟大成绩,引导学生"学、思、践、悟"社会主义核心价值观。3.注重开放性、包容性和创新性,既吸收了目前国内、国际关于非虚构写作最新的理论精髓和实践成果,又注意继承弘扬中国传统文章学的精华,力争全面系统阐释非虚构写作的基本理论、基础知识、写作要求、方法和技巧,尤其是关于"非虚构"内涵和外延的阐释对于澄清人们对"非虚构"的模糊认知很有帮助。4.简化理论阐释,力避繁琐论证,语言平实,形式灵活,力求简明性、通俗性和实用性。5.课后作业和自主学习部分,注重"阅读-思考-写作"的有机统一,阅读倡导读好"两本书"——"有字"之书和现实社会生活这本"无字"之书,在读好"两本书"的同时,要用脑、用心、用情去观察、体验、思考、探索和发现,并将自己的所见所感、探索发现形成文字写成文章,从而培养大学生的思想穿透力、非虚构写作能力和关注社会民生的家国情怀。

本教材的编写分工如下:

本教材由主编提出基本构想,拟定写作提纲,作出编写安排,经全体执笔人研讨商定后,由主编组织实施,文稿经反复修改,最后由主编审核定稿。具体分工如下:

信阳师范学院文学院沈文慧教授撰写第一章"非虚构写作概述"、第二章"非虚构写作的题材与材料"、第三章"非虚构写作的主题";湖北第二师范学院新闻与传播学院陈瑛教授撰写第四章"非虚构写作的结构"、第八章"非虚构写作文体举隅"第二节"通讯";河南科技学院文法学院张东旭教授撰写第五章"非虚构写作的叙述方式与作者介入";信阳师范学院文学院禹权恒副教授撰写第六章"非虚构写作的场景、细节、语言",第七章"非虚构写作的人物塑造";荆楚理工学院文学与传媒学院吴浪平副教授撰写第八章"非虚构写作文体举隅"第一节"报告文学"、第六节"行旅文学";信阳师范学院文学院徐洪军副教授撰写第八章"非虚构写作文体举隅"第四节"传记文学"、第五节"回忆录";信阳师范学院传媒学院讲师郜扬撰写第八章"非虚构写作文体举隅"第三节"调查报告"、第七节"纪录片"。

本教材还得到荆楚理工学院教育教学研究项目"理实一体、五维协同的写作课程体系研究与实践"(编号 JX2021-049)的学术支持。

与本教材配套的教学视频已在超星学习通线上运行,网址链接 http://mooc1.xynu.edu.cn/course/223191805.html。

本教材的编写、出版,河南大学出版社给予了诸多支持和帮助,策划编辑侯若愚女士付出了极大辛劳,信阳师院美术学院潘静老师悉心设计封面,并致谢忱。

沈文慧
2022 年 7 月

目　录

第一章　非虚构写作概述 … 1
 第一节　非虚构写作的兴起 … 1
 第二节　非虚构的写作伦理与基本特征 … 6
 第三节　非虚构写作中的"真实"与"虚构" … 11
 第四节　非虚构写作的优势与局限 … 17

第二章　非虚构写作的题材与材料 … 33
 第一节　非虚构写作的题材 … 33
 第二节　非虚构写作的材料 … 37

第三章　非虚构写作的主题 … 51
 第一节　确立主题的基本原则 … 51
 第二节　提炼主题的基本方法 … 57

第四章　非虚构写作的结构 … 83
 第一节　结构的基本原则 … 83
 第二节　结构的常见方式 … 91

第五章　非虚构写作的叙事方式与作者介入 … 119
 第一节　非虚构写作的叙事方式 … 119
 第二节　非虚构写作的作者介入 … 132

第六章　非虚构写作的场景、细节、语言 … 151
 第一节　非虚构写作的场景 … 151
 第二节　非虚构写作的细节 … 157
 第三节　非虚构写作的语言 … 162

第七章　非虚构写作的人物塑造 … 175
 第一节　人物形象的地位和作用 … 175

第二节　人物形象的塑造方法 …………………………… 178

第八章　非虚构写作文体举隅 …………………………… 197
第一节　报告文学 ………………………………………… 197
第二节　通讯 ……………………………………………… 223
第三节　调查报告 ………………………………………… 242
第四节　传记文学 ………………………………………… 255
第五节　回忆录 …………………………………………… 267
第六节　行旅文学 ………………………………………… 287
第七节　纪录片 …………………………………………… 307

第一章 非虚构写作概述

本章的主要内容有非虚构写作的缘起，非虚构的写作伦理与基本特征，如何辩证理解非虚构写作中的"真实"与"虚构"及非虚构写作的优势与局限等问题。结合具体非虚构文本的细读、分析，帮助学生初步形成对非虚构写作及非虚构文学的整体认知。

第一节 非虚构写作的兴起

一、西方非虚构写作的缘起

20世纪中后期，非虚构写作在西方文学与新闻领域蓬勃发展并波及全球，至今生机盎然。《韦氏大词典》第2版中对非虚构写作的定义是：一种内容基于现实和事实的文学分支，以叙事散文的方式处理或提供观念，包括传记与历史文章，与虚构文学相对，与诗歌和喜剧相异。简言之，非虚构写作是基于事实前提展开的写作活动，与虚构性写作基于想象的特点不同，非虚构写作是围绕采访建构真实性，真实事件、真实经历、真实体验是非虚构写作的基本要求。

任何一种文化思潮的出现都不可能从天而降，都必有其一定的历史根基和现实缘由，勃兴于20世纪中后期的非虚构写作也绝非空穴来风，自有其特定的文化根脉和社会语境。

在以美国为代表的西方世界，资本主义至15世纪萌发以来，至今已有500多年的历史，学术界通常将资本主义的发生和发展史分为四个阶段，即资本主义在封建社会母体萌生、发育并最终取代封建主义的阶段—资本主义自由竞争阶段/市场资本主义阶段—垄断资本主义阶段—以国家垄断为基本特征的当代资本主义。美国学者杰姆逊（Fredric R. Jameson）则将始于20世纪初至今的资本主义发展阶段统称为"晚期资本主义",其标志性特征是资本主义由一般垄断转为国家垄断,资本主义社会的政治经济矛盾加剧,社会生产和管理变成了更为庞大、严密和无情的机器体系,人成了这个庞大机器的一个部件,人们的生活、消费、思想观念完全商业化,并且为商业广告、大众传媒所左右,人失去了主体性、选择性,成为马尔库塞所说的"单面人"。两次世界大战将科技和理性的极端发展给人类带来的伤害暴露无遗,崩塌的不仅有昔日的道德标准和价值理念,更波及人的心灵家园和情感世界。与之相对应的主导文化形态则是后现代主义,"反传统、反审美、反深度"和"无主题、无主体、无体裁"是后现代主义文学的典型表征,英国作家戴维·洛奇(David Lodge)把后现代主义创作中的随意性、不确定性、无选择性的表现方法,归纳为6条原则:即矛盾(文本中的各种因素互相冲突悖离)、变更(对同一文本中叙述的事,可以更换不同的可能性,变更内容、情节,断裂作品叙述前后丧失必然性,没有因果关系)、随意(文本的随意组合,如可以任意拆装组合的"活页小说"等)、过度(有意识过度夸张性地运用某种修辞手法)、短路(情节内容在发展进程中突然中断,让读者参对文本的阐释、解析与再创作)。"想象、虚构和修辞"等构成文学审美的基本艺术元素沦为肆意妄为的"话语狂欢"或"精神分裂式"的话语表述,文学离现实社会生活越来越远,文学的社会功能、审美功能、认识功能都在不断丧失。变化最开始出现在与社会脉动关联最为密切的新闻领域,敏感的新闻工作者意识到:单调古板的客观性新闻报道根本无力反映转型时期奇异诡谲的社会风云,一种名之为"新新闻主义"的新闻理论和创作实践悄然而生,这种新闻报道的新文体以记者个人的细致入微的采访观察、对社会文化现象的精准把握、娴熟高超的写作技巧、独特的个人风格为特点和标尺,它突破了新闻界流行的"倒金字塔"式结构,撕下了所谓"客观报道"的面纱,文学手法与文学语言的运用,使新闻报道更加生动,可读性极强。由此,这场发端于新闻领域的写作创新逐渐发展成为一种新的写作形式——非虚构写作,涌现出杜鲁门·卡波特、盖伊·特立斯、诺曼·梅勒、汤姆·沃尔夫等著名非虚构作家,以及《冷血》《被仰望的与被遗忘的》《刽子手之歌》等广受赞誉的作品。

在社会生活领域,第二次世界大战和越南战争给美国社会和民众的生活、心灵的影响是极其深刻的,很多退役老兵希望通过文字记录自己亲历的战争,抚慰战争的创伤,新闻领域兴起的非虚构写作恰好呼应了这些文学修养不高又有强烈表达欲望的写作群体,大学及社会上形式多样的非虚构写作培训班应运而生,写作群体和题材内容也由退役老兵回忆录扩展到社会生活的方方面面,逐渐发展成为一种声势浩大的写作潮流,汤姆·沃尔夫在《新新闻主义及选集》中写道:"今天在美国最重要的文学作品就是非虚构。"

2015年,诺贝尔文学奖颁给了白俄罗斯女作家斯韦特兰娜·阿列克谢耶维奇,颁奖词是"她的复调作品是对我们时代的磨难与勇气的纪念"。斯韦特兰娜·阿列克谢耶维奇出生于1948年,毕业于明斯克大学新闻学系,第一职业是记者。几十年来,这位记者兼作家用与当事人访谈的方式写作纪实文学,记录第二次世界大战、阿富汗战争、苏联解体、切尔诺贝利核事故等人类历史上的重大事件,借平凡百姓之口,叙述自己的祖国——白俄罗斯的苦难与悲伤。我国出版的她的著作主要有:《切尔诺贝利的回忆:核灾难口述史》《我不知道该说什么,关于死亡还是爱情:来自切尔诺贝利的声音》《锌皮娃娃兵》《我是女兵,也是女人》(有的也翻译为《战争的非女性面孔》)等。阿列克谢耶维奇获奖,充分说明了非虚构写作的巨大影响力,更激起了人们对非虚构写作的热情。

二、中国非虚构写作的缘起

受西方非虚构写作思潮的影响,2010年,被誉为"文学国刊"的《人民文学》开辟了非虚构专栏,高举非虚构写作大旗。随后,《收获》《中国作家》《花城》《大家》《钟山》《十月》《当代》等中国主流文学刊物都开设了非虚构专栏,中国当代文坛的非虚构写作热潮由此兴起,至今方兴未艾。涌现出《定西笔记》(贾平凹)、《瞻对》(阿来)、《词典:南方工业生活》(萧相风)、《既贱且辱此一生》(韩石山)、《中关村笔记》(宁肯)、《中国在梁庄》(梁鸿)等不少优秀作品。同时,"谷雨计划""真实故事计划"

等新媒体写作平台推出的非虚构作品受到读者的热捧,点击量极高。2015年,腾讯、网易、《南方人物周刊》等八家媒体联合起来,宣称以"繁荣非虚构创作生态、发掘及培养优秀人才、普及中文非虚构创作标准为己任"。总之,从文学期刊到网络平台,从著名作家到普通作者,中国非虚构写作可谓如火如荼、欣欣向荣。从题材内容方面看,中国的非虚构写作涉及面非常广泛:乡土中国、历史文化、城市百态、自然生态、社会焦点、现实万象以及个体生活等等,可谓方方面面、形形色色,并与新闻传播、影像叙事等多种文化媒介相融合,越来越彰显出蓬勃的生机与活力,对我们的生活影响也产生了越来越广泛深刻的影响。

中国非虚构写作的勃兴与以美国为代表的西方世界有相似之处。首先,转型时期的社会剧变为非虚构写作提供了现实土壤。改革开放40多年来,我们几乎完成了西方400年的发展历史,中国社会和民众生活经历了犹如过山车般的眩晕与速变。光怪陆离的现实常让人匪夷所思,现实甚至比虚构文学更荒诞,每个人都身处一种被分裂的生活中,前现代、现代、后现代,多种生活、多元观念并存,仅仅是一墙之隔或瞬时之差,就可能是完全不同的人生和场景。在这样一个充满矛盾和暧昧不明的现代世界,"一切坚固的东西都烟消云散了",现代社会里的男男女女,努力在不断变化的现代社会寻找家的归属感,在期望不断改变自己的同时,希望世界会变的更好,在追寻自由和爱时,希望克服惶恐和孤独。总之,人们渴望在变幻莫测的世界拥有稳定感和真实性。其次,既有文学形态表达现实的乏力和无效。"人类的社会生活虽是文学艺术的唯一源泉"①,"文艺创作方法有一百条、一千条,但最根本、最关键、最牢靠的办法是扎根人民、扎根生活"②,对时代现实的发掘与关注本应该是文学最基础的、最起码的工作,但不少作家却不肯下工夫去观察、体会、揣摩自

---

① 毛泽东:《在延安文艺座谈会上的讲话》,《毛泽东著作选读》(下),人民出版社,1986,第538页。
② 习近平:《在文艺工作座谈会上的讲话》,《习近平总书记在文艺工作座谈会上的重要讲话学习读本》,学习出版社,2015,第21页。

已的写作对象及其历史存在,"为自己写作""表达自我"成为时髦口号,文艺创作的个人化、圈子化成为时尚。这种孤芳自赏、自言自语的文艺与人民脱节,与社会脱节,与时代脱节,注定是没有生命力的。"我们还是希望作家关注现实,多写一些与现实相关的作品,展现作家深入到现实中观察、体验、记述的行动能力,从中发现世道人心。这是设置'非虚构'栏目的首要目的。"①

而兴起于20世纪30年代、曾经广受欢迎、产生巨大社会影响力的报告文学已逐渐模式化、政治化,无法满足当代读者对事实深层次的追求,甚至一部分报告文学沦为宣传文体,成了"表扬稿""吹捧文学"和"推销文学"。"非虚构写作就是去掉报告文学所写人物背后的金光。我觉得这太形象了,我们看到的报告文学都是金光闪闪的、自带光环的,非虚构写作正是把人为安上去的'金光'给去掉,看看这个人物真正是怎样,这个可能是一种理解的角度。"《南方人物周刊》主笔卫毅如是说。总之,非虚构写作是要求写作者不能以"虚构"作挡箭牌,不能躲在心造的"现实幻影"里去玩文学,而必须果敢、坚韧、直接、坦荡地站出来与站起来,直面人生,直面生活,书写艰难,叙述时代,社会和历史。

其实,中国纪实文学的传统久远深厚,从最早的《尚书》到《春秋》《国语》《左传》《战国策》,无不兼具了"史实"和"文学"的双重特征,在叙述历史事件时,注意情节与细节的生动,在描写历史人物时,突出人物言行的个性化特征,具有引人入胜的艺术魅力。司马迁的《史记》,鲁迅先生誉之为"史家之绝唱,无韵之离骚",对后世史学和文学的发展都产生深远影响。况且,"文章合为时而著,歌诗合为事而作"的现实主义传统始终是中国文学的主流形态,作为对浪漫主义艺术成规的挑战,现实主义本源地含有反对幻想和伪饰、崇尚真实的意义。在文学创作中,虚构是一种合理的存在,有时甚至比非虚构显得更为重要;而在历史、新闻、社会学等领域,严格地说,并不存在虚构性写作,所以非虚构是其必然属

---

① 施战军、梁鸿、丁燕、乔叶:《非虚构写作:贴着大地飞翔》,《生活新报》2013年8月6日。

性。因此,"非虚构"虽然是个外来新词,却有着深厚的本土文化基因和现实土壤。

第二节 非虚构的写作伦理与基本特征

一、非虚构的写作伦理

显然,非虚构是相对"虚构"而言的,但在宽泛意义层面,一切文学创作,都必然包含了"虚构"与"非虚构",二者没有绝对界限,也不可能有绝对界限,最典型的虚构文学——小说、戏剧也必然与现实社会生活有着千丝万缕的联系。因此,所谓"虚构"与"非虚构"的区分只能是相对的。无论西方还是中国,对非虚构写作都没有确切界定。《人民文学》所提倡的非虚构写作,并不是对报告文学等纪实文学抛弃或重新张扬,而是试图以非虚构来重新定位与改造我们习惯意义上的文学,并将其视为一种文学的"新的可能性":"我们认为,它肯定不等于一般所说的'报告文学'或'纪实文学'……希望非作家、普通人,拿起笔来,写你自己的生活自己的传记。还有诺曼·梅勒、杜鲁门·卡波特所写的那种非虚构小说,还有深入翔实、具有鲜明个人特点和情感的社会调查,大概都是'非虚构'"。① 评论家丁晓原认为:"非虚构大约有这些义项:作为叙事方法,最初的美国非虚构写作,其实是虚构写作,作品选取的新闻题材,核心的故事是真实的,但在具体的叙事中采用了小说虚构、想象等方法,非虚构即为这类写作中的新闻叙事;作为文类的指称,我在北美的图书馆中看到,他们将图书基本分为虚构和非虚构两类,两类之中又包含了许多子类;作为写作方式,就是指作品的生成有赖于作者深入的采访、田野调查、文献查证等,拒绝主观故意的无中生有的虚构和想象;作为作家与现实关系的精神指向,以对实现的参与关注和介入,反拨对现实的疏离,纠偏创作中的凌空蹈虚。从一定的逻辑基点上说,非虚构是一个文类的指称,报告文学是一个文体的概念,两者共有一个同心圆,只是它们的半

---

① 《人民文学》2010年第2期主编留言。

径不一样。"①因此,非虚构写作不是一种文体形式,更多强调的是一种写作方式,我们应该从写作的方式方法、写作的伦理精神层面来理解和把握非虚构的基本特质,"非虚构不仅是某种特定的文学题材或写作题材,它还是一种方式,是人类为了真实、具体地认识世界和书写世界所采取的一种写作方式。"②

从文体角度看,非虚构写作不等于纪实文学,它的内涵和外延都要大于纪实文学,以及报告文学、传记文学、特写、通讯、深度报道等与之相关的文体形式。丁晓原认为:"非虚构包括了报告文学但不等于报告文学,报告文学是非虚构文类中的一种主要文体。""非虚构是一个包含了报告文学但是大于报告文学的文类指称,如同纪实文学包含了报告文学但不等于报告文学一样。"③归根到底,非虚构写作是人类为了真实、具体地认识世界和书写世界而采取的一种写作方式,它要求的是一种确切、可以印证的,具体而感性的真实。在这个信息海量涌现的时代,特别需要非虚构,特别需要探索非虚构的精神、伦理和技巧,需要写作者去充分地磨炼技巧、掌握在这个世界的纷乱现象中去捕捉和确定"真实"的能力,同时遵守和恪守重要的写作规范。网络全媒体时代不仅为非虚构写作提供了坚实的大众文化土壤,更建构了宽广的写作空间和便捷的传播平台,使非虚构写作成为可以更加模糊不同写作界限的叙事活动。

从写作伦理层面看,非虚构写作呼吁作家、作者走出书斋,走向广袤的大地,走向这个时代无限丰富的民众生活,从中获得灵感和力量。非虚构写作特别注重写作者的"行动"和"在场",鼓励写作者"行动"起来,走进现场,对特定现象、事件的进行深入考察和体验,深入观察生活,深刻思考生活,用"行动"来发现"真实",用"在场"来代替"虚构",直接进入生活现场去探寻、发现进而表达生存的秘密。非虚构写作"与其说是

---

① 何建明、丁晓原:《何来今天的蔚为壮观——关于报告文学的对话》,《文艺报》2021年6月20日。
② 韩松刚:《在风中呼喊,在废墟中看到一切——2016年非虚构文学综述》,《当代文坛》2017年第4期。
③ 丁晓原:《非虚构文学的逻辑与伦理》,《当代文坛》2019年第5期。

一种文体概念,还不如说是一种写作姿态,是作家面对历史或现实的介入性写作姿态"①。《人民文学》的非虚构写作计划命名为"人民大地·行动者",目的是"吁请我们的作家,走出书斋,走向吾土吾民,走向这个时代无限丰富的民众生活,从中获得灵感和力量",并"特别注重作者的'行动'和'在场',鼓励对特定现象、事件的深入考察和体验"②。"非虚构文学以对易被忽视、遮蔽的存在的深切关注和作者亲历亲验的在场性书写,拓展写实类作品写作的时空,接通了这类文学形式与普通人生活的关联,复活了作品的生活质感和个体生命气息,存真了现实的多种真实,从而呈现出了一个更为全面多样的对象世界。"③总之,非虚构写作"以鲜明的介入性写作姿态,在直面现实或还原历史的过程中,呈现出创作主体的在场性、亲历性和反思性等叙事特征,折射了当代作家试图重建'真实信念'的写作伦理。这种写作伦理,既质询了信息时代的仿真文化,也冲击了经验化和表象化的文坛现状。从本质上说,'非虚构写作'突破了某些文学内在的规定性,体现出一种更为开放的、不同文体彼此交织的写作倾向"④。

二、非虚构写作的基本特征

尽管学界关于"非虚构"的内涵与外延存在争议,莫衷一是,但"真实性""思想性""审美性"这三个基本特征是被广泛认同的,它们是"非虚构"写作的基本价值追求和创作精神。

(一)真实性。英国浪漫主义诗人约翰·济慈有一个影响广泛的美学命题——"美即是真,真即是美",对于非虚构写作而言,"真实"乃是其最核心的元素、最本质的要求,是非虚构写作生成的前提和基础。无论技巧多么娴熟,感情多么浓烈,思想多么正确,见解多么高深,没有"真实"为强有力的基础和依托,都将成为沙中楼台、水中倒影。非虚构写作

---

① 洪治纲:《论非虚构写作》,《文学评论》2016年第3期。
② 《"人民大地·行动者"非虚构写作计划启事》,《人民文学》2010年第11期。
③ 丁晓原:《非虚构的逻辑与伦理》,《当代文坛》2019年第5期。
④ 洪治纲:《论非虚构写作》,《文学评论》2016年第3期。

的"真实性"与新闻报道的真实性原则是一致的,首先要求做到事实真实,即非虚构写作中涉及到的人与事必须准确无误、言之有据,其次,要求不仅做到局部真实、细节真实,还要做到总体真实;其三,能够通过对事实的客观叙写揭示其来龙去脉,抵达本质和真相。

(二)思想性。所谓思想性,是指非虚构写作不仅要叙写真实的人和事,还要通过对人和事的叙写,传递真善美和正能量,传递向上、向善的价值观,充分发挥启迪人、感染人、教育人、引导人的重要作用。非虚构写作一方面注重"实录",重视田野调查和文献搜集;一方面又具有较强的问题意识,它常常带着明确的主观意愿介入社会现实生活,对某一重要问题进行分析与思考。因此,非虚构写作既不是现实生活的表层化罗列,也不是一地鸡毛的碎片化书写,而是作者对历史和现实的深度介入。这正是它广受读者欢迎,并成为新的写作潮流的根本原因。因此,非虚构写作是"对事件、人物的真实记录,但它又超越了简单纪实的局限;它继承了虚构文学的诗性内涵,却又将这种诗性建立在每一个细节的真实之上;它不单是为了传播事实和知识,它更重要的使命是传播思想、精神以及美学感受"[1]。

(三)文学性。所谓文学性,是指非虚构写作要充分调动各种艺术手段,用文学的笔法写人叙事,在确保非虚构写作"真实性"的前提下,形成感人至深的艺术魅力。雅各布森认为,"审美性"强调了文学作品区别于新闻报道、文献史料等陈述性文本的基本特征即鲜明的诗性特质,接受者在获取信息的同时,还伴随着强烈的审美感受和丰富的情感体验,它渗透在语言表达、情节结构、意境营造、形象塑造、修辞选择、细节描绘等所有纵横经络和神经末梢。中国当代纪实文学在严格遵循事件真实性的同时,需要有意识地向小说甚至戏剧手法倾斜,运用现代小说叙事的优良技巧,创造和使用精美语言,注重伏笔、悬念、结构等创造法,以增强文学性因素,提高作品的血肉生命含量。在全媒体时代,非虚构文学书

---

[1] 刘浏:《非虚构写作论·绪论》,苏州大学文学院博士学位论文,2015年。

写对象的新闻性已经弱化,因此这类写作应致力于寻找、发现新闻后面的故事性,在真实故事的结构和叙述中获取作品的文学性。

优秀的非虚构作品必须是"真实性""思想性""文学性"的有机融合,它们分别呼应了文艺对"真""善""美"的价值追求,三者相辅相成,缺一不可,共同构成了非虚构写作特有的艺术感染力和思想穿透力。2015年诺贝尔文学奖获得者白俄罗斯作家阿列克谢耶维奇用与当事人访谈的方式写作纪实文学,记录了二次世界大战、阿富汗战争、苏联解体、切尔诺贝利事故等人类历史上重大的事件。但她并非按照文献资料来描述历史,她关注的焦点是人,对人的心灵深度探索使她的创作具有深远的意义和抵达读者心灵深处的艺术张力。在《我不知道该说什么,关于死亡还是爱情:来自切尔诺贝利的声音》这部作品中,她冒着健康受损的危险,采访了上百位受到切尔诺贝利核灾影响的人,无辜的居民、消防员、灾难现场清理人员、士兵、警察、官员、科学家、妻子、孩子、老人等等,每个人都在讲述自己亲历的切尔诺贝利核灾,这些独白构成了众声喧哗的复调叙事,真切地传达了在这场人类史上最恐怖的科技悲剧中,人类的痛苦、悲伤、愤怒、恐惧、绝望、悲悯、英勇、挚爱等等万般复杂的情感轰鸣。诺贝尔文学奖给予她的颁奖词是:"她的复调书写,是对我们时代的苦难和勇气的纪念。"马里奥·巴尔加斯·略萨说:"她在反抗三伪文学(即谎言文学、妥协文学、御用文学)的过程中把每一行文字安排得如此透明,不知不觉就深入到人内心最深最柔软的地方去了。"宁肯的《中关村笔记》在田野调查与深入思考基础上,书写了中关村不同发展阶段的典型人物"平静而闪光的故事"。全书以陈春先与中关村的硅谷梦、柳传志和联想、王志东和新浪、王选与"千年之约"、王永民与汉字输入、程维和滴滴、吴甘沙和智能驾驶、苏菂与车库咖啡等19个段落与手记,展现了中关村人锐意求新、解放思想、创造历史、重塑价值,逐渐发展成为有影响力的科技创新中心的历史进程,具有穿透性的震撼力和独抒机杼的艺术创新力。

优秀的非虚构写作是有信度、有温度、有力度的写作,是真实性、思想性、文学性三者水乳交融、浑然天成的写作。

第三节　非虚构写作中的"真实"与"虚构"

一、非虚构写作中的"真实"

真实性是非虚构写作的本质特征,那么,如何理解非虚构写作中的真实性?

非虚构写作中的真实性首先是新闻层面的:即时间、地点、人物、事件及过程的"实在""实存"和"实有",是现实维度的"客观真实",而非艺术维度的"主观真实"或"心理真实",要根据事实来描写事实,而不是根据希望来描写事实。比如:重庆青年作家李燕燕的非虚构作品《天使PK魔鬼》①,写的是一个名叫蕾蕾的癌症女孩,在生命的最后时光里,与病魔的顽强抗争,以及她与周围的亲人、朋友、病友之间因癌症而产生的各种纠葛。主人公蕾蕾虽然不是真名,是作者为保护别人的隐私而取的假名,但时间、地点、人物、事件、过程都是客观真实、可查、可考的。

哈佛大学出版的《哈佛大学非虚构写作课:怎样讲好一个故事》对非虚构写作的边界有明确要求:

1. 不可以合成人物和场景。比如将发生在几个人身上的故事,为了叙述的需要而合成在一个人身上。尽管这些事件在现实中可能都是真的,但合成本身构成了造假。另外,场景是包含在真实性里的元素,同样的经历,换一个场景,引发的情感体验会完全不同,所以场景必须有准确的对应性。

2. 如果以第一人称叙述,那叙述者本身不能是伪造的。第一人称叙述的目的,就是为了增加确信性,除非作者表明这是小说,否则读者会自动认为这个人是真实存在的。为了避免读者的误解,非虚构写作要求,如果用第一人称叙述,这个人就必须是真实存在的。

3. 写作本身必须基于可靠的信息源,不能使用未经确认的信息源,

---

① 李燕燕:《天使PK魔鬼》,《北京文学》2016年第1期。

不能对信息进行添加和欺骗。

4. 时间线的叙述有些时候可能由于年代太久不精确,但糅合时间,让读者误把一个月当作一周,或者将一天当作一个小时,这都是不可容忍的。时间线是我们理解新闻、也包括真实事件的灵魂,一旦时间线被混淆,人们对事件的理解就会偏移。

5. 文本中如果描述了当事人的想法,这个应该是其本人真实的发言,他们说了什么,作者才可以写什么,而不是"作者决定让他们说什么……你不能进入他们的头脑,代替他们思考"。

具体而言,新闻层面的真实,应该包括以下五个方面:①非虚构写作涉及到的时间、地点、人物、事件必须真实准确;②事物的发展变化以及与其他事物的联系,必须真实;③情节描写,人物的语言、心理活动、思想变化必须真实,不能渲染夸张,不能以想象代替事实;④不能以偏概全、以点代面,不仅要做到局部的真实、准确,尤其要注意和善于从总体上、本质上以及发展趋势上去把握事物的真实性,做到局部真实和整体真实的统一,不能想当然、片面性和绝对化;⑤要合乎客观事实本身的逻辑,通过事物的现象揭示事物的本质。尤其在媒介形态多样化、信息来源多元化的今天,非虚构作者更要深入事件现场,以客观理性立场,尽可能掌握丰富全面的第一手资料,透过纷纭复杂的表面现象,挖掘事件的本质和真相,如此,才能避免以讹传讹、以偏概全、一叶障目。

在典型的虚构文体——小说中,创作者往往受某一事件、场景、或人物的触动和激发,产生创作灵感,并以此灵感为基础,生发开去,构思故事、人物、情节,形成作品。鲁迅先生说过,他小说的人物往往是"杂取种种人,合成一个","人物的模特儿也一样,没有专用过一个人,往往嘴在浙江,脸在北京,衣服在山西,是一个拼凑起来的角色。"许多人都知道,老舍先生写《骆驼祥子》的缘起是与老朋友的闲谈中听到的两个车夫的故事,一个车夫自己买了车又卖掉,三起三落,最后还是受穷;另一个车夫被军队抓了壮丁,谁知因祸得福,乘着军队移动之际,偷偷地牵了三匹骆驼回来。老舍将他们的故事合二为一,创造了现代文学史上的经典作品《骆驼祥子》,两个车夫的经历合并成祥子。沈从文的《边城》则缘于"一次去崂山玩时,路过一小乡村中,碰到人家有老者死亡,报庙招魂当中一个小女儿的哭泣,形成《边城》写作的幻念。"这是小说的创作方式,作品中的人物、事件、故事、情节以及时空关系是作家根据艺术表达的需要再造和重构的,"客观现实"则若有若无、真假莫辨。

在非虚构写作中,人物既不能"合成",也不能"虚构",事件更不能无中生有,事件发生的时间、地点必须是可查询、可指认的。这就是非虚构写作的"真实",即新闻层面的真实。缺乏新闻层面的真实,非虚构写作的意义和价值就无从谈起。作家不能虚构写作对象,只能在客观实在的框架内呈现真实的人事物景,这是非虚构写作不可逾越的写作伦理,尽管从哲学意义上讲,"绝对真实"并不存在,但非虚构写作要想方设法"无限接近真实"。如果虚构写作是"无中生有",是创造现实,那么,非虚构写作就是"沙中淘金",是发现现实。著名作家冯骥才的观点十分精准:"非虚构有一种力量,这种力量就是现实,是现实的力量、不可辩驳的力量。"[1]

然而,非虚构写作所追求的真实既非照相般的纯客观呈现,也非新闻报道那样的简单直白,更不是枯燥乏味的文献罗列,而是要对客观事实进行恰当的美学重构,通过"有意味的形式"最大限度地展现"真实的力量",产生远远超越社会调查、文献史料、新闻报道的感染力、辐射力和影响力。在此过程中,作者的主体性介入贯穿于写作的全过程。从本源看,非虚构写作的叙事是一种选择性叙事,作者对于故事意义、意味的认知以及基于认知所进行的选择,对作品的写作至关重要。首先,作者需要从林林总总中选取特定的写作对象,选择需要发现,需要作者独具眼光,而发现和眼光的内里是作者的心智能力。其次是对海量素材进行去粗取精、去伪存真的提炼、提纯,如同从矿石中提炼出金银珠宝等贵重金属。最为关键的是作者要在非虚构写作的有限性中实现叙事的个性化

---

[1] 冯骥才:《非虚构写作与非虚构文学》,《当代文坛》2019年第2期。

和审美化,这是"带着镣铐的舞蹈",是检验非虚构写作是否成功的标识。总之,非虚构的真实绝不仅仅是外部的客观的真实,而是要挖掘事物表象背后的真实、内部的真实。正如作家梁鸿所言:"试图去呈现真实里面更细微、更深远的东西,并寻找一种叙事模式,最终结构出关于事物本身的不同意义和空间,这是非虚构文学的核心。"①美国作家何伟(彼得-海斯勒)的非虚构作品"中国三部曲"(即《江城》《甲骨》《寻路中国》)广受好评,他这样总结自己的创作经验:"在创作非虚构文学时,不能够编造,这就意味着你要竭尽全力去发掘事实,去收集信息。创造性部分来源于你是如何运用这些日常素材的,在调查中就存在创造性。"著名作家何建明认为,从哲学层面看,事物的"真实性"有三个维度:客观真实、主观真实和本质真实。"客观真实"新闻层面的:即时间、地点、人物、事件及过程的"实在""实存""实有",是新闻报道和报告文学最基本、最可能求证的重要方面。"主观真实"是融入了作者的独立思想、价值判断和主观意识的"真实",它看起来与客观事物可能有差异,但往往更加丰富和闪耀着事物本身的光芒。"本质真实"是要对事物的全面洞察和了解,是透过客观真实和主观真实抵达事物的本质和核心层面,这是认识世界的最高境界。"一个优秀的报告文学作家,既要尽可能地深入生活现场,像画家描摹一样去认真细致记录客观事物,又要保持独立的人格尊严和思想品质,充分调动和发挥自己的主观意识,去对万物世界做出优与劣的准确判断,还需要从更高立场、更宽阔视野去分析和剖析这个世界,从而认识世界和人物内心的所思所想,这才是完整的真实性。"②

二、非虚构写作中的"虚构"

非虚构写作可以虚构吗?如果可以,虚构的基础是什么?虚构的边界在哪里?首先,请大家看一段文字:

项王则夜起,饮帐中。有美人名虞,常幸从;骏马名骓,常骑之。于

---

①梁鸿:《非虚构的真实》,《人民日报》2014年10月14日。
②何建明、徐芳:《中国完全称得上是世界报告文学的"中心"——何建明访谈》,《上观新闻》,https://www.jfdaily.com/news/detail? id=199186。

是项王乃悲歌慷慨,自为诗曰:"力拔山兮气盖世,时不利兮骓不逝。骓不逝兮可奈何,虞兮虞兮奈若何!"歌数阕,美人和之。项王泣数行下,左右皆泣,莫能仰视。

这是《史记·项羽本纪》中的著名段落"霸王别姬",也是《史记》最为悲恸感人的段落。在四面楚歌、穷途末路之时,曾经豪气冲天的霸王项羽放心不下、难分难舍的不是江山、权势、功业,而是与他同甘苦共患难的美人骏马。千百年来,霸王项羽的慷慨悲歌、黯然泣下感动了无数人。人们将他看做一个"失败的英雄",一个讲情义、有担当的英雄,也许他的儿女情长有碍于他成就霸业,但他却因此成为一个有血有肉、令人敬仰的"人"。但是,项羽被围垓下,夜晚军帐中的情景司马迁何以知晓?何人得见?显然是司马迁的想象和虚构。南开大学古典文学研究专家陈洪教授认为:"乱军之中,夜半聚众歌舞,于情理也颇为可疑。"但正是这虚构的一笔,成为塑造"失败的英雄"形象最为动人的一笔,以至于被搬演上舞台,经久不衰,几乎家喻户晓。

同样具有强烈想象、虚构成分的段落,《史记》中比比皆是,如赵氏孤儿中程婴与公孙杵臼密谋救孤、鸿门宴中范增与项庄的密谋、张良与樊哙的计策等等,都是极私密之事,何人得见?何处记录?都是司马迁的想象和虚构,他特别注意挖掘叙事客体中具有戏剧性张力的因素,加以细节化的推衍呈现,使作品既真实地再现了大历史的演进,更增强了叙事的跌宕风姿。在深度细化和故事性还原中建构非虚构文学的叙事召唤力。

明末清初文学评论家金圣叹在《读第五才子书法》中指出:"《史记》是以文运事",即以文学笔法叙写历史事实。《史记》被誉为"不虚美,不隐恶"的"实录"著作,但在"实录"的基础上司马迁更多地致力于对于已知存在的深度挖掘和故事性再现。根据人物、环境的需要,适当揣度人物的内心世界,揭示人物"为什么这样做"的原因;或者适当进行艺术夸张,以渲染气氛;或者为了补充事实的不足,适当进行艺术想象。

因此,适当的想象和虚构是非虚构写作塑造人物、表达思想情感、形成艺术感染力的重要手段。但这种想象和虚构是有条件、有限度的,不能天马行空,要受到事件发生的时代背景、社会历史文化环境、人物个性、心理等多种因素的制约,不能与非虚构写作的真实性原则相悖,而是通过想象和虚构抵达非虚构写作的真实——背后的真实、深层的真实。

检验非虚构写作是否真实有一个简单的试金石,即是否有欺骗读者的企图。"尽管实际上没有绝对意义上的非虚构,但作者的一切努力都应指向非虚构的达成,避免主观故意的虚构。这是非虚构文学的伦理底线。"[①]如果你所有的写作技巧都是为了捕捉你所理解的真实,那么,这样的虚构就是"真实的虚构",它可以帮助读者更好地抵达真相。

著名美籍华人作家汤亭亭的非虚构作品《无名氏》写的是她母亲跟她讲起的一个被遗忘姑妈的故事。姑妈的丈夫去了美国,姑妈独自带着儿子艰难度日,后来,姑妈怀孕遭村里人责难,家财被抢,在猪圈里生下私生子后投井自尽。姑妈的事家人深以为耻,讳莫如深,汤亭亭只是从母亲口中听到片言只语,如何展开姑妈的故事?她采取了"猜测法":

可能,他是在田野间遇上她的,也可能,是在山上——媳妇们总爱到山上砍柴,还有可能,是他在集市上留意到她。……然而很有可能,姑妈并没有从他的朋友那里得到过丝毫的快乐。

"可能……也可能……还有可能……很有可能……"这些表达猜测性、可能性的词语一再提醒读者,相关情景是作者的虚构,因而划清了纪实和虚构的界限。但通过联想、想象、猜测,汤亭亭向读者呈现了事件的起因、情节,甚至具体细节,而这些都是素材本身所不具备的。这样的虚构,使叙事丰满、复杂、有层次,又保留了纪实性作品的原貌,维护了非虚构写作的真实性原则。

总之,在非虚构作品里,真实和虚构、现实与想象是交织重叠的。非虚构写作不应捐弃文学性与审美性的追求而成为所有材料细大不捐的堆砌与累积,在纪实与虚构之间仍然可以允许,并且似乎也不可或缺的

[①] 丁晓原:《非虚构的逻辑与伦理》,《当代文坛》2019年第5期。

是艺术匠心的凸显,由此作者建立起一种奠基于真实历史之上而又有别于深度报道的艺术真实,作品也同时获得了深邃厚重的思想性和动人心魄的文学性。

第四节 非虚构写作的优势与局限

一、非虚构写作的优势

非虚构写作成为我们这个时代有力度、有信度的写作方式。主要原因有三:

(一)非虚构写作提供了一种新的文学可能性。作为一种创新性的写作方式,非虚构文学打破了传统的文学思维与文学秩序,拓展了文学表现的疆域,强化了文学对现实的参与和渗透,为当代文学的发展注入了新的生机与活力。与传统的虚构文学相比,非虚构文学以"在场"和"介入"的创作姿态重新审视人与自身、人与人、人与自然、人与社会、人与历史的关系。非虚构写作特别注重写作者的"行动"和"在场",鼓励写作者"行动"起来,走进现场,对特定现象、事件的进行深入考察和体验,深入观察生活,深刻思考生活,用"行动"来发现真实,用"在场"来代替虚构,直接进入生活现场去探寻、发现进而表达生存的秘密。每一部非虚构文学作品都试图呈现或鲜为人知、或一度被遮掩无视的生活场景和历史故事,极大地拉近了文学与普通民众及现实生活的联系,恢复了文学的行动力,重拾文学描写事件的本质特征,重建了文学之真的信任,凸显了文学关注现实、表达现实进而干预现实的社会功能。当文学不再是象牙塔中的孤芳自赏,也不再是小圈子的自说自话时,文学与现实、与读者建构紧密关系的重要通道已经打开。正如评论家洪治纲所说:"非虚构写作还使文学创作走向更为开放性的文化语境之中,其中的不少作品已延伸到社会学、历史学或人类学等其他人文领域,成为它们的某种文本参照。"[1]这是非虚构文学有别于小说诗歌之类传统文学书写价值特殊性

---

[1] 丁晓原:《非虚构的逻辑与伦理》,《当代文坛》2019年第5期。

之所在,也是非虚构写作向生活的各个面向广泛漫溢的成果。如《女工记》的作者郑小琼,拒绝对女性打工者进行脸谱化塑造,而是努力深入女工的打工生活中,用非虚构的文字还原了每个女工独特的命运轨迹。

从作品的内涵上看,非虚构写作的确呈现出一种开放性的文化意蕴,是一种比报告文学或纪实文学更为宽阔的写作,从个人到社会,从现实到历史,从微小到宏大,我们各种各样的关切和经验能在文学的书写中得到呈现。新世纪以来,日常生活的意义被充分放大并被赋予了充分的美学意义,不同于报告文学对重要事件、重大题材的关注,非虚构写作对普通人日常生活和底层、边缘的深切关注带给了读者充实的阅读感受,在这一意义上,新世纪非虚构文学为当今文坛提供了新的方向参照,重新赢得了大众读者的信任和关心。

(二)非虚构写作体现了独特的审美价值。在非虚构作品中,虚构受到了最大程度的限制,真实与虚构得以无限地靠近甚至融合,在这样的中间地带释放出独有的真实之美和艺术之美。它以真实性为事实根基,以文学性打造艺术品质,以思想性提升内蕴和深度,满足了读者求真、求美、向善的多种阅读期待。90后清华本科生肖亚州的《厚土:一个清华学子对晋西农村的调查纪实》荣获"2016影响教师100本好书""年度影响力图书",他利用三个寒暑假走访晋西北农村,深入乡村内部,直面乡村世界的惨淡现实,以细腻、沉着、从容的笔触抒写乡村沉痛、凋敝的现实,"这种由真实到艺术、再由艺术到真实的回旋往复,体现了作者对于真实的艺术把控力,正是有了这种艺术的勾连,那些干巴巴的现实、琐碎的生活、凄惨的命运才能在一种美学视角中生发出独特的悲楚和强悍。"①

美国作家杜鲁门·卡波特的作品《冷血》,之所以能够成为非虚构文学的代表作,绝不是因为作者用文学的形式还原了1959年发生在美国堪萨斯州的那场凶杀案,而是因为作者借助这一案例深刻剖析了杀人犯佩里·史密斯的灵魂:佩里悲惨的童年经历、缺乏关爱的家庭环境导致

---

① 韩松刚:《在风中呼喊,在废墟中看到一切——2016年非虚构文学综述》,《当代文坛》2017年第4期。

他的性格越发偏激和冲动,在看到别人幸福或满足时,会毫无理由地发怒进而产生伤害他人的欲望,他者的道德与幸福成为佩里挫败和愤怒的来源,这是他内心中面目可憎的敌人,最终像子弹一样毁灭性地爆发了。然而,对于佩里形象的刻画,卡波特并没有持一味批判的态度,相反,他的笔触最大程度地展现了佩里·史密斯人格的全面性:他虽然冷酷易怒,却也重义气、充满诗意。正如文艺评论家洪治纲所言:"非虚构写作既不回避创作主体的主观意图,亦不掩饰作家自己的现场感受和体验,甚至对各种相互抵牾、前后矛盾的史料所做的判断和取舍,都进行如实的交待。这种开放性的写作姿态,表明作家们已不满足于纯粹想象的写作,而更愿意积极地沉入历史或现实内部,直面各种复杂的生存逻辑与伦理秩序,彰显自己的精神姿态和理想作为,也为人们了解中国社会的现代化进程提供了独特的审美载体。"①

(三)非虚构写作打破了专业的壁垒,让普通人成为写作的主体,具有广泛的大众参与性和鲜明的大众化特征。传统文学写作主要由专业作家主导,新闻写作主要由媒体记者编辑主导。他们是专业的文本生产者,大众的定位是读者。非虚构写作呼请大众参与写作活动,倡导"每个人都有故事,都可以写出故事"的写作理念,非虚构写作者不仅有专业作家、新闻从业者,还有大量非专业作家、自媒体作者、自由撰稿人等等不一而足,"可以来自名流,来自职业写作者,也完全可以来自贩夫走卒,升斗小民""有故事的人""全民故事计划""真故事计划"等非虚构写作平台都是为一般写作者书写自身故事提供的。作者立足自己的生活和自己熟悉的世界,通过自己的眼睛观察、自己的心灵体察、自己的语言表达,形成了多姿多彩、纷繁绚丽的书写活动,以前所未有的活力向四面八方蔓延、拓展。非虚构写作打破了写作的壁垒,拆除了写作的藩篱,让普通人成为写作的积极参与者,对于提高全社会的文化素养和写作能力大有裨益。

---

① 洪治纲:《论非虚构写作》,《文学评论》2016年第3期。

二、非虚构写作的局限

尽管非虚构写作提供了一种新的文学可能性,彰显出蓬勃的生机与活力,其创作实绩、独特价值和重要性也得到了学术界的认可,但与欧美非虚构写作的巨大成就相比,中国的非虚构写作还存在一些不容忽视的问题。

(一)非虚构写作本身的局限性。这种局限性来自非虚构写作的特殊要求,非虚构写作受制于生活的事实,它不能天马行空般地自由想象,不能对生活改变与随意添加,必须遵守"诚实写作"的原则,它会在一定程度上限制作家想象力和创造性,从而在一定程度上会直接影响作品的思想深度、情感厚度和艺术广度。著名军旅作家朱秀海在谈论自己的抗战题材作品《音乐会》时说:"我是在完成当时的解放军总政治部给予的《黑的土红的雪——东北抗联苦斗记》写作任务后开始写《音乐会》的,说它是前一部纪实文学的副产品也可以,但真的不是,相反可以说写那部书只是为《音乐会》做准备。那时我发现自己突然闯入的真正的东北抗联的真实历史画卷尤其是心灵画卷是一部纪实文学作品涵盖不了的,因为我还没有写到历史的深层,写到战争中的人性和人心的层面,写它直到遥远的数十年后仍在参与者的生命中发出的悲惨回声。一部纪实文学要写十四年的东北抗战史,所有的地方都要照顾到,篇幅有限,又有时间限制,所以不可能对很多的新发现进行深入的思考,只有用一部长篇小说才能写出东北抗联史中那些真实的人、战争中的人心、人性甚至兽性,战争对人的生存可以扭曲的程度,战争带给人多么悲惨的命运,战争对于所有参与者的永远的惨害,连同它们对作者自己内心的映射与打击,对我这个书写者生命的影响,只有将这一切全写出来我才能写出我心中的东北抗联史"①。可见,要深入到历史、人心、人性的深层,要展示丰厚博大的心灵画卷,非虚构写作因对时间、篇幅、容量、事实等方面的客观要求,无形中会对作家形成种种限制,而在虚构性写作中,作家可以

---

① 舒晋瑜:《朱秀海:真实是写作最强的武器》,《中华读书报》2020年6月4日。

突破各种限制，尽其所能地发挥艺术创造力，更好地实现自己的写作理想。

（二）中国非虚构写作在思想和艺术层面存在一些问题。思想层面主要表现为视野不够阔大。中国非虚构写作多关注当下社会的热点、痛点、焦点问题以及个体人生的"小叙事"，当然这也是非虚构写作的题中应有之意，虽然对中国当下的社会现实做出了积极回应，但还不够深入和震撼，随着时间的推移和社会的发展，这些非虚构的现实性、社会性将会逐渐丧失，其生命力和艺术感染力自然也会受到影响。尤其是一些过度沉迷于自我喜怒哀乐、柴米油盐的个人化小叙事，津津乐道于日常生活的一地鸡毛，其境界更显拘束和狭小。美国《纽约时报》推荐的2017年最值得关注的50本非虚构类图书，它们的题材是多样的，涉及政治、经济、生态、科技、社会许多方面，多见大题材作品。获得诺贝尔文学奖的白俄罗斯女作家阿列克谢耶维奇在三四十年的创作期间里，始终关注重大历史事件中的普通大众的个体命运，如俄国革命、"二战"集中营、阿富汗战争、切尔诺贝利核电站爆炸以及苏联解体等都成为她的书写对象，通过对相关人员的口述记录，为我们呈现了身处历史事件之中的个体的情感世界，在她的作品中，关注焦点永远是人类，着眼于从道德、历史的角度探究人间悲剧发生的原因，阿列克谢耶维奇也因此被称为"人类命运的真实记录者"。比较而言，中国非虚构写作缺乏深邃宏阔的观照视野和诗性空间。

艺术层面的问题主要是非虚构作品的艺术感染力不够，审美性不足。或是对日常生活的流水账记录，或流于对事件本身的平面化、琐碎化展示。大量的素材堆积、直白乏味的陈述性语言生活的琐碎记录，鲜有精准的语言、细腻的细节、生动形象，更缺乏超越和反思。作品立意的深刻、人物形象的鲜明、文本结构的精巧和语言的生动都是非虚构文学写作者必须追求的，只有非虚构文学创作以审美的方式来表现其对真实性的强调，将真实性与审美性完美地融合在一起时，才能充分展现出非虚构文学的独特魅力。评论家丁晓原将我国非虚构写作存在的问题归纳为三点:1.以非虚构之名,行虚构之实。当非虚构成为获利的捷径时,它就成为一些人用以包装虚构赚取读者消费的手段。2.本来应当是开阔的非虚构,正在走向逼仄。题材的类型化,题旨的轻量化。3.有非虚构,但少文学,文学性相对不足。"非虚构写作文学性不足,主要就是指作品思想性的缺失,叙事的平面流水、缺少细节支撑以及语言不能及物有度,具形得意,表达力偏弱了一些。"[①]

◎ 问题思考与写作训练

1. 你认为非虚构写作兴起的原因是什么?

2. 你如何理解非虚构写作中的"真实"与"虚构"?

3. 认真阅读《习近平的七年知青岁月》(中央党校采访实录编辑室:中共中央党校出版社2017年版),写一篇不少于2000字的读后感,体悟作品的思想内涵、艺术手法及其艺术功能。

4. 阅读张慧瑜的文章《非虚构写作与20世纪文化经验》,厘清文章的主要观点,思考非虚构写作的文化价值及其与20世纪中国文化经验之间的深度关联。

阅读材料:

非虚构写作与20世纪中国文化经验

张慧瑜

近些年,非虚构写作成为一种有社会影响力的文体,不仅在文学领域出现了一批如梁鸿、黄灯、阎海军、王磊光等非虚构作家,而且在移动互联网平台上非虚构写作也成为新闻报道的主要形态。非虚构写作的

[①] 丁晓原:《非虚构的逻辑与伦理》,《当代文坛》2019年第5期。

文化价值有三个,一是平民性,把普通人、弱势者的日常生活、社会经验作为书写对象;二是社会性,把个人故事或新闻事件放在社会和时代的大背景之下;三是非专业化,让普通人也拥有写作的权利。因此,非虚构写作兼具文学性、新闻性和社会性,是一种把文学、新闻重新社会化的书写方式。这种带有纪实色彩和新媒体传播路径的文体并非移动互联网兴起之后才产生,而是在20世纪中国现当代历史中,出现了很多与非虚构相关的文体,如报告文学、纪实文学、深度报道、特稿写作等,甚至一些人类学田野笔记、社会学调查报告等也带有非虚构的因素,是非虚构可以借鉴的跨学科资源。今年是新中国成立70周年,也是五四新文化运动一百周年。一百多年来,中国发生了翻天覆地、脱胎换骨的变化,本文主要借非虚构的视角反思20世纪中国历史,从中发现一些在主流文学、文艺景观中被忽视的文化经验,也借此打开非虚构写作的历史视野。

一、从非虚构写作回望20世纪中国历史

非虚构文学是对Non-fiction的直译,来自美国60年代,是一种深度调查式的社会写作,比如美国记者杜鲁门·卡波特的《冷血》(1966年)、诺曼·梅勒的《夜幕下的大军》(1968年)、《刽子手之歌》(1979年)等都是代表作。他们是记者,通过深入挖掘和调查采访,用新闻事件来呈现美国六七十年代的社会反思,从个体命运展示时代特征。这种深度调查式的新闻写作又叫新新闻主义,这些记者也借这些成功的非虚构作品获得作家的身份。2015年白俄罗斯记者斯韦特兰娜·亚历山德罗夫娜·阿列克谢耶维奇获得诺贝尔奖,她也是一名记者,她写的非虚构作品都是大题材,比如关于前苏联切诺贝利核电站事故(《切尔诺贝利的回忆:核灾难口述史》)、阿富汗战争(《锌皮娃娃兵》)等,还有一本是《二手时间》写的是苏联解体对普通百姓的深远影响,采访了上百家普通家庭,看大历史在每个人、每个家庭身上打上的烙印。这是一种典型地用非虚构的方式来介入宏大历史。

在中国语境下,非虚构写作的流行与《人民文学》杂志2010年开设的"非虚构"专栏有关,梁鸿的《中国在梁庄》最早就在这个栏目发表。在

中国,大致有两类人从事非虚构写作,一类是梁鸿、黄灯、阎海军、王磊光等非职业作家,他们用非虚构的方式来写当下的乡村故事,从外来者的视角描写乡村的衰败和被掏空的状态。比如黄灯的《大地上的亲人》写的是她的家人和她丈夫的家人,借这些亲属的故事还原当下中国农村的变迁,包括堂兄、堂弟在广州打工的故事,这可以说延续了现代以来把中国叙述为乡土中国的传统,用乡村来隐喻中国。还有一类非虚构作品就是媒体人、传媒人写的。因为新媒体基本没有新闻采编权,这并不意味着新媒体不能进行新闻报道,非虚构这种讲述新闻人物、新闻事件背后的故事的文体,成为制造移动互联网爆款的重要形态,比如咪蒙公号就依靠这种文体而成名,也因为一篇虚假报道而遭遇质疑。因此,非虚构写作具有两面性,一方面成为社会调查和新闻报道,另一方面也具有商业化、投机性和猎奇化。

从非虚构写作的基本理念,可以看出非虚构与既有的文体之间有着密切的渊源关系。

首先,非虚构与文学的关系,最直接相关的是报告文学。如果说非虚构来自于美国,那么报告文学的出现则与19世纪的巴黎公社等共产国际运动有关,第一篇报告文学就是关于巴黎公社的新闻报道,是一种把用文学的方式来介入政治。另外一部被公认的报告文学经典作品是美国进步记者约翰·里德写的《震撼世界的十天》,讲述的是苏联十月革命的故事,是对重大政治事件的深度报道,现在看来也是一篇出色的非虚构作品。还有另一位美国记者埃德加·斯诺写的《红星照耀中国》,也是一部深度报道,借斯诺的眼光向世界展示红军长征和中国共产党的故事。报告文学在上世纪二三十年代传入中国,被茅盾称为是"文学轻骑兵"。最早的报告文学参与到对日本侵略中国的新闻报道中,如1932年"一·二八"淞沪抗战后,阿英主编了《上海事变与报告文学》、郭沫若等编著的《上海抗战记》、范长江主编的《淞沪火线上》、胡风主编的《闸北七十三天》、曹聚仁的《东线血战记》等,都是当时的文学家、战地记者写的军事报道。报告文学在七八十年代之交扮演着重要的角色,如徐迟的

《哥德巴赫猜想》用报告文学的方式参与到伤痕叙述和社会反思的潮流中。90年代文化游记、纪实文学、新写实小说等成为文化消费市场的热点，如余秋雨的《文化苦旅》把自然化的山水文化"化"，成为最早的文化旅行"指南"。90年代中后期的右派口述史、知识分子回忆录也成为畅销书，这些个人化的、私人记忆成为重写20世纪当代史的载体，把个人作为历史的人质和受害者，从而让政治变成外在的、迫害性的力量。

其次，非虚构写作与90年代以来新闻形态的变化有关，尤其是深度调查、深度报道的出现。90年代初期在媒体市场化改革的背景下，市场化的都市报兴起，出现了新闻专业主义理念下的调查记者和调查性写作，又被称为深度报道，这成为报纸提高发行量的重要手段，比如《中国青年报》的"冰点"周刊、《南方周末》《南方都市报》等针对重大新闻事件的深度报道，都在90年代和新世纪以来的公共舆论空间中发挥着重要作用。与传统新闻理念和记者的主体状态不同，新闻专业主义更强调客观性、中立色彩，带有深度揭秘和社会调查的色彩。从90年代一直在2010年移动互联网兴起之前，都是纸媒的黄金时代，也出现了非常多的名记者如李大同、卢跃刚等，建立了一种记者行业里边的"鄙视链"，能写深度报道的记者是一种业务能力、经验丰富的资深记者。1995年《中国青年报》"冰点"周刊发表第一篇深度报道《北京最后的粪桶》，讲述的是返城知青成为北京最后的掏粪工的故事，也开启了讲述普通人、老百姓故事的报道方式，在一种政治话语中作为人民、群众的主体变成了人道主义、人性论中的普通人和老百姓的人文传统，这与90年代中央电视台《东方时空》的纪录栏目《生活空间》所开始的"讲述老百姓自己的故事"在理念上是一致的。除了这种人文主义报道风格，另一种深度报道是对新闻事件的深度调查，如2003年南方都市报发表《被收容者孙志刚之死》，最终导致废除收容制度的政策改革。2010年移动互联网兴起之后，很多深度调查的记者转移到了移动互联网平台，出现了更多以非虚构写作的方式出现的深度报道，如《喊麦之王》《了不起的茅侃侃》《天才球员董方卓的残酷答案》《太平洋大逃杀亲历者自述》《少年杀母事件》等。与资深记者不同,这些文章是由更年轻的、更习惯网络写作的青年媒体人完成。

第三,非虚构写作与社会学、人类学也有密切的亲缘关系。如费孝通的《乡村中国》、列维·斯特劳斯的《忧郁的热带》、项飙的《跨越边界的社区:北京"浙江村"的生活史》和《全球"猎身"——世界信息产业和印度的技术劳工》等都是社会学、人类学田野报告,也带有非虚构的色彩。和一般记者只是把现象做全景式描述不同,这些学者借助一些社会学方法,对陌生的群体、地域进行深入观察和调查研究,从中归纳、总结出一套认识世界和观察社会的理论概念和框架。这和非虚构的精神也是一致的,非虚构也不是客观性、中性的描述,而是一种高度介入式的思考,把研究者的态度和对某个事情的理解都写出来。比如社会学家吕途,近些年写了三本与"新工人"有关的著作,《中国新工人:迷失与崛起》《中国新工人:文化与命运》和《中国新工人:女工传记》,这三本书处理的都是进城农民工问题,进行了大量的采访和调研,三本书放在一起展示了改革开放以来3亿新工人的生存境遇和社会状况。尤其是第三本"女工传记",更像非虚构作品,作者采访了50后、60后、70后、80后、90后等几代女工的个人生命史,给每一位女性写一篇小传,这些个人的生命故事合在一起就是一部新中国女工的文化史诗。

非虚构写作是一种关于他人、他者的写作,即便写自己的故事,也是把自己对象化、他者化。更不用说是那些自己之外的人、社会和历史,因此,非虚构写作的工作方法可以借鉴社会学和人类学的方法、理念,如口述史、民族志、田野调查等,这涉及如何理解他人的问题。首先,倾听是第一步,先听他人的、别人的讲述,理解他人的生活逻辑和社会逻辑;其次,是对话,用自己的视野和知识框架与他人展开对话和交流;第三,是理解,这种与他者的交流必然会反思自身的生活和知识限制,进而在辩证中认知和理解自己和他人。

二、国际友人视角下的20世纪中国经验

在20世纪中国历史中有一类非常特殊的非虚构作品,这就是国际友人写的中国报道,他们有的是外媒驻中国记者,也有的是参与中国革命、

社会实践的技术专家。这些国际友人写的中国故事,大部分属于中国共产党对外传播的范围,而且是非常有效和成功的对外宣传。如1936年美国记者埃德加·斯诺发表的《红星照耀中国》、1944年到延安访问的中外记者团所写的延安报道等,成为对外讲述中国共产党的历史及其治理下的根据地秩序的重要方式,也为抗战时期的中国争取到了宝贵的国际支援。这些来到中国的外国记者,除了撰写大量新闻报道之外,还参与到中国教育、医疗、外交等事务中,甚至有的留在中国,成为中国人民的老朋友,如新闻领域的爱泼斯坦、著名医生马海德等。借助他们的目光,我们得以重返20世纪的历史现场,对20世纪中国经验进行再反思。近些年关于中国故事的讲述经常跳过20世纪历史,把当下与古代对接起来,这就使得五四以来的现当代中国历史变得非常暧昧,或者说现当代历史处在被遗忘当中。这一方面是因为中国实现了现代化,无须凸显一种现代焦虑感,反而需要追溯传统中国和悠久历史来作为现代中国的源头;另一方面,在这一后革命的语境下,现代中国的现代性、当代中国的当代性都消失了,传统与现代、现代与当代不再是冲突关系,20世纪的革命也被解释为一种传统中国的延续和复活。在这个意义上,通过国际友人的视野重新回溯历史,是为了找到一种进入20世纪中国现当代历史的方式,重新获得一种现代感和当代感。下面我想简单地把20世纪中国的国际友人分成三类。

一类是斯诺、爱泼斯坦、史沫特莱、斯坦因等新闻记者,他们在根据地调查,对外写出了大量的关于延安、根据地、解放区的报道,如斯诺的《红星照耀中国》、史沫特莱的《中国红军在前进》等。比斯诺的《红星照耀中国》还要早的一本关于中国的报道是捷克新闻记者埃尔文·基希用德文写的,他是共产党员,也是最早把报告文学作为一种战斗性、介入性文体的记者。30年初期他受苏联委派来到中国,在北京、上海等城市进行大量的实地采访,1933年出版了一本《秘密的中国》,向西方世界展示了现代中国社会的方方面面,1936年作家周立波陆续把这本书翻译成中文,对中国报告文学的发展产生了很大影响。最著名的记者是埃德加·

斯诺,斯诺在宋庆龄等人的安排下从国统区到陕北,进行了几个月的深度采访,上至毛泽东等共产党领导人,下至普通的红军战士,斯诺以独特敏锐的记者视角观察延安,描绘了大量的生活细节,使得《红星照耀中国》这部纪实文学具有较强的可读性。这部书作为一次成功的对外宣传,第一次讲述了红军的发展历史和毛泽东的故事,是一部在西方产生巨大影响的、了解当时中国真实状况的作品。其他如国际记者爱泼斯坦、史沫特莱、斯坦因等,他们也用英文写了很多中国报道。同时值得注意的是,除了作为记者以外,这些国际友人还亲身参与了中国的革命与建设,如史沫特莱参与了延安鲁迅艺术学院的外语工作,发起了节制生育运动、灭鼠运动等卫生运动。这类外国记者、作家的经历和作品在中国具有一定的知名度,但他们相互间的人际网络、信息网络如何组织和维系,与国际共产主义运动的关系具体是怎样,目前鲜有人研究和整理,这其实联系着一种被历史遗忘的国际视野。比如整合欧美左翼知识分子的英国援华会在国际援华运动中扮演了关键角色,英国援华会筹集的绝大部分资金流向了白求恩的国际和平医院,而其出版的刊物《中国报道》最早刊登了有关白求恩、斯诺和史沫特莱等的文章,其中《红星照耀中国》也是由援华会的左翼读书会出版发行。这些"中国故事"文本背后的人际网络、传播网络、权力网络甚至是资金网络,都是考察20世纪中国对外传播机制的关键,值得深入研究。

  第二类是科技、技术专家,如写了《翻身:中国一个村庄的革命纪实》《深翻:中国一个村庄的继续革命纪实》的韩丁以及韩丁的妹妹寒春和妹夫阳早。韩丁是一个农机专家,受《红星照耀中国》的影响来到中国,1945年参加联合国的项目,一开始给国民党服务,后来到北方大学担任英语老师,在这个过程中亲身参与了山西长治张庄的土地改革,他搜集了大量的资料。解放之初他留在中国,培养了新中国第一批拖拉机手。1953年回到美国,受到麦卡锡主义的迫害,花十余年完成《翻身:中国一个村庄的革命纪实》,是一部用现实主义的手法完成的讲述中国土地革命和人民翻身运动的史诗作品,这本书的影响力在西方仅次于《红星照耀中国》。直到70年代中美建交之后，韩丁担任美中友好协会会长，多次回到中国，参与到80年代中国农村现代化和机械化的实践中。韩丁的妹妹寒春和同学阳早40年代末期来到延安，就没有离开中国，一直在中国从事农业、畜牧业方面的工作，对中国奶牛养殖和牛奶质量提升作出突出贡献。还有一位是燕京大学的电报专家林迈可，1941年太平洋战争爆发之后，林迈可和妻子逃到陕北，担任晋察冀根据地的通讯技术顾问，创建新华社英文广播部，帮助根据地改造发报机和培养无线电技术人员，抗战后回到英国，他写了一本《抗战中的红色根据地》，写了他对根据地的观察，其中提到他认为当时根据地有两点做得非常好，一是后勤保障工作，根据地虽然在物资极度匮乏的情况下，但通过高效率税收和群众动员，让士兵打仗没有后顾之忧，二是情报工作也很出色，中共的高级密码很少被日军破获，而根据地的通讯网络也非常畅通。这些都涉及到根据地的行政和社会治理经验。还比如英国人大卫·柯鲁克、伊莎白·柯鲁克夫妇，他们40年代末期被派到中国观察土地革命运动，后来完成了《十里店：中国一个村庄的革命》和《十里店：中国一个村庄的群众运动》等研究中国土改的社会著作。其中大卫·柯鲁克是英国共产党，参加过西班牙内战，也和白求恩认识，他们都受斯诺写的《红星照耀中国》的影响。他们完成土地革命调查之后，就一直留在中国，甘心为中国培养英语和外交人才，是新中国外语教育的创始人和重要参与者。从这些不同领域的外国专业技术人员在中国的工作、生活与革命实践，可以看到新中国的诞生、发展和建设与国际援华运动、国际共产主义运动之间更为深刻的联系。

第三类是从事摄影、电影等影像工作的艺术家，如伊文思、布列松、安东尼奥尼等。荷兰纪录片大师伊文思30年代来中国拍摄了《四万万人民》，把中国也作为世界反法西斯阵营的组成部分，并在武汉"偷偷"赠送给根据地一台摄影机，袁牧之、吴印咸等30年代从上海到延安的左翼电影人用这台摄影机拍摄了纪录片《延安与八路军》。70年代伊文思又到中国拍摄，这就是由12部独立纪录片《大庆油田》《上海第三医药商店》《北京杂技团练功》《对上海的印象》等组成的《愚公移山》，这部纪录片提供了与常见的"文革"影像不同的那个年代的普通中国人的日常生活。还有一位法国摄影大师布列松在40年代末期到中国，是在上海解放前夕坐最后一班飞机飞到上海，当时的布列松为美国《生活》杂志供稿，他正好见证了上海解放的全过程，于是，后来出版了《从一个中国到另一个中国》的摄影集，展示了旧中国向新中国的转变。50年代后期布列松又被邀请到中国来，这次拍摄的照片在西方发表后，国内展开了对布列松的批评，认为这些照片丑化了中国的大跃进运动。与此相似，70年代后期，意大利电影大师安东尼奥尼受邀到中国拍摄了记录电影《中国》，也遭遇了50年代的布列松相似的情景。这些艺术家在不同时代多次到中国拍摄作品，他们的关于中国的影像在当时和事后引起了极大争论，我们不仅要关注这种"看与被看"之间所引发的误读，更应该看到这些影像工作者与20世纪历史中更广阔的国际背景之间的关系，从30年代席卷全球的左翼运动到80年代末期冷战终结，中国也处在这种特殊的国际网络之中。

当然，还有许多曾经在中国扮演过重要角色的国际友人和组织，被历史有意无意遗忘或忽略，对他们的发现和梳理将是进入20世纪历史的重要方式。国际友人的经验和叙述为我们理解20世纪中国与世界的互动关系提供了新的视角，从而更深刻地理解20世纪独特的全球政治图景。国际友人的个体生命经验与20世纪全球左翼运动的思想与行动网络交织，与中国的革命与社会建设相互作用，呈现出一个复杂、动态的全球20世纪时代景观，也为我们审视与反思当下的国际关系和全球秩序提供了独特的视野。这种历史重返也需要避免用怀旧的、崇敬的心态将这些国际友人的中国故事浪漫化，借由国际友人重建我们与20世纪的对话关系，其落脚点仍在于更全面、公正地审视中国的历史、现在与未来。

三、"一日体"群众写作运动与历史价值

在20世纪历史中，还有一种重要的非虚构写作方式，就是群众写作运动。与让普通人也学会写作的创意写作相似，非虚构写作也带有平民

色彩,很多作品是由非职业、非专业作家完成。这些平民视角的非虚构作品,反映了主流文学叙事中不可见的群体、地域和记忆,带有一种民主性的群众文艺的面向。这种创意写作的理念也来自于美国,美国有着成熟的创意写作课程和社区写作推广方式,相当多的美国作家,他们谋生的手段是在大学或在社区里教创意写作,也有一些作家是靠上创意写作课来学会写作的,如美国最有名的华裔作家哈金,就接受过创意写作训练,成为知名作家后又从事创意写作教育。这种普通人学会写作的方式,与50年代到70年代培养工农兵作家有相似的地方,当然后者具有更大政治性,要让工农兵占领文化领导权,不要被作家所代表,而是自己写自己。其实,20世纪现代历史中也有一个群众写作运动的传统。

1936年上海生活书店的出版家邹韬奋看到苏联文学家高尔基正在发起一个"世界的一日"的征稿运动,就联合茅盾、陶行知等中国作家发起了"中国的一日"的征稿启事,号召人们写下1936年5月21日的"所见所闻,所作所感",收到三千多篇、约600万字稿件,最终由茅盾主编汇集成了《中国的一日》,全景式地再现了各个地方、各种职业所感受到的中国,看到当时民族危亡下普通中国人生活的"横断面"。受此启发,1941年冀中抗日根据地的主要领导发起了"冀中一日"的征文活动,号召根据地的普通军民纪录1941年5月27日这一天发生的故事,约有10万人参加写作,征集到5万份稿件,当时冀中文艺界的作家孙犁、王林和李英儒等把稿件汇编成册,真实反映了当时根据地时期军事、生产、生活的方方面面,现在读起来也非常生动和立体。1987年改革开放时代,又发起了《新中国的一日》的写作活动,在电视上也播出了征稿启事,各路来稿最终汇编成册,不仅有文化人的书写,更有普通百姓的日常生活,反映80年代思想解放所带来的蓬勃生机。这种"一日体"在今日也有延续,在腾讯谷雨和快手上分别有文字版和短视频版的"中国人的一天"栏目,仍然接收着各种形式(文字、短视频)的来稿,记录着这个时代的点点滴滴。从这些"一日体"群众写作运动中可以看出,写作本身是一种普通群众可以掌握的文化权利,也是把个体生命故事转化为对不同时代中国社会变革的参与者、见证者的社会媒介。

总之,从20世纪中国历史的视角看,非虚构写作不只是一种当下移动互联网时代的时髦文体,而是文学创作介入宏大的历史与社会问题的重要方式。它与文学、新闻学、人类学、社会学等学科有着直接关系,是一种用平民视角和纪实精神来理解、感知社会巨变的方法,可以帮助我们看见更加丰富的20世纪中国乃至世界的时代图景。

(文章来源:《上海文学》2020年第6期)

第二章 非虚构写作的题材与材料

"言之有物"是衡量文章成败的关键因素,"物"包括丰富的材料、深刻的思想、真挚的情感等多个方面。对于非虚构写作而言,"物"首先是指写作中关涉的题材和材料。本章重点探讨非虚构写作对题材和材料的特殊要求,这是进入非虚构写作的基础和前提。

第一节 非虚构写作的题材

一、题材的含义与类型

题材是文学、艺术创作的常用语,指作为写作材料的社会生活的某些方面,有广义和狭义之分。

广义的题材是指文艺性作品所表现的社会生活的某些领域及社会事象的某些方面,狭义的题材则是指构成文艺性作品思想内容的生活事象。文学创作的问题可以笼而统之地归结为两个问题,即"写什么"(内容)与"怎么写"(语言、形式、艺术手段),题材问题就是"写什么"的问题。

题材类型的划分多种多样,分类标准不同,划分出来的类型也不同。以作品所表现的主要人物为分类标准,可以有儿童题材、农民题材、女性题材、大学生题材、知识分子题材、工人题材、军人题材、英模题材等;以作品所表现的社会生活领域为分类标准,可以有工业题材、农村题材、都市题材、军事题材、脱贫攻坚题材、革命历史题材、改革题材、航空题材、婚恋题材、教育题材、现代职场题材、宗教题材等;以作品内容与现实社会生活的时空关联性为依据,可以有科幻题材、现实题材、历史题材等;以重大社会历史事件为核心,可以有灾难题材、战争题材、革命题材等……不一而足。可以说生活有多广阔多复杂,题材就有多丰富多驳杂。

一部作品"写什么"或者以什么为题材,通常是由作者决定的,它取决于作者对社会生活的关注点及触发作者写作灵感的兴趣点,体现了作者的主动选择和独立思考。题材本身并不是判断一部作品价值的主要条件和决定性的因素,更不是唯一的条件。但在中国现当代文学史的特殊历史时段,尤其是"十七年"时期,"题材决定论"却大行其道,对"题材"的"片面化、狭隘化"理解造成"题材问题上的清规戒律"非常严重,似乎"无产阶级的文艺只能表现当前的重大题材;重大题材只能是今天群众运动中的新人新事;而群众运动只能是当时当地的中心工作;新人新事只能是现成的模范人物、模范事例"。更激进的"尖端题材"也提出来了,其他非重大、非尖端题材自然备受冷遇甚至责难。[①] "文革"中"重大题材"从"塑造社会主义新人"推进到"塑造无产阶级英雄典型",阶级斗争成了唯一的"重大题材","重大题材"与社会生活的血肉联系完全取消,"假大空"充斥文坛。随着"文革"落幕,严重变形的"重大题材"自然成了陪葬品。

物极必反,20世纪80年代后半期直至90年代,随着"文学主体性"和文学创作"向内转"的呼声高涨,作家们捕捉"重大题材"的兴趣锐减,放弃和拒绝"宏大叙事",排斥或疏离敏感重大的社会问题,以往所压抑和忽略的个人内心体验、存在意识、身体和性别自觉则备受瞩目,由此形成一种新的文学惯性,即使贯穿90年代和新世纪,一度被誉为"现实主义回归"的"新写实主义"也无力加以根本扭转。"新写实主义"之"新",主要表现为将传统现实主义全景式、史诗图景与无法联成整体的碎片化现实彼此对立起来,这就与过去"题材决定论"只抓主干而删尽枝叶正好翻转过来,未尝不是一种"新题材决定论"。

题材本身没有高低、主次、优劣的价值等级之分。鲁迅先生曾告诉初学写作的年轻人:"现在能写什么,就写什么,不必趋时","可以各就自己现在能写的题材,动手来写的"。但若要自己的文章对于时代有意

[①] 张光年:《题材问题》,《文艺报》1961年第3期。

和贡献,最关键不是"写什么",而是"选材要严,开掘要深,不可将一点琐屑的没有意思的事故,便填成一篇,以创作丰富自乐"。切不可"苟安于这一点,没有改革,以致沉没了自己——也就是消灭了对于时代的助力和贡献"①。之所以,"写什么"一要看自己的生活积累,二要看是否与时代、社会有用,不必刻意追求"重大题材"。但"重大题材"之所以"重大",主要因为它所包含的社会生活确实有其它题材所没有的深度和广度,而巨大的国家宣传机器客观上也帮助描写"重大题材"的作品产生广泛而持久的社会辐射和影响力,因此,捕捉和表现"重大题材"不仅是国家意识形态建设的需要,也是对作家思想厚度和艺术表现力的考验。"重大题材"囊括的现实往往真的很"重大",不能因它是"重大题材"反而刻意回避,更不能"咀嚼着身边的小小的悲欢,而且就看这小悲欢为全世界"。习近平总书记说:"我们的文学艺术,既要反映人民生产生活的伟大实践,也要反映人民喜怒哀乐的真情实感,从而让人民从身边的人和事中体会到人间真情和真谛,感受到世间大爱和大道。"②聪明的作者是既知道榛楛弗剪,也懂得抓住主干的,因为这二者本来就是一个不可分割的整体,优秀的作者既要关注和书写重大社会现象,也不能忽略生活细节、个体生存和人类心理的幽微隐秘。

二、非虚构写作题材的广泛性和日常性

非虚构写作是与时代最同频共振的文体,因为它直面生活,也来自生活。非虚构写作根植于广阔复杂的现实生活土壤和丰厚久远的人文历史积淀,广袤的大地、厚重的历史、璀璨的文化、鲜活的生活、复杂的人生百态都可以成为非虚构写作的题材内容。从国际风云、重大事件、社会焦点到世间万象、家长里短、日常烟火;从历史记忆、文化遗存到自然生态、人文景观;从山川海疆到穷乡偏壤,从人类到非人类,从宏观世界

---

① 鲁迅:《关于小说题材的通信》,载《鲁迅全集》(第四卷),人民文学出版社,2005,第377-378页。

② 习近平:《在中国文联十大、中国作协九大开幕式上的讲话》,新华网 http://www.xinhuanet.com//。

到微观世界……举凡大千世界、现实社会、历史人文，都可以成为非虚构写作的题材。

非虚构写作的题材选择要避免两个误区。误区之一是以为只有书写重大题材、热点事件才能写出有影响力的大作品。误区之二是认为只有写自己有深切感受的日常生活琐事才是真正的非虚构。这两种情况都有"题材决定论"的意味。其实，无论是书写重大题材的宏大叙事还是描述凡人琐事的微观叙事，决定作品成败的因素虽然与题材有关，但起决定作用的是作品的思想内涵和艺术表达。何建明的报告文学以国家层面的宏大题材居多，他的报告文学因此被誉为"国家叙事"，人们通常也认为"中国故事"就是国家层面的大事要事，这类题材的报告文学才能写出分量和深度，才能产生轰动效应。何建明认为，题材与报告文学的成败有一定关系，但题材不是决定性因素，能否在纷纭复杂又精彩纷呈的现实生活中发现真实感人的"中国故事"，并在如实书写客观真实的基础上，熔铸主体性的主观真实和超越性的本质真实，这是报告文学讲好中国故事、形成艺术魅力的关键要素。他说："过去我认为中国故事必是'高大全'，现在的理解不一样了。每一个普通人都能呈现中国好故事的元素；其次，中国故事是跟这个时代的发展联系在一起的。现在有各行各业的精彩人物，作家要适应当下的丰富性、多元化时代；第三，以前讲中国故事，是人的故事，今天讲述的故事包括与人相关的自然环境甚至是各种生命之间的气息。"①何建明报告文学中有很大一部分讲述"小人物"的故事，他在这些小人物身上提炼出了时代的精神风貌和引领价值，这些"小人物"也因为他的书写而成为家喻户晓的"大人物"。在革命历史题材报告文学《革命者》中，他以细致的笔触深情刻画黄仁、顾正红、陈延年、陈乔年兄弟、"吴江秋瑾"张应春、"中国保尔"许包野、龙华二十四烈士等革命英烈群像。在此之前，他们只是存在于纪念馆中的一个个被人遗忘的名字，何建明以文学的方式将这些沉睡在历史深处的年轻生命

---

① 何建明、舒晋瑜：《40年只做了一件事，讲述中国故事——何建明访谈》，《中华读书报》2017年3月15日。

唤醒、激活,赋予他们震撼人心的力量,产生了极大的社会反响,他们燃烧的革命青春成为激励当代青年为国家富强民族振兴而拼搏进取的巨大精神力量。《山神》的写作缘起是何建明在手机上看到了一则新闻,他被新闻打动,于是顺着这条新闻去寻找黄大发,完成了这部关于黄大发的报告文学。《山神》感动了千千万万读者,黄大发也成了"感动中国"的年度人物。

重庆青年作家李燕燕是近年来成果丰硕的非虚构作家,她没有盯着重大题材或焦点题材,而是目光下沉、扑下身子,在大街小巷、码头车站、小饭馆、廉租房、出租车等最平民化的城市生活空间寻找写作素材,她的《山城不可见的故事》《天使PK魔鬼》《拯救睡眠》《青藏线60年》《当我老了——关于"五零"父母生存状况的几段口述》《我的声音,唤你回头》等广受好评的作品关注的都是平凡人生真实的生存状态,细腻呈现隐藏在日常生活表象背后的丰富和复杂,抵达了更为真实细腻的生活层面,洞悉到更为幽深幽微的人心和人性符码。"每一个普通人都能呈现中国好故事的元素","对很多做出不平凡业绩或创造出这个时代奇迹小人物的书写,也可以看作宏大叙事的组成部分。这个'大',不是事件之大,而是'精神'之大。小人物的传奇性创造,只要折射了我们所处时代的精神,成为推动历史前进的一个重要组成部分,同样也可以纳入到'宏大叙事'的范畴"①。

第二节 非虚构写作的材料

一、材料的作用

在写作活动中,丰富、详实的材料,是形成正确思想观点的基础和前提,离开了充实可靠的材料,作者的观点和文章的主旨便无法生成。对于非虚构写作而言,材料是否全面充实、材料的来源是否真实可靠,是决

---

① 何建明、王冰云:《宏大叙事与中国故事的书写——何建明访谈录》,《写作》2020年第2期,第46—47页。

定写作成败的决定性因素。

材料是作者为特定写作目的而收集、整理的各种资料、信息,包括人物、事实、场景、细节、理论、言论、数据、图片、图表、影像、文件、票据、文献等等与写作对象相关的信息资料。有历史性资料也有现实性材料,有理论性材料也有事实性材料。

《文心雕龙·明诗》篇从文艺心理学角度阐释诗歌的产生:"人禀七情,应物斯感,感物吟志,莫非自然。"意思是说,人天生具备七情六欲、情感丰富,这些丰富的情感受了客观外物的刺激,便产生一定的心理感应。心有所感,吟咏而发则为诗,这是自然而然的。《礼记·乐记》中说:"人心之动,物使之然也。"人心之所以会产生思想情感的波澜,是因为客观外物的触发。所以,苏轼畅言:"山川之秀美,风俗之朴陋,贤人君子之遗迹,与凡耳目之所接者,杂然有触于中而发于咏叹。"纷纭复杂、丰富精彩的大千世界(包括自然世界和人类社会)是触发思绪、情感的媒介和契机。而写作材料就包含在大千世界之中,可见,材料能够触发写作意愿,激发写作灵感。其次,材料是形成正确认识,产生写作主题的前提和基础。任何文章都不同程度的表现出作者的观点、倾向、情感和意志。但这种观点、倾向、情感与意志并非作者头脑中固有的,而是源于作者对自己所掌握材料的加工提炼、整理和概括。在写作活动中,丰富详实的材料,是形成正确认识的前提,离开了材料,作者的观点和文章的主旨便无法生成。观点和主旨在材料的基础上确立,反过来,观点和主旨又靠材料来支撑和表达,二者之间相互依存、相互制约,但材料始终处于优先的、基础性的重要地位。因此,材料是第一位的,观点和主旨是从材料中提炼、概括而成的。离开了材料,文章的观点和主旨就无以支撑。

阿来的《瞻对:终于融化的铁疙瘩——一个两百年的康巴传奇》荣获2013年《人民文学》非虚构类作品大奖。作为一部历史非虚构类型的代表性作品,《瞻对》引用了大量原始资料,努力体现了"博考文献,言必有据"的创作原则,有效佐证了文本的非虚构特征。阿来说,他曾经花费三年多的时间,认真研读《清实录》《清代藏事辑要》《西藏纪游》《西藏通览》《西藏志》《藏族通史》《西藏的贵族和政府》《西藏社会历史藏文档案资料译文集》等文献资料,并对和"瞻对"事件直接相关的文字记载做选择性抄写,之后是进一步阅读、批注、思考,最后再整理出故事文本的写作思路。他通过长期的社会调查和细致艰辛的案头工作,以一个土司部落两百年的地方史作为典型样本,再现了川属藏民的精神传奇和坎坷命运。在具体创作过程之前,阿来就把"瞻对"事件作为一种"历史性文本"进行深度研究,做到心中有数后才开始起笔。据不完全统计,阿来在作品中涉及到各类历史文献多达30余种,分别以直接引用、间接引用、前后补充、相互印证等多种方式,努力将历史文献还原为传奇故事,最终成为受到诸多读者热议的非虚构文学作品。

二、获取材料的方式与途径

一般而言,人们获取写作材料的方式主要有三种:

1. 调查采访,2. 观察体验,3. 广读博览。

调查采访是作者有目的地对某个问题、某种现象进行专门性、系统性的考察了解。调查采访有利于获得新鲜的、真实的第一手材料,可以有效改善写作中材料贫乏、陈旧、失真的弊病,是获取非虚构写作材料的重要方式。

调查采访能否成功,前期准备工作至关重要。准备工作除了备好录音、录像、摄影等记录设备和基本条件之外,更要明确调查采访的意图和目的,根据意图和目的确定调查采访的对象、主要内容、方式方法等。要通过多方搜集资料,尽可能对调查采访对象有所了解,使调查采访有的放矢、全面、深入、细致。

调查采访的第一个要求是"务实""求多"。"务实"是指在收集材料的过程中,要从实际出发,实事求是,力求真实、准确。这里需要特别注意的是,决不能依据自己的主观意愿或先入为主的心理愿景收集材料,符合自己主观意愿的材料就收集,反之则抛弃或视而不见听而不闻,这样获得的材料必然是片面的、有限的,违背了实事求是的原则,片面的材料无法形成客观理性的事实判断,以此为基础形成的文章主旨叶必然缺乏思想深度和说服力。"求多"一是数量多,体量大,样态丰富多元,二是要从多角度、多层面来把握事物和现象,资料来源途径要多样,渠道要广泛,不仅要收集概括性、系统性材料,还要收集细节性、过程性材料;不仅要关注现场、当前的材料,还要关注历史的、背景性材料。材料越多,越便于研究和鉴别,越利于发现真相,越利于立论的准确、深刻。调查采访的第二个要求是"有效提问"。所谓"有效提问",强调的是在调查采访过程中,采访者所设计的问题不是浮光掠影、浅尝辄止、流于浅层和表面,而要尽可能抵达事件的真相和问题的本质,通过问题设计,引导被采访者提供更多、更真实、更隐蔽的信息和材料。需要特别提醒的是:一定要做好采访记录。不仅要准确记录基本观点、脉络梗概、典型材料,而且要记下生动的细节、重要的原话。尤其是关键性材料、细节性材料、有特色的场景、个性化的人物语言,以及自己当时的感受等稍纵即逝的材料,一定要随时记录下来。

收集材料的第二种重要方法是观察体验。观察体验是一种有意识的感觉、认知活动,观察者要充分调动眼、耳、口、鼻、舌等各种感觉器官,对主、客观世界进行深入、细致的感觉和体认,是获取非虚构写作材料的重要途径。观察点的选择至关重要。观察点通常有:定位观察、移位观察、比较观察三种。

定位观察是选择一个观察点,以这个观察点为立足点,对观察对象进行持续、仔细观察。定位观察通常要持续一个时段,其好处是在观察角度、参照对象不变的情况下,获取观察对象的状况和信息,形成对观察对象的深度认知。移位观察是对同一个观察对象选择多个观察点,从不同角度、不同侧面进行观察,从而获得全方位、多层次的信息,对观察对象的认识和了解更全面、更立体,避免盲人摸象、以偏概全。比较观察是将观察对象置于两种或两种以上的参照物中,通过与参照物的对比,获取对观察对象的了解和认知。需要注意的是,比较观察中所选择的参照物与观察对象之间要有一定的关联性和相似性,这样才能更好地发现和辨析观察对象的本质特质和事实真相,避免似是而非、含糊混沌。

在非虚构写作中,定位观察、移位观察、比较观察三种方式要灵活选择,合理运用,因地因时因事制宜。或侧重某一种方式,或多种方式综合运用,选择的依据是观察对象的特点和写作需要。

读书是获取写作材料的重要路径,唯有广读博览才能拥有开阔的视野、丰富的信息,这一点无需赘言。但对于非虚构写作而言,通过阅读活动,从书籍、网络、文献中获得的大量材料,要特别注意去粗取精、辨伪存真,尤其面对泥沙俱下的海量网络,更需要认真辨析、细致核查,确保信息的真实性和可靠性。著名军旅作家王树增为了写长篇纪实作品《长征》,查阅了数千万字的资料,仅笔记就做了240余万字。

通常情况下,调查采访、观察体验、广读博览可以满足获取写作材料的要求。但在非虚构写作中,仅做一般意义上的观察体验、调查采访、广读博览是远远不够的,很难满足非虚构写作对材料的特殊要求,而材料的数量与质量,直接关系到非虚构写作能否成功。在中国当代文学史上,著名作家徐迟的报告文学《哥德巴赫猜想》是非虚构写作的经典之作。当年,徐迟为了写好这部作品,进行了深入采访和大量调查研究。他住在中关村,白天黑夜都排满了采访日程。他先后采访了许多著名的数学家,其中有陈景润的老师,有陈景润的同志,也有现在的同事。有讲陈景润好的,也有对陈景润有看法的。讲好的、讲坏的,正反两方面意见他都认真地倾听。他说:"这样才能做到客观地全面地判断一件事物、一个人。"这期间,他花了很多工夫硬"啃"了陈景润的学术论文。可见,优秀的非虚构写作不仅要掌握扎实、丰厚的材料,还要尽可能多角度、全方位地"走进"写作对象、感知写作对象、体悟写作对象。

2015年10月,《南方都市报》正式推出"南都语闻"版,尝试非虚构写作,得到读者和业内人士的认可。该栏目的许多选题来自日常新闻报道,但对内容的真实性有很高的要求。为此,栏目往往要求记者有细节翔实的采访过程和素材积累,更加努力地实地调查、更加仔细地观察、更加勤奋地搜集资料,以及更加精准地表达,才能应对编辑的"十万个为什么"。记者常常为了一篇三千字的稿件,搜集采访出数万字的素材,作为稿件基础。

三、浸入式采访

为了获取更充实可靠、更有文学意义和价值的材料,非虚构写作通常需要进行浸入式采访,这是让采访对象最大限度打开自己的最好方式。

浸入式采访的基本特点是:采访者不是置身事外的旁观者,而是尽可能参与到事件中去,通过与受访者的密切接触和沟通,产生心理认同和情感共鸣,甚至建立深厚友谊,受访者在排除戒备心理和排斥心理之后,才有可能将真相和盘托出,采访者才能了解事件的丰富、复杂面向,和受访者隐而不彰的内心世界,进而挖掘出藏在表象背后的真相,抵达深层的"真实"和事物的"本质"。一般新闻访谈是功利性的,是为了获取新闻素材的一种手段,浸入式采访作者与访谈人深度的心灵交流和情感沟通,这是浸入式采访与一般新闻访谈最大的不同。以写作"中国三部曲"而著名的非虚构作家何伟说:"在创作非虚构文学时,不能够编造,这就意味着你要竭尽全力去发掘事实,去收集信息。创造性部分来源于你是如何运用这些日常素材的。"①这是他的经验之谈,所谓"在调查中就存在创造性",意在强调深度调查采访之于非虚构写作的审美性、艺术性生成的重要作用。在虚构文学如小说写作中,需要通过想象建构故事、塑造人物,在非虚构写作中,则需要通过深入的采访,"发掘事实""挖掘细节",发现日常生活表象下蕴藏的戏剧性、故事性以及令人深思的东西。没有扎实的采访、深入的体悟,不能走进写作对象的现场和人物的生活世界及其精神世界,就不可能发现日常中的传奇,寻常中的伟大,表象中的深蕴,非虚构写作的真实性和审美性就无从实现。

著名报告文学作家何建明的作品《山神》,讲述当代愚公黄大发带领村民历时36年,在千米高的悬崖峭壁上开凿人工天渠,彻底改变干旱贫瘠山区面貌的感人故事。为了真切感受黄大发当年修渠的艰苦卓绝,何

---

① 南香红、张宇欣:《为何非虚构性写作让人着迷?》,http://cul.qq.com/a/20150829/011871.htm。

建明跟随黄大发"三上绝命悬崖",其间,所经历的紧张、恐惧、艰难令他终身难忘。但是,对何建明而言,"三上绝命悬崖"虽然是危险之旅、艰难之旅,更是生命之旅,是灵魂的洗涤和精神的朝圣。它在创作主体与客体之间架起了情感的桥梁,何建明对黄大发的感情不止是崇仰敬佩,还有发自内心的爱和怜惜,他们之间建立了父子般的深厚情谊,这是作者与其写作对象之间抵达思想和情感深处的交流与对话,是非虚构写作得以成功的基础和前提。

为了写作《革命者》这部反映上海革命历史题材的非虚构作品,单是上海龙华革命烈士纪念馆和南京雨花台,何建明就去过十多次。他说:"每次去都会有不同的、更深的体会和感悟。面对那些先烈画像或他们的遗物、遗书时,我会久久地凝视,一遍又一遍地端详他们的容貌和眼神。我能感受到内心深处与烈士有了穿越时空的沟通与交流,甚至是相互的倾诉……这种感觉对创作的好处是极大的。我坚信,如果没有这样的情怀,是不可能把革命题材写好的。"重庆青年作家李燕燕说:"像蜻蜓点水那样的即时采访,远远没有走进他们的生活,我的写作只能用'空洞'二字表达。"多年来,她"坚持行走着观察城市,企图用更亲密的方式接近它,试着揭开光影下那些埋得深深的东西,那些城市成长的内核与印记"。这样的"行走观察"与"亲密接触",使她发现了"山城不可见的故事"——那些隐藏在日常生活表象背后的丰富和复杂,抵达了更为真实细腻的生活层面,洞悉到更为幽深、幽微的人心和人性符码。新疆青年作家李娟的作品《羊道》三部曲细腻、生动地描述了哈萨克牧民真实的生活图景。李娟说:在与扎克拜妈妈一家共同生活的三年中,"我深深地克制自我,顺从扎克拜妈妈家既有的生活秩序,蹑手蹑脚地生活其间,不敢有所惊动,甚至不敢轻易地拍取一张照片。希望能籍此被接受,被喜爱,并为我坦露事实"。显然,李娟不是以旁观者的猎奇眼光,也不是以现代文明高高在上的优越感,俯视哈萨克牧民的生活,而是将自己沉浸在他们的生活中,全身心地去感受、体察哈萨克牧民的生活、习俗和文化,如此,她才能真切地理解他们的生活秩序、希望和梦想。美国作家约翰·霍华德为了深入了解美国的种族问题,以白人之躯,经过医学技术的易肤治疗,将白皮肤变为黑皮肤,以黑人身份生活、感受、体验、观察。这是典型的浸入式采访,以这种方式获得的材料比以旁观者身份获取的材料要丰富得多、真实得多。最终,他完成了反映美国种族问题的"非虚构"精品力作《像我这样的黑人》。

这些作品的成功充分说明:获取非虚构写作的材料浮光掠影是不行的,也不能像新闻采访那样,仅仅讲求实效、新颖、快捷,而应该更全面、深刻、细致。作者与采访对象之间应该想方设法建立充分的理解信任,形成敞开心扉的交流沟通模式。为此,作者一定要走出书斋,真正进入到采访对象的真实生活中去,在真实的生活场景中,观察、感受、体会采访对象的方方面面、点点滴滴。茅盾先生特别强调说:"材料不能在感到需要时方去搜集,必须是经常的工作,时时处处在留意,在聚积;而特定的题目不能死凭空跳出来的心血来潮,必须是经常搜集中自然而然产生的。"①

"千淘万漉虽辛苦,吹尽黄沙始到金"。有些非虚构写作质量不高,其中一个重要原因就是材料匮乏、行文空洞、言之无物。浸入式采访是获取非虚构写作材料至关重要的方法,也是写出高质量非虚构作品的基本保障。

四、材料的选择与运用

非虚构写作并非是对现实生活的实录照搬,也不是原始材料的罗列堆积,而是在充分尊重非虚构写作原则的前提下,进行合乎逻辑的剪裁、调度、强化、整合等处理,使文本更能体现出非虚构叙事的审美属性。作者必须对丰富芜杂的写作材料要作充分的内化,以使自己能够发现其中的叙事契机,由此建构更符合对象真实存在,也能体现作者自主性的具有审美意义的叙述方式。著名美学家朱光潜说:"对材料进行选择与安排,这就等于说,给他们一个完整有生命的形式。材料只是生糙的钢铁,

---

① 茅盾:《茅盾文集》(第10卷),中华工商联合出版社,2015,第43页。

选择与安排才显出艺术的锤炼刻画。"①

对于非虚构写作而言,选择材料的首要原则是真实性,这是非虚构写作必须坚守的写作伦理。为确保材料的真实性,除了在收集材料的过程中注意材料来源的可靠性、多角度、多层面之外,还有对所收集的材料进行去粗取精、去伪存真的辨析考证,透过现象抓住本质,透过特殊发现普遍,透过习见产生洞见。必要时要通过事实核查,以确保真相在可能性与现实性层面都没有疑义。王树增在写作长篇纪实作品《长征》对自己的要求是:"只要是书中出现的事件、人物,哪怕这个人在书中只出现了一瞬间,也必须是真实的,必须是有案可查的,不允许虚构。"②对真实性的孜孜追求是形成该著强烈艺术感染力的重要原因。

材料选择的第二个原则是有效性。所谓有效性,是指所选择的材料要能很好表现文章的主旨思想,能够凸显作品的主题,材料能够对主旨表达形成有力支撑,凡是不能对主旨表达形成有力支撑、不能凸显主题的材料就是无效的材料。材料选择的第三个原则是典型性。所谓典型性,是指哪些最有代表性、最能表现主题思想、主旨意蕴的材料。

著名作家魏巍的非虚构作品《谁是最可爱的人》发表于 1951 年,经历 70 年的时光洗刷,作品中的文字依然鲜活地烙印于中国人的记忆里,依然闪耀着夺目的光彩。时至今日,看到那些奋战在抗洪、抗震、抗疫一线,在捍卫国家领土主权前沿的子弟兵身影时,人们仍然会情不自禁地用"最可爱的人"来称呼他们。作品中表现志愿军战士伟大爱国精神的事例典型生动,非常具有表现力和震撼力。此前,魏巍曾写了一篇通讯《自豪吧,祖国》,里边写了二十多个生动的例子。但是,同志们看后,感到不好,因为例子堆得太多了,好像记账,哪一个也说不清楚。后来,改写为《谁是最可爱的人》时,只选择了几个例子,而且写完后又删掉了两个。魏巍深有体会地说:"用最能代表一般的典型例子,来说明本质的东

---

① 朱光潜:《选择与安排》,载《朱光潜美学文学论文选集》,湖南人民出版社,1980,第270页。

② 路艳霞:《10年逝去,〈长征〉激情如昨》,《北京日报》2016年9月12日。

西,给人的印象是清楚明白的,也会是突出的。"可见,材料的选择与运用的极端重要性。朱光潜先生说:"材料只是生糙的钢铁,选择与安排才能显出艺术的锤炼刻画。"

◎ **问题思考与写作训练**

1. 如何理解非虚构写作题材的"大"与"小"?
2. 获取非虚构写作材料的方式有哪些?
3. 浸入式采访对于非虚构写作有何重要意义?浸入式采访应该注意哪些问题?
4. 认真阅读魏巍的《谁是最可爱的人》,分析作品在材料选择上的特点和作用。
5. 写一篇不少于500字的观察日志。
6. 自拟采访主题,自选采访对象,写一篇不少于800字的采访稿。

阅读材料:

谁是最可爱的人

魏巍

在朝鲜的每一天,我都被一些东西感动着;我的思想感情的潮水,在放纵奔流着;我想把一切东西都告诉给我祖国的朋友们。但我最急于告诉你们的,是我思想感情的一段重要经历,这就是:我越来越深刻地感觉到谁是我们最可爱的人!

谁是我们最可爱的人呢?我们的部队、我们的战士,我感到他们是最可爱的人。

也许还有人心里隐隐约约地说:你说的就是那些"兵"吗?他们看来是很平、很简单的哩。既看不出他们有什么高深的知识,又看不出他们有什么丰富的感情。可是,我要说,这是由于他跟我们的战士接触太少,还没有了解我们的战士:他们的品质是那样的纯洁和高尚,他们的意志是那样的坚韧和刚强,他们的气质是那样的淳朴和谦逊,他们的胸怀是那样的美丽和宽广!

让我还是来说一段故事吧。

还是在二次战役的时候,有一支志愿军的部队向敌后猛插,去切断军隅里敌人的逃路。当他们赶到书堂站时,逃敌也恰恰赶到那里,眼看就要从汽车路上开过去。这支部队的先头连(三连)就匆匆占领了汽车路边一个很低的光光的小山岗,阻住敌人,一场壮烈的搏斗就开始了。敌人为了逃命,用三十二架飞机,十多辆坦克和集团冲锋向这个连的阵地汹涌卷来。整个山顶都被打翻了。汽油弹的火焰把这个阵地烧红了。但勇士们在这烟与火的山岗上,高喊着口号,一次又一次把敌人打死在阵地前面。敌人的死尸像谷子似得在山前堆满了,血也把这山岗流红了。可是敌人还是要拼死争夺,好使自己的主力不致覆灭。这激战整整持续了八个小时,最后,勇士们的子弹打光了。蜂拥上来的敌人,占领了山头,把他们压到山脚。飞机掷下的汽油弹,把他们的身上烧着了火。这时候,勇士们是仍然不会后退的呀,他们把枪一摔,身上、帽子上冒着呜呜的火苗向敌人扑去,把敌人抱住,让身上的火,把要占领阵地的敌人烧死。……据这个营的营长告诉我,战后,这个连的阵地上,枪支完全摔碎了,机枪零件扔得满山都是。烈士们的尸体,做着各种各样的姿势,有抱住敌人腰的,有抱住敌人头的,有卡住敌人脖子,把敌人揿倒在地上的,和敌人倒在一起,烧在一起。还有一个战士,他手里还紧握着一个手榴弹,弹体上沾满脑浆,和他死在一起的美国鬼子,脑浆崩裂,涂了一地。另有一个战士,他的嘴里还衔着敌人的半块耳朵。在掩埋烈士们遗体的时候,由于他们两手扣着,把敌人抱得那样紧,分都分不开,以致把有的手指都折断了。……这个连虽然伤亡很大,但他们却打死了三百多敌人,特别是,使我们部队的主力赶上,聚歼了敌人。

这就是朝鲜战场上一次最壮烈的战斗——松骨峰战斗,或者叫书堂站战斗。假若需要立纪念碑的话,让我把带火扑敌及用刺刀和敌拼死在一起的烈士们的名字记下吧。他们的名字是:王金传、邢玉堂、胡传九、井玉琢、王文英、熊官全、王金侯、赵锡杰、隋金山、李玉安、丁振岱、张贵生、崔玉亮、李树国。还有一个战士已经不可能知道他的名字了。让我们的烈士们千载万世永垂不朽吧！

这个营长向我说了以上的情形，他的声音是缓慢的，他的感情是沉重的。他说他在阵地上掩埋烈士的时候，他掉了眼泪。但他接着说："你不要以为我是为他们而伤心，我是为他们而骄傲！我感觉我们的战士是太伟大了，太可爱了，我不能不被他们感动得掉下泪来。"

朋友们，当你听到这段英雄事迹的时候，你的感想如何呢？你不觉得我们的战士是可爱的吗？你不觉得我们的祖国有着这样的英雄而值得自豪吗？

我们的战士，对敌人这样狠，而对朝鲜人民却是那样的仁义，充满国际主义的深厚热情。

在汉江北岸，我遇到一个青年战士，他今年才二十一岁，名叫马玉祥，是黑龙江青岗县人。他长着一幅微黑透红的脸膛，稍高的个儿，站在那儿，像秋天田野里一株红高粱那样的淳朴可爱。不过因为他才从阵地上下来，显得稍为疲劳些。眼里的红丝还没有退净。他原来是炮兵连的，在有一天夜里，他被一阵哭声惊醒了，出去一看，是一个朝鲜老妈妈，坐在山岗上哭。原来他的房子被炸毁了，又在山里搭了个窝棚，但窝棚又被炸毁了。……回来，他马上到连部要求到步兵连去，因为步兵连的需要，就批准了他。我说："在炮兵连不是一样打敌人吗？""那，不同！"他说："离敌人越近，越觉着打得过瘾，越觉着打得解恨"

在汉江南岸的日日夜夜里，有一天他从阵地上下来做饭。刚一进村，有几架敌机袭过来，打了一阵机关炮，接着就扔下了两个大燃烧弹。有几间房子着火了，火又盛，烟又大，不敢到跟前去。这时，他听见烟火里有一个小孩子哇哇哭叫的声音。他马上穿过浓烟到近处一看，一个朝鲜的中年男人在院子里倒着，小孩子的哭声还在屋里。他走到屋门口，可是屋门口的火苗呼呼地已经进不去人，门窗的纸边已经烧着。小孩子的哭声随着那浓烟滚滚地传出来，听得真真切切。当他叙述到这里的时候,他说:"我能够不进去吗?我不能!我想,要在祖国遇见这种情形我能够进去,那么在朝鲜我就可以不进去吗?朝鲜人和我们祖国的人民不是一样的吗?我就用脚踹开门,扑了进去。呀!满屋子灰洞洞的烟,只能听见小孩哭,看不见人。我的眼也睁不开,脸烫的像刀割一般。我也不知道自己的身上着了火没有,我也不管它了,只是在地上乱摸。先一摸摸着一个大人,拉了拉没拉动,又向大人的身后摸,才摸着一个小孩腿,我就一把抓着抱起来跳出门去。我一看小孩子,是挺好的一个小孩子呀。他穿着个小短裤儿,光着两条小腿儿,小腿乱跳着,哇哇地哭。我心想:'不管你哭不哭,不救活你家大人,谁养活你哩!'这时候,火更大了,墙上的纸也完全烧着了。我就把他往地上一放,就又从那火门里钻进去了。一拉那个大人,她哼了一声,再拉又不动了。凑近一看,见她脸上的血,已经把她胸前的白衣流红了,眼睛已经闭上。我知道她不行了,才赶忙跑出门外,扑灭身上的火苗,抱起这个无父无母的孩子。……"

朋友,当你听到这段事迹的时候,你的感觉又是如何呢?你不觉得我们的战士是最可爱的人吗?

谁都知道,朝鲜战场是艰苦些。但他们是怎样的呢?有一次,我见到一个战士,在防空洞里吃一口炒面,就一口雪。我问他:"你不觉得苦吗?"他把正送往嘴里的一勺雪收回来,笑了笑,说:"怎么能不觉得!咱们革命军队又不是个怪物!不过我们的光荣也就在这里。"他把小勺儿干脆放下,兴奋地说:"拿吃雪来说吧。我在这里吃雪,正是为了我们祖国的人民不吃雪。他们可以坐在挺豁亮的屋子里,泡上一壶茶,守住个小火炉子,想吃点什么,就做点什么。"他又指了指狭小潮湿的防空洞说:"你再比如蹲防空洞吧。多憋闷的慌哩。眼看着外面好好的太阳,光光的马路不能走!可是我在那里蹲防空洞,祖国的人民就可以不蹲防空洞呀。他们就可以在马路上不慌不忙地走呀。他们想骑车子也行,想走路也行,边溜跶边说话也行。那是多么幸福的呢!所以,"他又把雪放到嘴里,像总结似地说:"我在这里流点血不算什么,吃点苦又算什么哩!"我又问:"你想不想祖国呀?"他笑起来:"谁不想哩,说不想那是假话。可是我不愿意回去。如果回去，祖国的老百姓问：'我们托付给你们的任务完成得怎么样啦？'我怎么答对呢？我说'朝鲜半边红，半边黑，这算什么话呢？"我接着问："你们经历了这么多危险，吃了这么多辛苦，你们对祖国，对朝鲜有什么要求吗？"他想了一下，才回答我："我们什么也不要。可是说心里话，我这话可不定恰当呀。我们是想要这么大的一个东西，"他笑着，用手指比个铜子儿大小，怕我不明白，又说："一块'朝鲜解放纪念章'，我们愿意戴在胸脯上，回到咱们的祖国去。"

朋友们，用不着繁琐的举例，你已经可以了解到我们的战士，是怎样的一种人。这种人是什么一种品质，他们的灵魂是多么的美丽和宽广。他们是历史上、世界上第一流的战士，第一流的人！他们是世界上一切善良爱好和平人民的优秀之花！是我们值得骄傲的祖国之花！我们以我们的祖国有这样的英雄而骄傲，我们以生在这个英雄的国度而自豪！

亲爱的朋友们，当你坐上早晨第一列电车走向工厂的时候，当你扛上犁耙走向田野的时候，当你喝完一杯豆浆，提着书包走向学校的时候，当你安安静静坐到办公桌前计划这一天工作的时候，当你向孩子嘴里塞着苹果的时候，当你和爱人悠闲散步的时候，朋友，你是否意识到你是在幸福之中呢？你也许很惊讶地看我："这是很平常的呀！"可是，从朝鲜归来的人，会知道你正生活在幸福中。请你们意识到这是一种幸福吧，因为只有你意识到这一点，你才能更深刻了解我们的战士在朝鲜奋不顾身的原因。朋友！你已经知道了爱我们的祖国，爱我们的伟大领袖毛主席，请再深深地爱我们的战士吧，他们确实是我们最可爱的人！

（文章来源：中学语网：http://www.5156edu.com/page/11-12-18/72855.html）

第三章　非虚构写作的主题

非虚构写作并非材料的堆积,而是要表达主旨、传递情感,从而对现实社会生活和人类的存在状态产生积极影响。因此,寻找或者说发现非虚构写作的主题至关重要。叙事不仅是报道事实真相,还能帮助人们更加深刻地理解话题。

第一节　确立主题的基本原则

一、主题的含义及其基本属性

主题(主旨)是文本所表达出来的某种基本的或主导性的意旨或倾向,是作者通过自身对于生活的感悟、理解、体验和分析后所得到的思想的升华。

不同文体的主题(主旨)的表现形态是不一样的,以议论为主要表达方式的文章,所阐明的观点、主张就是它的主题(主旨);以抒情为主要表达方式的文章,所抒写的情感情绪就是它的主题(主旨);以说明为主要表达方式的文章,传达清晰准确的知识、信息就是它的主题(主旨)。这只是对于艺术表现手法比较单纯的文章而言的,相反,很多文章兼用多种表达方式和艺术手段去表现丰富复杂的内容,形成丰富复杂的丰厚意蕴,其主题(主旨)无法简单归纳。但写作总会有意无意地挟带一定的目的性、方向性,表现出一定的倾向性,这些或隐或显的目的性、方向性和倾向性最终形成了文章的主题(主旨)。

主题的属性之一:客观性。辩证唯物主义认识论强调:人的思想来源于实践,实践是检验真理的唯一标准。毛泽东说:"人的正确思想是从哪里来的？是从天上掉下来的吗？不是。是自己头脑里固有的吗？不是。人的正确思想,只能从社会实践中来,只能从社会的生产斗争、阶级斗争和科学实验这三项实践中来。人们的社会存在,决定人们的思想。"①"作为观念形态的文艺作品,都是一定的社会生活在人类头脑中的反映的产物。"②写作活动是人类特殊的实践活动之一,写作所表达的主旨即文章的主题不是写作者头脑中固有的,而是人在社会实践中对生活的认识、体察、综合、概括,是客观生活本身的属性、本质和规律在认知主体头脑中的反映,因而主题首先具有客观性。

主题的属性之二:主观性。因为写作主体各有其特殊性、差异性和局限性,即使是面对同一客观对象,不同主体的关注重点及其感受、体验、认知也会相差甚远,更何况客观事物本身具有无限的丰富性和复杂性。因此,写作主体在提炼主题的过程中,必然会融进自己的立场、观点、情感、态度、价值观,其中也必然包含了写作主体的写作意图、审美品味和情趣好尚。主题的提炼和形成,始终受着主体的思想观念与主观感情的影响和制约,由此形成主题的第二个属性:主观性。

主题属性之三:时代性。一时代有一时代之文学。别林斯基说:"凡是在生活的土壤中不生根的东西,就会是萎靡的,苍白的,不但不能获得历史的意义,而且它的本身,由于对社会没有影响,也将是渺不足道的。"③马克思强调:"哲学是时代精神的精华。"④哲学写作与文学写作额不同之处在于,前者是通过概念判断和逻辑推理,后者是通过具体艺术形象的描绘实现对世界的认知和把握,用别林斯基的话说就是:"一个用三段论推理,一个用形象说话,它们说的是一回事。它们共同指向时代精神的精华。"因此,写作者及时对时代的重大问题、重大主题做出反应和表现,是不容推辞的义务,又是自己与时俱进密切服务时代的时代性

---

① 毛泽东:《人的正确思想是从哪里来的?》,载《毛泽东著作选读》(下册),人民出版社,1986,第839页。

② 毛泽东:《在延安文艺座谈会上的讲话》,载《毛泽东著作选读》(下册),人民出版社,1986,第537页。

③ 别林斯基:《一八四七年俄国文学一瞥》,满涛译,《别林斯基选集》(第2卷),时代出版社,1953,第414页。

④ 马克思:《马克思恩格斯全集》(第一卷),人民出版社,2002,第121页。

表现。1942年,毛泽东《在延安文艺座谈会上的讲话》为革命文艺工作者指明了正确方向,把"五四"以来的革命文艺运动推向了一个新阶段。从那以后,我们党领导的革命文艺和社会主义文艺,与中国革命建设改革的历史进程同步伐,一代又一代文艺工作者的心为祖国、为人民而跳动,始终与人民哀乐与共,滚动着时代的隆隆行进之声,铸就了文艺为人民服务、为时代存证的历史辉煌。当代文艺工作者正逢中国特色社会主义新时代,2014年,习近平《在文艺工作座谈会上的讲话》为新时代的文艺工作者指明了前进方向:"用博大的胸怀去拥抱时代,深邃的目光去观察时代,真诚的感情去体验生活,艺术的灵感去捕捉人间之美,才能创造出伟大的作品。""离开火热的社会实践,在恢弘的时代主旋律之外茕茕孑立、喃喃自语,只能被时代淘汰。"非虚构写作是与时代的关系最直接、最密切,其主旨的时代性是不言而喻的。

二、主题之于非虚构写作的意义

"千古文章意为高。"明代思想家王夫之说:"无论诗歌与长行文字,俱以意为主。意犹帅也。无帅之兵,谓之乌合。"明末清初文学家李渔说:"古人作文一篇,先有一篇之主脑。主脑非它,即作者立言之本意也。"清朝文论家刘熙载认为:"凡作一篇文,其用意俱可一言以蔽之。扩之则为千万句,约之则为一言,所谓主脑也。"王夫之所说的"意",李渔、刘熙载所说的"主脑"都是指文章的主旨、主题,是文章的灵魂、大脑和核心。一篇文章洋洋洒洒万语千言,其核心主旨往往用一句话即可概而言之,这具有强大概括力的一句话就是文章的主旨,它决定着材料的取舍、详略的处理、结构的安排、语言的运用、表达方式的选择等各个方面,一定程度上也决定了作品的成败优劣。无论是虚构写作还是非虚构写作,主题(主旨)都至关重要、不可或缺,因而也是写作者必须深刻关注和深度思考的问题。"文章无论长短,一篇须有一篇的主旨,一段须有一段的主旨。主旨是纲,由主旨生发出来的意思是目。纲必须能领目,目必须附丽于纲,尊卑就序,然后全体自能整一。"①所谓"意"在笔先,强调的就是"意"对全文的统帅作用。

对于非虚构写作而言,充足可靠的材料当然非常重要。但非虚构写作并非材料的堆积,而是要表达主旨、传递情感,从而对现实社会生活和人类的存在状态产生积极影响。因此,寻找或者说发现非虚构写作的主题至关重要。叙事不仅是报道事实真相,而且还能帮助人们更加深刻地理解话题。有些非虚构写作因缺少主题这一要素,结果是堆砌的事实显得苍白空洞,没有意义、没有情感、没有启迪。而正是意义、情感和启迪,构成了非虚构写作的主题。没有鲜明、正确、集中的主题作统领,非虚构写作就可能成为材料的堆积和乏味的叙事。正如作家冯骥才所说:"我认为在非虚构的写作中,文学的价值首先是思想价值。这个思想价值,当然要来自你对自己选择的题材本身思想内涵认识的深度。"②

这要求非虚构作者提高思想厚度和情感深度,培养敏锐的观察力、深刻的思想力和精细的感受力,因为写作的思想性都必须建立在对生活的持续观察、深入探究和精细分析的基础上,你对生活认识的深度决定你对事件与人物开掘的深度。

此外,还必须具备丰厚的知识和学养沉淀,只有多读书、读好书,从人类丰厚的精神文化遗产中获取精神资源和情感滋养,才能不断提高思维判断力和思想穿透力。文学的主题必然来自于作者的价值观,来自于作者对人生因果关系的理解,当我们试图从材料中发现或寻找非虚构写作的主题时,我们探索的其实是自己对这个世界的信念。

三、确立主题的基本原则

一是集中。所谓"集中",即是说文章的主题(主旨)要聚集某一方面、某一问题,是对某一方面、某个问题的集中思考和表达,而不是"朝三暮四""三心二意",更不是任意妄为,想到什么写什么,无拘无束,散散漫

---

① 朱光潜:《选择与安排》,载《朱光潜美学文学论文选集》,湖南人民出版社,1980,第271页。

② 冯骥才:《非虚构写作与非虚构文学》,《当代文坛》2019年第2期。

漫,其结果必然是文意模糊、主旨不明,甚至不知所云,以己昏昏使人昭昭。清代文学家刘熙载在《艺概》中说的:"立意要纯一而贯摄",从材料中提炼出的主题要具有写作的整体统摄力,具有意蕴的内在饱满度,并以此统摄全文。正如朱光潜先生所说:"每篇文章必有一个主旨,你须把重点完全摆在这主旨上,在这上面鞭辟入里,烘染尽致,使你所写的事理情态成一个世界,突出于其它一切世界之上,像浮雕突出于石面一样。读者看到,马上就可以得到一个强有力的印象,不由得他不受说服和感动。"①

新疆作家李娟的《羊道》三部曲是作者与哈萨克牧民扎克拜妈妈一家共同生活、历经寒暑跋涉后,在几年时间内陆续写下的心灵文字。李娟以诚实的描述,呈现这支也许是世界上仅存的、真正意义上的游牧民族的生存景观。这是一种与大自然生死相依,充满了艰辛、苦难而又自有其尊严与乐趣的古老生活。李娟用自己的方式讲述着这些世界角落的人和事:"所有的文字都在强调他们的与众不同。而我,我更感动于他们与世人相同的那部分。那些相同的欢乐,相同的忧虑与相同的希望。""我以文字记取,大声说出,使之独一无二。"她以质朴的文字记取哈萨克牧民的欢乐、忧虑和希望是《羊道》三部曲贯穿始终的主题,这个主题使李娟的写作与其它边地书写区别开来,如清澈的山泉滋润着现代人焦灼干涸的心田。

二是正确。能够以辩证唯物主义的世界观来观察现实、认识世界,以唯物辩证法的方法论来分析问题、探究问题,对客观事物和现实存在的书写与判断实事求是、恰如其分,既不主观臆断、混淆是非,也不以偏概全、偏狭固执,体现人类社会和事物发展的客观规律,传递社会主义核心价值观,给读者传递刚健尤为、积极奋进的力量,传递美好真挚的情感,引发读者对真善美的追求和向往。报告文学作家何建明的每一部作品都不仅仅是为了讲述惊心动魄、跌宕起伏的故事,更不会流于生活表

---

① 朱光潜:《选择与安排》,载《朱光潜美学文学论文选集》,湖南人民出版社,1980,第270页。

层的浅显纪实,而是对现实生活的深刻提炼,从最真实的生活出发,从平凡中发现伟大,从质朴中发现崇高,从现象中发现本质,用文学的力量温暖人、鼓舞人、启迪人。在纪念抗战胜利七十周年之际,何建明推出了《南京大屠杀全纪实》,作品不仅如实记录下历史的惨烈和悲恸,呈现日本侵略者的残暴酷虐与灭绝人性,更是对这场人类浩劫的深刻反思,籍以唤醒中华民族沉重的集体记忆。何建明于2004年出版的《共和国告急》是第一部揭露中国矿难内幕的报告文学,作品通过一幕幕骇人听闻的矿难场景,一组组令人发指的死亡数字,一桩桩鲜为人知的地下交易,深刻审视人类无限的贪欲和自然有限的资源之间的尖锐矛盾,将惨烈的矿难上升到关乎国家前途命运的高度。其思考的深度抵达了物欲时代人性异化的现代性命题,也前瞻性地提出了节约资源、保护地球生态、建构人与自然和谐共生的新型发展理念。

  三是深刻。文章的主题要能够穿透事物的表象和显性层面,揭示事物隐而不彰的本质和真相,反映事物的内部规律和深层结构,开掘出启人深思的思想意义和价值引领。主题的深浅高低,直接关系到非虚构作品质量的高低。有了立意深刻主题的非虚构写作,就是一篇有震撼力、感染力的非虚构作品。

  《习近平的七年知青岁月》是由中央党校出版社出版的采访实录,2017年8月在全国发行。全书共采访了29人,有同他一起插队的北京知青,也有同他朝夕相处的当地村民,还有当年同他相知相交的各方面人士,分为"知青说""村民说""各界说"三部分,全书用真实的历史细节再现青年习近平扎根陕北黄土高原,同人民群众同甘共苦、鱼水交融的青春面貌,生动描绘了青年习近平树立矢志不渝的理想追求和植根爱国为民的家国情怀。品读此书,能够从小故事中读出大道理,从口述史中洞察大时代,从真情怀中感受大担当,从奋斗史中汲取大智慧。2015年诺贝尔文学奖获得者、白俄罗斯作家阿列克谢耶维奇的非虚构作品《我不知道该说什么,关于死亡还是爱情:来自切尔诺贝利的声音》,通过对居民、消防员、灾难现场清理人员、士兵、警察、官员、科学家、妻子、孩子、老人等上百位受到切尔诺贝利核灾影响的人的深度采访了,真实记录每个人讲述的自己亲历的核灾,这些个性化的讲述构成了众声喧哗的复调叙事,真切地传达了在这场人类史上最恐怖的科技悲剧中,人类的痛苦、悲伤、愤怒、恐惧、绝望、悲悯、英勇、挚爱等万般复杂的情感轰鸣,激发读者对科技理性、政治体制、生态环境、人性善恶、社会治理等多重维度的思考和探寻,诺贝尔文学奖给予她的颁奖词是:"她的复调书写,是对我们时代的苦难和勇气的纪念。"

第二节　提炼主题的基本方法

非虚构作家必须在素材中发现主题。世界提供事实,而作家需要理解这些事实的意义。美国作家乔恩·富兰克林说:"所谓意义,指的是故事的形式和形式所表达的内容。你不能将意义先行带入故事,只能从故事中寻找并提取意义。""从故事中寻找并提取意义"就是发现和提炼主题。是否具备从素材中发现和提炼主题的能力,是对作家思想水平和创作能力的重要考验,也是决定作品成败的关键因素。如何从素材中发现和提炼主题？事实上,主题的基本属性和确立主题的基本原则一定程度上制约并影响着主题的提炼和形成,也就是说,寻找、发现和提炼主题必须以主题的基本属性和基本原则为基础和前提。基于此,可以从以下三个方面着手来提炼非虚构写作主题:一是要与时代同频共振;二是要从素材中寻找最本质的东西;第三要学会运用逆向思维和发散思维。

一、与时代同频共振

文艺是时代前进的号角,最能代表一个时代的风貌,最能引领一个时代的风气。文艺只有植根现实生活,紧跟时代潮流,才能发展繁荣;只有顺应人民意愿,反映人民关切,才能充满活力。文艺的生命力,既在于根植于生活,又在于作用于时代。与时代同频共振是优秀作家作品的必备品质。古今中外的文艺作品无不遵循一个普遍的规律:随时代而行,是时代的必然反映和产物。因为作者总是受他生活在其中的时代的影响,其个体的生命体验和精神感悟也总是因时代而催生。非虚构写作是作为一定时代和一定社会的记录者、见证者和介入者,比其它文体更敏感更快速,也更真实深刻地反映着日新月异现实生活,反映着中国经济社会的发展变化,表现着中国人民创造自己美好生活的伟大力量,表现着一个伟大民族改变自己命运掌握自己前途的时代精神。

文艺创作不仅仅是对社会生活的简单呈现,同时也成为时代进步要求的热切呼唤。要充分认识到文艺创作不是一般性的简单劳动,而是一种与时代同呼吸、与人民共命运的精神行为。非虚构写作更不是简单地复制生活,而要真正体现艺术本身的光芒,并对社会的发展进步产生引领和推动作用。

严格意义上说,作家都是在为自己的时代代言。而要做好这种"代言",表现好自己的时代,必须确立正确的历史观。只有确立了正确的历史观,才能科学的分析我们的历史与现实,认识我们所处的时代,深刻发现与感受人民创造历史的必然,准确表现我们建设新生活、实现中国梦的不懈努力,给人以启迪、信心与力量,使人在立足现实的基础上,感受到未来的召唤。

非虚构写作要发先声传新声,所体现的正是文艺自身的时代责任感和历史使命感。抒写和记录时代的每一个细微处的进步与落后、美好和丑恶,永远是创作者的责任。作家、艺术家必须高尚,否则无法抵达高尚者的灵魂深处;作家、艺术家必须勤奋,否则无法听到一个低微的社会弱者的心灵的真实呐喊;作家、艺术家必须勇敢,否则任何努力都可能半途而废。作品有大有小,作家的本领有高有低,这是客观存在的。但只要心存善良和爱,其作品就能与时代进步乐章同频共振,发挥积极作用。文艺家在创作中可能会有不同的角度,不同的层次,但若能感受到时代发展进步的本质而不是皮毛,感受到人与社会变化进步的必然性而不是偶然性,作品的意义就更加重大。

因此,发现和提炼非虚构写作的主题,需要作者有对历史规律性的把握,对现实生活复杂性的理性体验,做自己时代最敏锐的发现者和感知者。这样,作品才能够表现出时代进步的内在动力,表现出人民需求的潜在未来。

何建明是中国报告文学当之无愧的领军人物,也是中国报告文学的一面旗帜。他的选题和立意有鲜明特色,那就是关注全社会、关注时代的最强音、关注国家和世界最重要的事件,作品起点和立足点多数放在国家与时代的高度去审视,其作品的主旨意蕴和思想深度站上新时代思想的高地。何建明的长篇报告文学《那山那水》讲述了时任浙江省委书记的习近平在安吉余村考察时的故事,生动描写了习近平总书记当年提出"绿水青山就是金山银山"新发展理念的细节,深层次展现了"两山"理论对中国生态文明建设的指导意义:中国经济的发展不能以破坏自然环境为代价,人民幸福生活是在保护好生态环境中才能真正实现。中国报告文学并不是第一次揭示经济发展与生态保护的关系问题,但何建明却第一次把生态文明与一个新的时代、一个新的发展理念联系起来思考,从而更深刻地揭示了"两山"理论的丰富内涵和高瞻远瞩。作品抓到了现实的痛点,点到了时代的"穴位",自然会引发社会读者的热烈反响,成为何建明奉献给新时代的第一部代表性作品。

何建明于2021年初出版的脱贫攻坚题材报告文学《诗在远方——"闽宁经验"纪事》,深刻反映了习近平新时代中国特色社会主义思想指引宁夏人民脱贫攻坚的生动实践。多年前,习近平同志到福建最贫困的地区宁德担任地委书记,当地的同志希望这位有"背景"的"一把手"能带来大资金,引来大项目,一下子改变这里的贫穷面貌。习近平同志却一下子扎到宁德最贫困的山村里,和干部群众交谈讨论,做了大量深入的调查研究,写出了一份言之有物、思想深刻的调研报告,表现出一个马克思主义者直面现实严峻矛盾冲突应有的思想锋芒和精神品格。他认为,宁德地区是一只弱鸟,必须有"弱鸟先飞"的勇气和精神,但要先飞,眼下还不能靠大资金,大项目。眼下最重要的任务是帮助群众解决生活困难的问题,是扶贫、扶志问题。解决贫困,提高群众依靠自己的力量,走共同富裕道路的观念就是"弱鸟先飞""久久为功"的基本思想理念。在后来的工作实践中,习近平总书记也一直坚持和探索他在宁德形成的摆脱贫困的重要思想,成为习近平新时代理论思想的重要组成部分。而领导闽宁对口帮扶协作工作,正是习近平摆脱贫困思想的一次重要实践和理论提炼,为在国家战略层面上,指导中国脱贫攻坚打下了坚实的实践和思想基础。作品正是以这种历史发展和现实要求为线索,展开了对闽宁镇和"闽宁经验"的描写,让读者看到习近平摆脱贫困的思想发展的生动历程,感受到中国共产党人以人民为中心、为人民谋福祉的不变初心,由此,开阔了作品的视野,构筑了作品的立意,拓展了作品的格局,寻找到作品主题之魂。2020年是中国的脱贫攻坚之年,是中国摆脱贫困斗争的重要历史节点,也是中国文学反映现实的一个热点、重点和聚焦点。作家们从不同角度不同层面真实记录脱贫攻坚历史,积极反映摆脱贫困的现实,热情讴歌人民创造美好新生活的伟大时代。而《诗在远方》则以站位高、视野阔、格局大、思想深而与众不同。更为可贵的是,作品把"闽宁经验"与习近平新时代中国特色社会主义思想联系起来,并把"闽宁经验"融入中国对世界减贫事业作出的重要贡献之中,这样的高度和深度,使这部作品具有了思想领先的意义。

二、寻找最本质的东西

鲁迅先生曾经说过:写文章选材要严,开掘要深。所谓"开掘要深",是指要善于从平凡的材料中,寻找最本质的东西,开挖出具有深远影响和重大意义的主题。所谓"最本质的东西"就是最能体现客观事物基本属性的根本性特质,是该事物区别于它事物的标志性存在。"最本质的东西"往往为纷繁芜杂的现实表象所遮蔽和掩盖,需要对大量事实材料、现实表象进行去伪存真、去粗取精、由表及里、由浅入深的筛选、归纳、提纯,如抽丝剥茧、沙中淘金、铸铁成钢。因为人们对事物的认识把握是一个渐进的过程,通常有感知(表层)、经验(浅层)、理性(深层)三个层次,而只有深入到理性这个层次,才能认清和把握事物的本质、规律和发展趋势。任何事物都有表象,真正反映事物本质的有价值的东西,只有深入挖掘才能获得。

毛泽东不仅是一代伟人，也是一代文章巨人，具有提炼和表现主题的非凡能力，他凭借敏锐的头脑和非凡的思维能力，善于在一般题材中发现不一般的含义，在寻常事件中领悟不寻常的意义。"为人民服务"就是他从一个普通士兵牺牲的事件中，开掘的一个重大而深刻的主题。张思德是抗战时期中央警备团的一名普通战士，在陕北安塞县山中烧炭时因炭窑崩塌而壮烈牺牲。毛泽东在张思德的追悼大会发表了《为人民服务》这篇脍炙人口的演讲。在残酷的战争环境下，革命战士出生入死，流血牺牲是经常发生的事情，然而由于毛泽东站得高，看得远，想得深，将战士的职责同党的事业紧密联系在一起，才从普通士兵身上领悟到崇高的品质，从平凡事件中挖掘了伟大的精神，最终形成了一个博大精深的主题——为人民服务。毛泽东指出："为人民利益而工作，这是共产党及其所领导的革命队伍的光荣历史使命。这种使命的本质就是为人民服务。"不止于此，由张思德之死，毛泽东进一步深化了对人生观和生死观的思考："人总是要死的，但死的意义有不同。"他将司马迁《报任少卿书》中的一段名言——"人固有一死，或重于泰山，或轻于鸿毛"拓展引申为革命者的生死观："为人民利益而死，就比泰山还重；替法西斯卖力，替剥削人民和压迫人民的人去死，就比鸿毛还轻"，进而高度赞扬了张思德之死，得出了张思德同志是为人民利益而死，他的死比泰山还重的结论。这样，毛泽东从张思德这个普通战士之死的事件中挖掘出了"为人民服务"以及"为人民而死，就是死得其所"的深刻而伟大的主题。

毛泽东在《为人民服务》一文中提炼主题的方法与技巧，是着眼于平凡事例，从事件表层入手着力向深处挖掘，直至提炼出最能教育人民、鼓舞人民，既反映事物本质，又具有重大而深远影响的鲜明主题。几十年来，"为人民服务"作为中国共产党的根本宗旨，已经成为一面具有强大感召力的精神旗帜。

著名作家魏巍的《谁是最可爱的人》发表后，引起巨大反响，志愿军伟大深厚的爱国主义激励了几代中国人的澎湃的爱国激情。魏巍在《我怎样写〈谁是最可爱的人〉》的创作谈中回顾了自己发现和提炼作品主题的过程:"在朝鲜,我脑子里经常想着一个问题:我们的战士,为什么那样英勇呢?就硬是不怕死啊!那种高度的英雄气概是从什么地方来的呢?为了找答案,我谈了好多话,开了好多座谈会。我细细跟他们谈,让他们把心里的话谈出来。跟我谈的,有指挥员、战斗英雄、一般的战士、干部、新参军的学生和过去曾经是落后的人。我了解到,他们由于锻炼与认识的不同,虽然有些差异,但是都有着共同的一点,即对于伟大祖国的爱……和在这个基础上的做一个革命英雄的荣誉心。于是,我了解了在党的教育下这种伟大深厚的爱国主义与国际主义的思想感情,就是我们战士英勇无畏的最基本的动力。我想,这不是最本质的东西吗?这就是最本质的东西。我肯定了它。我一定要反映它。"[1]魏巍的创作谈说明,寻找和发现非虚构写作的主旨首先要掌握充沛的写作素材,确保素材的真实性、多样性、丰富性。其次要对素材进行细致的梳理、归纳、概括、提炼。在此过程中,要善于挖掘不同事件表象背后的同质性及相同事件表象背后的异质性,要善于由小见大、由表及里、由浅入深;要走进生活深处,吃透生活底蕴,体悟生活本质。

寻找最本质的东西就是深层次挖掘主题。需要注意把握三点:一是犹如掘井,开口要小。开口小,才能集中笔墨,突破一点,把问题写深写透,把"小题"后面的深刻大道理挖出来,这就是我们常说的"以小见大""小题大做""小事件做出大章"。如开口过宽,要求的材料就多,结构复杂,写作时难以驾驭,不容易写深写透。二是犹如沙里淘金,要抓住亮点。亮点是甲事物区别乙事物特征中最能反映事物本质的东西,是独有的,新颖的。通过由表及里、由此及彼的纵深挖掘,就能从看似平平常常、浅显易懂的材料中发现不平常的深刻哲理。三是犹如银线串珠,寻找不同材料(散乱珍珠)中的共性(闪亮银线),在共性中提炼升华主旨。

三、善用发散思维和逆向思维

"横看成岭侧成峰,远近高低各不同。"同一材料,从不同角度去审

---

[1] 魏巍:《我怎样写〈谁是最可爱的人〉》,《人民日报》1951年8月19日第三版。

视,就会有不同的发现。非虚构写作者应摒弃常态的思维模式,善用发散思维和逆向思维,以最佳的视角去观察问题和思考问题,从而提炼出新颖独到的主题。

发散思维又称辐射思维、放射思维、扩散思维或求异思维,是指大脑在思维时呈现的一种扩散状态的思维模式,表现为思维视野广阔,思维呈现出多维发散状态,不是从一个点到另一个点的单线性思维,而是一个点到多个点,如涟漪层层荡漾开去。如以"菊花"为核心词汇进行发散思维,可以进行水平发散:不同形状、不同色彩、不同品质、不同产地的菊花等等;还可以进行垂直发散:菊花的文化寓意、象征意义、情感寓意,比如菊花是什么样的精神符号,会让人有怎样的文化与情感的联想(代表清高、孤傲、坚忍不拔,想到君子、隐士;白菊花代表哀婉和祭奠,雏菊代表纯真,非洲菊代表热情和勇气等);还可以情境发散,即综合水平和垂直的维度,联想到一个具体的画面、情境和故事(由菊花就想到"采菊东篱下,悠然见南山"的画面;想起爷爷为我泡菊花茶的童年的下午;想起和朋友参观菊花节游园会的美好秋日……)。

优秀的非虚构写作者都善用发散思维。1936年7月,美国记者埃德加·斯诺几经辗转到达陕甘宁边区后,遍访毛泽东、周恩来等中共和红军的领导人,经过4个月的调查采访,写成了反响巨大、经久不衰报告文学的《红星照耀中国》(又名《西行漫记》),彻底掀开了蒙在中国共产党及其领导者身上的厚重面纱,第一次向美国人和其他西方人展现了"马克思主义的革命改革者的地位"的光辉形象。书中不仅记录了考察所得的第一手资料,而且深入分析和探究了"红色中国"产生、发展的原因,对中国共产党和中国革命做了客观的评价。在该著的第一篇《探寻红色中国》中,斯诺陈述了自己到延安采访之前的诸多问题,多达73个,涉及到中国共产党的纲领、国共两党的基本分歧、中国共产党到底是什么样的人、中国革命的性质、中国共产主义运动的历史前景、历史意义及其对世界政治的影响等等重大问题,也包括红军如何吃饭、穿衣、恋爱、婚姻等琐细的日常生活。这种典型的发散思维,确保了埃德加·斯诺对中国共产党、延安解放区和中国工农红军的观察是立体的、全方位的、多角度和多层面的,因此才能形成了他对中国革命及中国共产主义运动的深刻思考和准确判断,使《红星照耀中国》以其高度的历史真实性而经久不衰,标志着西方对中国的了解进入新时代。

逆向思维是多侧面观察事物的一个重要方法,它是对司空见惯的似乎已成定论的事物或观点不是简单认同,而是采取反过来思考的一种思维方式,这种反向思维另辟蹊径,往往会收到立意新颖、平中见奇的效果。上世纪20年代初,中国农民革命运动风起云涌,但社会各界包括共产党内部对农民运动普遍持否定看法,批评农民运动""糟得很""过分了";国民党右派则污蔑农民运动为"痞子运动"。1927年1—2月,毛泽东历时32天,对湖南湘潭、湘乡、衡山、醴陵、长沙五县的农民运动进行考察。每到一地,"召集有经验的农民和农运工作同志开调查会,仔细听他们的报告,所得材料不少"。1927年3月,《湖南农民运动考察报告》问世,基于大量的实地调查,毛泽东在《报告》中,对湖南农民运动有了自己的认识和看法,澄清了关于农民运动的不实之词。针对农民运动"糟得很",农会的举动"太过分",有一点"乱来",农民运动是"痞子运动""惰农运动"等说法,毛泽东得出了完全相反的结论。在他看来,农民运动"好得很",成就了"奇勋";农会的所谓"过分"举动具有"革命的意义",农民是"革命先锋";农民运动的本质是广大农民起来完成他们的历史使命,推翻乡村的封建势力,这是国民革命的真正目标。孙中山先生致力于国民革命40年,要做而没有做到的事,农民在几个月内做到了。《湖南农民运动考察报告》有力回应了党内外对于农民运动的责难,成为无产阶级及其政党领导农民革命斗争的纲领性文献,在历史的紧要关头,为革命进一步指明了方向,推动了农村大革命运动的继续发展。

写作中的发散思维和逆向思维都属于创新思维,二者的共同点是打破常规思维、线性思维和惯性思维,努力拓展思维的广度、深度和向度,对写作素材进行全方位、立体化、创新性的挖掘和提炼,才能避免人云亦云、跟风盲从,形成新见与洞见。

◎ 问题思考与写作训练

1. 确定主题的基本原则有哪些？

2. 如何从材料中提炼或发现主题？

3. 认真阅读穆青的长篇通讯《县委书记的好榜样——焦裕禄》，分析作品在材料的选择与安排、主题的确立与表达上的特点和作用。

4. 认真阅读（美）埃德加·斯诺：《西行漫记》（生活.读书.新知三联书店 1979 年版）。写一篇不少于 2000 字的读后感，重点关注作品的主旨内涵与思想价值。

阅读材料：

县委书记的好榜样——焦裕禄

穆青　冯健　周原

一九六二年冬天，正是豫东兰考县遭受内涝、风沙、盐碱三害最严重的时刻。这一年，春天风沙打毁了二十万亩麦子，秋天淹坏了三十多万亩庄稼，盐碱地上有十万亩禾苗碱死，全县的粮食产量下降到了历年的最低水平。

就是在这样的关口，党派焦裕禄来到了兰考。

展现在焦裕禄面前的兰考大地，是一幅多么苦难的景象呵！横贯全境的两条黄河故道，是一眼看不到边的黄沙；片片内涝的洼窝里，结着青色的冰凌；白茫茫的盐碱地上，枯草在寒风中抖动。

困难，重重的困难，像一副沉重的担子，压在这位新到任的县委书记的双肩。但是，焦裕禄是带着《毛泽东选集》来的，是怀着改变兰考灾区面貌的坚定决心来的。在这个贫农出身的共产党员看来，这里有三十六万勤劳的人民，有烈士们流鲜血解放出来的九十多万亩土地。只要加强党的领导，一时有天大的艰难，也一定要杀出条路来。

第二天，当大家知道焦裕禄是新来的县委书记时，他已经下乡了。

他到灾情最重的公社和大队去了。他到贫下中农的草屋里，到饲养棚里，到田边地头，去了解情况，观察灾情去了。他从这个大队到那个大队，他一路走，一路和同行的干部谈论。见到沙丘，他说："栽上树，岂不是成了一片好绿林！"见到涝洼窝，他说："这里可以栽苇、种蒲、养鱼。"见到碱地，他说："治住它，把一片白变成一片青！"转了一圈回到县委，他向大家说："兰考是个大有作为的地方，问题是要干，要革命。兰考是灾区，穷，困难多，但灾区有个好处，它能锻炼人的革命意志，培养人的革命品格。革命者要在困难面前逞英雄。"

　　焦裕禄的话，说得大家心里热呼呼的。大家议论说，新来的县委书记看问题高人一着棋，他能从困难中看到希望，能从不利条件中看到有利因素。

"关键在于县委领导核心的思想改变"

　　连年受灾的兰考，整个县上的工作，几乎被发统销粮、贷款、救济棉衣、烧煤所淹没了。有人说县委机关实际上变成了一个供给部。那时候，很多群众等待救济，一部分干部被灾害压住了头，对改变兰考面貌缺少信心，少数人甚至不愿意留在灾区工作。他们害怕困难，更害怕犯错误。……

　　焦裕禄想："群众在灾难中两眼望着县委，县委挺不起腰杆，群众就不能充分发动起来。'干部不领，水牛掉井'，要想改变兰考的面貌，必须首先改变县委的精神状态。"

　　夜，已经很深了，焦裕禄躺在床上翻来复去睡不着。他披上棉衣，找县委副书记张钦礼谈心去了。

　　在这么晚的时候，张钦礼听见叩门声，吃了一惊。他迎进焦裕禄，连声问："老焦，出了啥事？"

　　焦裕禄说："我想找你谈谈。你在兰考十多年了，情况比我熟，你说，改变兰考面貌的主要问题在哪里？"

　　张钦礼沉思了一下，回答说："在于人的思想的改变。"

　　"对。"焦裕禄说："但是，应该在思想前面加两个字：领导。眼前关键在于县委领导核心的思想改变。没有抗灾的干部,就没有抗灾的群众。"

两个人谈得很久,很深,一直说到后半夜。他们的共同结论是,除"三害"首先要除思想上的病害;特别是要对县委的干部进行抗灾的思想教育。不首先从思想上把人们武装起来,要想完成除"三害"斗争,将是不可能的。

严冬,一个风雪交加的夜晚,焦裕禄召集在家的县委委员开会。人们到齐后,他并没有宣布议事日程,只说了一句:"走,跟我出去一趟。"就领着大家到火车站去了。

当时,兰考车站上,北风怒号,大雪纷飞。车站的屋檐下,挂着尺把长的冰柱。国家运送兰考灾民前往丰收地区的专车,正从这里飞驰而过。也还有一些灾民,穿着国家救济的棉衣,蜷曲在货车上,拥挤在候车室里……。

焦裕禄指着他们,沉重地说:"同志们,你们看,他们绝大多数人,都是我们的阶级兄弟。是灾荒逼迫他们背井离乡的,不能责怪他们,我们有责任。党把这个县三十六万群众交给我们,我们不能领导他们战胜灾荒,应该感到羞耻和痛心。……"

他没有再讲下去,所有的县委委员都沉默着低下了头,这时有人才理解,为什么焦裕禄深更半夜领着大家来看风雪严寒中的车站。

从车站回到县委,已经是半夜时分了,会议这时候才正式开始。

焦裕禄听了大家的发言之后,最后说:"我们经常口口声声说要为人民服务,我希望大家能牢记着今晚的情景,这样我们就会带着阶级感情,去领导群众改变兰考的面貌。"

紧接着,焦裕禄组织大家学习《为人民服务》《纪念白求恩》《愚公移山》等文章,鼓舞大家的革命干劲,勉励大家象张思德、白求恩那样工作。

以后,焦裕禄又专门召开了一次常委会,回忆兰考的革命斗争史。在残酷的武装斗争年代,兰考县的干部和人民,同敌人英勇搏斗,前仆后继。有一个区,曾经在一个月内有九个区长为革命牺牲。烈士马福重被敌人破腹后,肠子被拉出来挂在树上。……焦裕禄说:"兰考这块地方,是同志们用鲜血换来的。先烈们并没有因为兰考人穷灾大,就把它让给敌人,难道我们就不能在这里战胜灾害？"

一连串的阶级教育和思想斗争,使县委领导核心,在严重的自然灾害面前站起来了。他们打掉了在自然灾害面前束手无策、无所作为的懦夫思想,从上到下坚定地树立了自力更生消灭"三害"的决心。不久,在焦裕禄倡议和领导下,一个改造兰考大自然的蓝图被制订出来。这个蓝图规定在三五年内,要取得治沙、治水、治碱的基本胜利,改变兰考的面貌。这个蓝图经过县委讨论通过后,报告了中共开封地委,焦裕禄在报告上,又着重加了几句：

"我们对兰考的一草一木都有深厚的感情。面对着当前严重的自然灾害,我们有革命的胆略,坚决领导全县人民,苦战三五年,改变兰考的面貌。不达目的,我们死不瞑目。"

这几句话,深切地反映了当时县委的决心,也是兰考全党在上级党组织面前,一次庄严的宣誓。直到现在,它仍然深深地刻在县委所有同志的心上,成为鞭策他们前进的力量。

"吃别人嚼过的馍没味道"

焦裕禄深深地了解,理想和规划并不等于现实,这涝、沙、碱三害,自古以来害了兰考人民多少年呵！今天,要制伏"三害",要把它们从兰考土地上象送瘟神一样驱走,必须进行大量艰苦细致的工作,付出高昂的代价。

他想,按照毛主席的教导,不管做什么工作,必须首先了解情况,进行调查研究。"没有调查就没有发言权"。要想战胜灾害,单靠一时的热情,单靠主观愿望,事情断然是办不好的。即使硬干,也要犯毛主席早已批评过的"闭塞眼睛捉麻雀","瞎子摸鱼"的错误。要想战胜灾害,必须照毛主席的指示办事,详尽地掌握灾害的底细,了解灾害的来龙去脉,然后作出正确的判断和部署。

他下决心要把兰考县一千八百平方公里土地上的自然情况摸透,亲自去掂一掂兰考的"三害"究竟有多大份量。

根据这一想法,县委先后抽调了一百二十个干部、老农和技术员,组成一支三结合的"三害"调查队。在全县展开了大规模的追洪水,查风口,探流沙的调查研究工作。焦裕禄和县委其他领导干部,都参加了这场战斗。那时候,焦裕禄正患着慢性的肝病,许多同志担心他在大风大雨中奔波,会加剧病情的发展,劝他不要参加,但他毫不犹豫地拒绝了同志们的劝告,他说:"吃别人嚼过的馍没味道。"他不愿意坐在办公室里依靠别人的汇报来进行工作,说完就背着干粮,拿起雨伞和大家一起出发了。

每当风沙最大的时候,也就是他带头下去查风口、探流沙的时候,雨最大的时候,也就是他带头下去冒雨涉水,观看洪水流势和变化的时候。他认为这是掌握风沙、水害规律最有利的时机。为了弄清一个大风口,一条主干河道的来龙去脉,他经常不辞劳苦地跟着调查队,追寻风沙和洪水的去向,从黄河故道开始,越过县界、省界,一直追到沙落尘埃,水入河道,方肯罢休。在这场艰苦的斗争中,县委书记焦裕禄简直变成一个满身泥水的农村"脱坯人"了。他和调查队的同志们经常在截腰深的水里吃干粮,有时夜晚蹲在泥水处歇息……

有一次,焦裕禄从兰考县固阳公社回县的路上,遇到了白帐子猛雨。大雨下了七天七夜,全县变成了一片汪洋。焦裕禄想:"嘀,洪水呀,等还等不到哩,你自己送上门来了。"他回到县里后,连停也没有停,就带着办公室的三个同志出发了。眼前只有水,哪里有路?他们靠着各人手里的一根棍,探着,走着。这时,焦裕禄突然感到一阵阵肝痛,时时弯下身子用左手按着肝部。三个青年恳求着说:"你回去休息吧。把任务交给我们,我们保证按照你的要求完成任务。"焦裕禄没有同意,继续一路走,一路工作着。

他站在洪水激流中,同志们为他张了伞,他画了一张又一张水的流向图。等他们赶到金营大队,支部书记李广志看见焦裕禄就吃惊地问:"一片汪洋大水,您是咋来的?"焦裕禄抡着手里的棍子说:"就坐这条船来的。"李广志让他休息一下,他却拿出自己画的图来,一边指点着,一边滔滔不绝地告诉李广志,根据这里的地形和水的流势,应该从哪里到哪里开一条河,再从哪里到哪里挖一条支沟,……这样,就可以把这几个大队的积水,统统排出去了。李广志听了非常感动,他没有想到焦裕禄同志的领导工作,竟这样的深入细致!到吃饭的时候了,他要给焦裕禄派饭,焦裕禄说:"雨天,群众缺烧的,不吃啦!"说着就又向风雨中走去。送走了风沙滚滚的春天,又送走了雨水集中的夏季,调查队在风里、雨里、沙窝里、激流里度过了一个月又一个月,方圆跋涉了五千余里,终于使县委抓到了兰考"三害"的第一手资料。全县有大小风口八十四个,经调查队一个个查清,编了号、绘了图;全县有大小沙丘一千六百个,也一个个经过丈量,编了号,绘了图;全县的千河万流,淤塞的河渠,阻水的路基、涵闸……也调查得清清楚楚,绘成了详细的排涝泄洪图。

这种大规模的调查研究,使县委基本上掌握了水、沙、碱发生、发展的规律。几个月的辛苦奔波,换来了一整套又具体又详细的资料,把全县抗灾斗争的战斗部署,放在一个更科学更扎实的基础之上。大家都觉得方向明,信心足,无形中增添了不少的力量。

"榜样的力量是无穷的"

夜已经很深了,阵阵的肝痛和县委工作沉重的担子,使焦裕禄久久不能入睡。他的心在想着兰考县的三十六万人和二千五百七十四个生产队。抗灾斗争的发展是不平衡的,基层干部和群众的思想觉悟也有高有低,怎样才能把毛泽东思想红旗高高举起?怎样才能充分调动起群众的革命积极性?怎样才能更快地在全县范围内开展起轰轰烈烈的抗灾斗争?……

焦裕禄在苦苦思索着。

他披衣起床,重又翻开《毛泽东选集》。在多年的工作中,焦裕禄已养成了学习毛主席著作的习惯,他从毛主席的著作中汲取了无穷的智慧和力量。县委开会,他常常在会前朗读毛主席著作中的有关章节。无论在办公室,或下乡工作,他总要提着一个布兜儿,装上《毛泽东选集》带在身边。每次遇到工作中的困难,他都认真地向毛主席的著作请教,严格地按照毛主席的指示去办。他曾对县委的同志们介绍自己学习毛主席著作的方法,叫做"白天到群众中调查访问,回来读毛主席著作,晚上'过电影',早上记笔记。"他所说的"过电影",主要是指联系实际来思考问题。他说:"无论学习或工作,不会'过电影'那是不行的。"

现在,全县抗灾斗争的情景,正像一幕幕的电影活动在他的脑海里,他带着一连串的问题,去阅读毛主席《关于领导方法的若干问题》那篇文章。目光停在那几行金光闪耀的字上:"我们共产党人无论进行何项工作,有两个方法是必须采用的,一是一般和个别相结合,二是领导和群众相结合。"

"从群众中集中起来又到群众中坚持下去,以形成正确的领导意见,这是基本的领导方法。"毛主席的话给了他很大的力量,眼前一下子豁亮起来。他决定发动县委领导同志再到贫下中农中间去。他自己更是经常住在老贫农的草庵子里,蹲在牛棚里,跟群众一起吃饭,一起劳动。他带着高昂的革命激情和对群众的无限信任,在广大贫下中农间询问着、倾听着、观察着,他听到许多贫下中农要求"翻身"、要求革命的呼声。看到许多队自力更生、奋发图强对"三害"斗争的革命精神。他在群众中学到了不少治沙、治水、治碱的办法,总结了不少可贵的经验。群众的智慧,使他受到极大的鼓舞,也更加坚定了他战胜灾害的信心。

韩村是一个只有二十七户人家的生产队。一九六二年秋天遭受了毁灭性的涝灾,每人只分了十二两红高粱穗。在这样严重的困难面前,生产队的贫下中农提出,不向国家伸手,不要救济粮、救济款,自己割草卖草养活自己。他们说:摇钱树,人人有,全靠自己一双手。不能支援国家,心里就够难受了,决不能再拉国家的后腿。就在这年冬天,他们割了二十七万斤草,养活了全体社员,养活了八头牲口,还修理了农具,买了七辆架子车。

秦寨大队的贫下中农社员,在盐碱地上刮掉一层皮,从下面深翻出好土,盖在上面。他们大干深翻地的时候,正是最困难的一九六三年夏季。他们说:"不能干一天干半天,不能翻一锹翻半锹,用蚕吃桑叶的办法,一口口啃,也要把这碱地啃翻个个儿。"

赵垛楼的贫下中农在七季基本绝收以后,冒着倾盆大雨,挖河渠,挖排水沟,同暴雨内涝搏斗。一九六三年秋天,这里一连九天暴雨,他们却夺得了好收成,卖了八万斤余粮。

双杨树的贫下中农在农作物基本绝收的情况下,雷打不散,社员们兑鸡蛋卖猪,买牲口买种子,坚持走集体经济自力更生的道路,社员们说:"穷,咱穷到一块儿;富,咱也富到一块儿。"

韩村,秦寨,赵垛楼,双杨树,广大贫下中农自力更生的革命精神,使焦裕禄十分激动。他认为这就是在毛泽东思想哺育下的贫下中农革命精神的好榜样。他在县委会议上,多少次讲述了这些先进典型的重大意义,并亲自总结了它们的经验。他说:"榜样的力量是无穷的,我们应该把群众中这些可贵的东西,集中起来,再坚持下去,号召全县社队向他们学习。"

一九六三年九月,县委在兰考冷冻厂召开了全县大小队干部的盛大集会,这是扭转兰考局势的大会,是兰考人民自力更生、奋发图强的一次誓师大会。会上,焦裕禄为韩村、秦寨、赵垛楼、双杨树的贫下中农鸣锣开道,请他们到主席台上,拉他们到万人之前,大张旗鼓地表扬他们的革命精神。他把群众中这些革命的东西,集中起来,总结为四句话:"韩村的精神,秦寨的决心,赵垛楼的干劲,双杨树的道路。"他说:这就是兰考的新道路!是毛泽东思想指引的道路!他大声疾呼,号召全县人民学习这四个样板,发扬他们的革命精神,在全县范围内锁住风沙,制伏洪水,向"三害"展开英勇的斗争!

这次大会在兰考抗灾斗争的道路上,是一个伟大的转折。它激发了群众的革命豪情,鼓舞了群众的革命斗志,有力地推动了全县抗灾斗争的发展。它使韩村等四个榜样的名字传遍了兰考;它让毛泽东思想的伟大红旗,在兰考三十六万群众的心目中,高高地升起!

从此,兰考人民的生活中多了两个东西,这就是县委和县人委发出的"奋发图强的嘉奖令"和"革命硬骨头队"的命名书。

"当群众最困难的时候,共产党员要出现在群众面前"

就在兰考人民对涝、沙、碱三害全面出击的时候,一场比过去更加严重的灾害又向兰考袭来。一九六三年秋季,兰考县一连下了十三天雨,雨量达二百五十毫米。大片大片的庄稼汪在洼窝里,渍死了。全县有十一万亩秋粮绝收,二十二万亩受灾。

焦裕禄和县委的同志们全力投入了生产救灾。

那是个冬天的黄昏。北风越刮越紧,雪越下越大。焦裕禄听见风雪声,倚在门边望着风雪发呆。过了会儿,他又走回来,对办公室的同志们严肃地说:"在这大风大雪里,贫下中农住得咋样?牲口咋样?"接着他要求县委办公室立即通知各公社做好几件雪天工作。他说:"我说,你们记记。第一,所有农村干部必须深入到户,访贫问苦,安置无屋居住的人,发现断炊户,立即解决。第二,所有从事农村工作的同志,必须深入牛屋检查,照顾老弱病畜,保证不许冻坏一头牲口。第三,安排好室内副业生产。第四,对于参加运输的人畜,凡是被风雪隔在途中的,在哪个大队的范围,由哪个大队热情招待,保证吃得饱,住得暖。第五,教育全党,在大雪封门的时候,到群众中去,和他们同甘共苦。最后一条,把检查执行的情况迅速报告县委。"办公室的同志记下他的话,立即用电话向各公社发出了通知。

这天,外面的大风雪刮了一夜。焦裕禄的房子里,电灯也亮了一夜。

第二天,窗户纸刚刚透亮,他就挨门把全院的同志们叫起来开会。焦裕禄说:"同志们,你们看,这场雪越下越大,这会给群众带来很多困难,在这大雪拥门的时候,我们不能坐在办公室里烤火,应该到群众中间去。共产党员应该在群众最困难的时候,出现在群众的面前,在群众最需要帮助的时候,去关心群众,帮助群众。"

简短的几句话,像刀刻的一样刻在每一个同志的心上。有人眼睛湿润了,有人有多少话想说也说不出来了。他们的心飞向冰天雪地的茅屋去了。大家立即带着救济粮款,分头出发了。

风雪铺天盖地而来。北风响着尖厉的哨音,积雪有半尺厚。焦裕禄迎着大风雪,什么也没有披,火车头帽子的耳巴在风雪中忽闪着。那时,他的肝痛常常发作,有时痛得厉害,他就用一支钢笔硬顶着肝部。现在他全然没想到这些,带着几个年轻小伙子,踏着积雪,一边走,一边高唱《南泥湾》。他问青年人看过《万水千山》这个电影没有?他说:"你们看,眼前多么像《万水千山》里的一个镜头呵!"

这一天,焦裕禄没烤群众一把火,没喝群众一口水。风雪中,他在九个村子,访问了几十户生活困难的老贫农。在梁孙庄,他走进一个低矮的柴门。这里住的是一双无依无靠的老人。老大爷有病躺在床上,老大娘是个瞎子。焦裕禄一进屋,就坐在老人的床头,问寒问饥。老大爷问他是谁?他说:"我是您的儿子。"老人问他大雪天来干啥?他说:"毛主席叫我来看望您老人家。"老大娘感动得不知说什么才好,用颤抖的双手上上下下摸着焦裕禄。老大爷眼里噙着泪说:"解放前,大雪封门,地主来逼租,撵的我串人家的房檐,住人家的牛屋。"焦裕禄安慰老人说:"如今印把子抓在咱手里,兰考受灾受穷的面貌一定能够改过来。"

就是在这次雪天送粮当中,焦裕禄也看到和听到了许多贫下中农极其感人的故事。谁能够想到,在毁灭性的涝灾面前,竟有那么一些生产队,两次三番退回国家送给他们的救济粮、救济款。他们说:把救济粮、救济款送给比我们更困难的兄弟队吧,我们自己能想办法养活自己!

焦裕禄心里多么激动呵!他看到毛泽东思想像甘露一样滋润了兰考人民的心,党号召的自力更生、奋发图强的精神,在困难面前逞英雄的硬骨头精神,已经变成千千万万群众敢于同天抗,同灾斗的物质力量了。

有了这种精神,在兰考人民面前还有什么天大的灾害不能战胜!

"县委书记要善于当'班长'"

焦裕禄常说,县委书记要善于当"班长",要把县委这个"班"带好,必须使这"一班人"思想齐、动作齐。而要统一思想、统一行动,就必须用毛泽东思想挂帅。

他是这样想的,也是这样做的。

县人委有一位从丰收地区调来的领导干部,提出了一个装潢县委和县人委领导干部办公室的计划。连桌子、椅子、茶具,都要换一套新的。为了好看,还要把城里一个污水坑填平,上面盖一排房子。县委多数同志激烈地反对这个计划。也有人问:"钱从哪里来?能不能花?"这位领导干部管财政,他说:"花钱我负责。"

但是,焦裕禄提了一个问题:

"坐在破椅子上不能革命吗?"他接着说明了自己的意见:

"灾区面貌没有改变,还大量吃着国家的统销粮,群众生活很困难。富丽堂皇的事,不但不能做,就是连想也很危险。"

后来,焦裕禄找这位领导干部谈了几次话,帮助他认识错误。焦裕禄对他说:兰考是灾区,比不得丰收区。即使是丰收区,你提的那种计划,也是不应该做的。焦裕禄劝这位领导干部到贫下中农家里去住一住,到贫下中农中间去看一看。去看看他们想的是什么,做的是什么。焦裕禄作为县委的班长,他从来不把自己的意见,强加于人。他对同志们要求非常严格,但他要求得入情入理,叫你自己从内心里生出改正错误的力量。不久以后,这位领导干部认识了错误,自己收回了那个"建设计划"。

有一位公社书记在工作中犯了错误。当时,县委开会,多数委员主张处分这位同志。但焦裕禄经过再三考虑,提出暂时不要给他处分。焦裕禄说,这位同志是我们的阶级弟兄,他犯了错误,给他处分固然是必要的;但是,处分是为了达到治病救人的目的。当前改变兰考面貌,是一个艰巨的斗争,不如派他到最艰苦的地方去,考验他,锻炼他,给他以改正错误的机会,让他为党的事业出力,这样不是更好吗?

县委同意了焦裕禄的建议,决定派这个同志到灾害严重的赵垛楼去蹲点。这位同志临走时,焦裕禄把他请来,严格地提出批评,亲切地提出希望,最后焦裕禄说:"你想想,当一个不坚强的战士,当一个忘了群众利益的共产党员,多危险,多可耻呵!先烈们为解放兰考这块地方,能付出鲜血、生命;难道我们就不能建设好这个地方?难道我们能在自然灾害面前当怕死鬼?当逃兵?"

焦裕禄的话,一字字、一句句都紧紧扣住这位同志的心。这话的分量比一个最重的处分决定还要沉重,但这话也使这位同志充满了战斗的激情。阶级的情谊,革命的情谊,党的温暖,在这位犯错误的同志的心中激荡着,他满眼流着泪,说:"焦裕禄同志,你放心……。"

这位同志到赵垛楼以后,立刻同群众一道投入了治沙治水的斗争。他发现群众的生活困难,提出要卖掉自己的自行车,帮助群众,县委制止了他,并且指出,当前最迫切的问题,是从思想上武装赵垛楼的社员群众,领导他们起来,自力更生进行顽强的抗灾斗争,一辆自行车是不能解决什么问题的。以后,焦裕禄也到赵垛楼去了。他关怀赵垛楼的两千来个社员群众,他也关怀这位犯错误的阶级弟兄。

就在这年冬天,赵垛楼为害农田多年的二十四个沙丘,被社员群众用沙底下的黄胶泥封盖住了。社员们还挖通了河渠,治住了内涝。这个一连七季吃统销粮的大队,一季翻身,卖余粮了。

也就在赵垛楼大队"翻身"的这年冬天,那位犯错误的同志,思想上也翻了个个儿。他在抗灾斗争中,身先士卒,表现得很英勇。他没有辜负党和焦裕禄对他的期望。

焦裕禄,出生在山东淄博一个贫农家里,他的父亲在解放前就被国民党反动派逼迫上吊自杀了。他从小逃过荒,给地主放过牛,扛过活,还被日本鬼子抓到东北挖过煤。他带着家仇、阶级恨参加了革命队伍,在部队、农村和工厂里做过基层工作。自从参加革命一直到当县委书记以后,他始终保持着劳动人民的本色。他常常开襟解怀,卷着裤管,朴朴实实地在群众中间工作、劳动。贫农身上有多少泥,他身上有多少泥。他穿的袜子,补了又补,他爱人要给他买双新的,他说:"跟贫下中农比一比,咱穿的就不错了。"夏天,他连凉席也不买,只花四毛钱买一条蒲席铺。

有一次,他发现孩子很晚才回家去。一问,原来是看戏去了。他问孩子:"哪里来的票?"孩子说:"收票叔叔向我要票,我说没有。叔叔问我是谁?我说焦书记是我爸爸。叔叔没有收票就叫我进去了。"焦裕禄听了非常生气,当即把一家人叫来"训"了一顿,命令孩子立即把票钱如数送给戏院。接着,又建议县委起草了一个通知,不准任何干部特殊化,不准任何干部和他们的子弟"看白戏"。……

"焦裕禄是我们县委的好班长,好榜样。"

"在焦裕禄领导下工作,方向明,信心大,敢于大作大为,心情舒畅,就是累死也心甘。"

焦裕禄的战友这样说,反对过他的人这样说,犯过错误的人也这样说。

他心里装着全体人民,唯独没有他自己。

县委一位副书记在乡下患感冒,焦裕禄几次打电话,要他回来休息;组织部一位同志有慢性病,焦裕禄不给他分配工作,要他安心疗养;财委一位同志患病,焦裕禄多次催他到医院检查……焦裕禄的心里,装着全体党员和全体人民,唯独没有他自己。

一九六四年春天,正当党领导着兰考人民同涝、沙、碱斗争胜利前进的时候,焦裕禄的肝病也越来越重了。很多人都发现,无论开会、作报告,他经常把右脚踩在椅子上,用右膝顶住肝部。他棉袄上的第二和第三个扣子是不扣的,左手经常揣在怀里。人们留心观察,原来他越来越多地用左手按着时时作痛的肝部,或者用一根硬东西顶在右边的椅靠上。日子久了,他办公坐的藤椅上,右边被顶出了一个大窟窿。他对自己的病,是从来不在意的。同志们问起来,他才说他对肝痛采取了一种压迫止疼法。县委的同志们劝他疗养,他笑着说:"病是个欺软怕硬的东西,你压住他,他就不欺侮你了。"焦裕禄暗中忍受了多大痛苦,连他的亲人也不清楚。他真是全心全意投到改变兰考面貌的斗争中去了。

焦裕禄到地委开会,地委负责同志劝他住院治疗,他说:"春天要安排一年的工作,离不开!"没有住。地委给他请来一位有名的中医诊断,开了药方,因为药费很贵,他不肯买。他说:"灾区群众生活很困难,花这么多钱买药,我能吃得下吗?"县委的同志背着他去买来三剂,强他服了,但他执意不再服第四剂。

那天,县委办公室的干部张思义和他一同骑自行车到三义寨公社去。走到半路,焦裕禄的肝痛发作,痛得骑不动,两个人只好推着自行车慢慢走。刚到公社,大家看他气色不好,就猜出是他又发病了。公社的同志说:"休息一下吧。"他说:"谈你们的情况吧,我不是来休息的。"

公社的同志一边汇报情况,一边看着焦裕禄强按着肚子在作笔记。显然,他的肝痛得使手指发抖,钢笔几次从手指间掉了下来。汇报的同志看到这情形,忍住泪,连话都说不出来了,而他,故意做出神情自若的样子,说:"说,往下说吧。"

一九六四年的三月,兰考人民的除"三害"斗争达到了高潮,焦裕禄的肝病也到了严重关头。躺在病床上,他的心潮汹涌澎湃,奔向那正在被改造着的大地。他满腔激情地坐到桌前,想动手写一篇文章,题目是:《兰考人民多奇志,敢教日月换新天》。他铺开稿纸,拟好了四个小题目:一、设想不等于现实。二、一个落后地区的改变,首先是领导思想的改变。领导思想不改变,外地的经验学不进,本地的经验总结不起来。三、榜样的力量是无穷的。四、精神原子弹——精神变物质。

充满了革命乐观主义的焦裕禄,从兰考人民在抗灾斗争中表现出来的英雄气概,从兰考人民一步一个脚印的实干精神中,已经预见到新兰考美好的未来。但是,文章只开了个头,病魔就逼他放下了手中的笔,县委决定送他到医院治病去了。

临行那一天,由于肝痛得厉害,他是弯着腰走向车站的。他是多么舍不得离开兰考呵!一年多来,全县一百四十九个大队,他已经跑遍了一百二十多个。他把整个身心,都交给了兰考的群众,兰考的斗争。正象一位指挥员在战斗最紧张的时刻,离开炮火纷飞的前沿阵地一样,他从心底感到痛苦、内疚和不安。他不时深情地回顾着兰考城内的一切,他多么希望能很快地治好肝病,带着旺盛的精力回来和群众一块战斗呵!他几次向送行的同志们说,不久他就会回来的。在火车开动前的几分钟,他还郑重地布置了最后一项工作,要县委的同志好好准备材料,当他回来时,向他详细汇报抗灾斗争的战果。

"活着我没有治好沙丘,死了也要看着你们把沙丘治好!"

开封医院把焦裕禄转到郑州医院,郑州医院又把他转到北京的医院。在这位钢铁般的无产阶级战士面前,医生们为他和肝痛斗争的顽强性格感到惊异。他们带着崇敬的心情站在病床前诊察,最后很多人含着眼泪离开。

那是个多么阴冷的日子呵!医生们开出了最后诊断书,上面写道:"肝癌后期,皮下扩散。"这是不治之症。送他去治病的赵文选同志,决不相信这个诊断,人像傻了似的,一连声问道:"什么,什么?"医生说:"你赶紧送他回去,焦裕禄同志最多还有二十天时间。"

赵文选呆了一下,突然放声痛哭起来。他央告着说:

"医生,我求求你,我恳求你,请你把他治好,俺兰考是个灾区,俺全县人离不开他,离不开他呀!"

在场的人都含着泪。医生说:

"焦裕禄同志的工作情况,在他进院时,党组织已经告诉我们。癌症现在还是一个难题,不过,请你转告兰考县的群众,我们医务工作者,一定用焦裕禄同志同困难和灾害斗争的那种革命精神,来尽快攻占这个高峰。"

这样,焦裕禄又被转到郑州河南医学院附属医院。

焦裕禄病危的消息传到兰考后,县上不少同志曾去郑州看望他。县上有人来看他,他总是不谈自己的病,先问县里的工作情况,他问张庄的沙丘封住了没有?问赵垛楼的庄稼淹了没有?问秦寨盐碱地上的麦子长得怎样?问老韩陵地里的泡桐树栽了多少?……

有一次,他特地嘱咐一个县委办公室的干部说:

"你回去对县委的同志说,叫他们把我没写完的文章写完;还有,把秦寨盐碱地上的麦穗拿一把来,让我看看!"

五月初,焦裕禄的病情进一步恶化了。在这种情况下,他的亲密战友、县委副书记张钦礼匆匆赶到郑州探望他。当焦裕禄用他那干瘦的手握着张钦礼,两只失神的眼睛充满深情地望着他时,张钦礼的泪珠禁不住一颗颗滚了下来。

焦裕禄问道:"听说豫东下了大雨,雨多大?淹了没有?"

"没有。"

"这样大的雨,咋会不淹?你不要不告诉我。"

"是没有淹!排涝工程起作用了。"张钦礼一面回答,一面强忍着悲痛给他讲了一些兰考人民抗灾斗争胜利的情况,安慰他安心养病,说兰考面貌的改变也许会比原来的估计更快一些。

这时候,张钦礼看到焦裕禄在全力克制自己剧烈的肝痛,一粒粒黄豆大的冷汗珠时时从他额头上浸出来。他勉强擦了擦汗,半晌,问张钦礼:

"我的病咋样?为什么医生不肯告诉我呢?"

张钦礼迟迟没有回答。

焦裕禄一连追问了几次,张钦礼最后不得不告诉他说:"这是组织上的决定。"

听了这句话,焦裕禄点了点头,镇定地说道:"呵,那我明白了……。"

隔了一会儿,焦裕禄从怀里掏出一张自己的照片,颤颤地交给张钦礼,然后说道:"钦礼同志,现在有句话我不能不向你说了,回去对同志们说,我不行了,你们要领导兰考人民坚决地斗争下去。党相信我们,派我们去领导,我们是有信心的。我们是灾区,我死了,不要多花钱。我死后只有一个要求,要求组织上把我运回兰考,埋在沙堆上,活着我没有治好沙丘,死了也要看着你们把沙丘治好!"

张钦礼再也无法忍住自己的悲痛,他望着焦裕禄,鼻子一酸,几乎哭出声来。他带着泪告别了自己最亲密的阶级战友。……

谁也没有料到,这就是焦裕禄同兰考县人民,同兰考县党组织的最后一别。

一九六四年五月十四日,焦裕禄同志不幸逝世了。那一年,他才四十二岁。

在他生命的最后时刻,中共河南省委和开封地委有两位负责同志守在他的床前。他对这两位上级党组织的代表断断续续地说出了最后一句话:"我……没有……完成……党交给我的……任务。"

他死后,人们在他病榻的枕下,发现了两本书:一本是《毛泽东选集》,一本是《论共产党员的修养》。

他没有死,他还活着

事隔一年以后,一九六五年的春天,兰考县几十个贫农代表和干部,专程来到焦裕禄的坟前。贫农们一看见焦裕禄的坟墓,就仿佛看见了他们的县委书记,看见了他们永远也不会忘记的那个人。

一年前,他还在兰考,同贫下中农一起,日夜奔波在抗灾斗争的前线。人们怎么会忘记,在那大雪封门的日子,他带着党的温暖走进了贫农的柴门;在那洪水暴发的日子,他拄着棍子带病到各个村庄察看水情。是他高举着毛泽东思想的红灯,照亮了兰考人民自力更生的道路;是他带领兰考人民扭转了兰考的局势,激发了人们的革命精神;是他喊出了"锁住风沙,制伏洪水"的号召;是他发现了贫下中农中革命的"硬骨头"精神,使之在全县发扬光大。……这一切,多么熟悉,多么亲切呵!谁能够想到,像他这样一个充满着革命活力的人,竟会在兰考人民最需要他的时候,离开了兰考的大地。

人们一个个含着泪站在他的坟前,一位老贫农泣不成声地说出了三十六万兰考人的心声:

"我们的好书记,你是活活地为俺兰考人民,硬把你给累死的呀。困难的时候你为俺贫农操心,跟着俺们受罪,现在,俺们好过了,全兰考翻身了,你却一个人在这里。……"

这是兰考人民对自己亲人、自己的阶级战友的痛悼,也是兰考人民对一个为他们的利益献出生命的共产党员的最高嘉奖。

焦裕禄去世后的这一年,兰考县的全体党员,全体人民,用眼泪和汗水灌溉了兰考大地。三年前焦裕禄倡导制订的改造兰考大自然的蓝图,经过三年艰苦努力,已经变成了现实。兰考,这个豫东历史上缺粮的县份,一九六五年粮食已经初步自给了。全县二千五百七十四个生产队,除三百来个队是棉花、油料产区外,其余的都陆续自给,许多队还有了自己的储备粮。一九六五年,兰考县连续旱了六十八天,从一九六四年冬天到一九六五年春天,刮了七十二次大风,却没有发生风沙打死庄稼的灾害,十九万亩沙区的千百条林带开始把风沙锁住了。这一年秋天,连续下了三百八十四毫米暴雨,全县也没有一个大队受灾。

焦裕禄生前没有写完的那篇文章,由三十六万兰考人民在兰考大地上集体完成了。这是一篇人颜欢笑的文章,是一篇闪烁着毛泽东思想光辉的文章。在这篇文章里,兰考人民笑那起伏的沙丘"贴了膏药,扎了针"(注),笑那滔滔洪水乖乖地归了河道,笑那人老几辈连茅草都不长的老碱窝开始出现了碧绿的庄稼,笑那多少世纪以来一直压在人们头上的大自然的暴君,在伟大的毛泽东时代,不能再任意摆布人们的命运了。

焦裕禄虽然去世了,但他在兰考土地上播下的自力更生的革命种子,正在发芽成长,他带给兰考人民的毛泽东思想的红灯,愈来愈发出耀眼的光芒。他一心为革命,一心为群众的高贵品德,已成为全县干部和群众学习的榜样。这一切宝贵的精神财富,今天已化为强大的物质力量,推动着兰考人民在自力更生、奋发图强的大道上继续奋勇前进。兰考灾区面貌的改变,还只是兰考人民征服大自然的开始,在这场伟大的向大自然进军的斗争中,他们不仅要彻底摘掉灾区的帽子,而且决心不断革命,把大部分农田逐步改造成为旱涝保收的稳产高产田,逐步实现"上纲要"(达到农业发展纲要规定的产量要求)、"过长江",建设社会主义新兰考。

焦裕禄同志,你没有辜负党的希望,你出色地完成了党交给你的任务,兰考人民将永远忘不了你。你不愧为毛泽东思想哺育成长起来的好党员,不愧为党的好干部,不愧为人民的好儿子!你是千千万万在严重自然灾害面前,巍然屹立的共产党员和贫下中农革命英雄形象的代表。你没有死,你将永远活在千万人的心里!

(文章来源:国家行政学院:https://www.ccps.gov.cn/zt/lxyzxxjy/jjlxyz_z_by/201812/t20181211_117157.shtml。原稿1966年2月7日发表于《人民日报》)

第四章 非虚构写作的结构

"言之有物"和"言之有序"是优秀文章的基本要素,前者主要体现在文章的材料、主旨方面,后者则体现为文章的结构问题。如果作者已经拥有了足够的材料,并通过对材料的提炼、挖掘,确定了自己所要表达的主题,下一步的工作就是如何对材料作出恰当的安排。古希腊哲学家亚里士多德说:"最重要的是事件的结构。"事实上,自亚里士多德以来,所有叙事理论家都在强调结构的重要性。因为,所有叙事都有一定的结构,如果你过多地偏离这个结构,叙事将无法进行。

第一节 结构的基本原则

一、结构的含义与作用

结构就是文章的布局,文章各个组成部分的组织、搭配与排列。"为文如造屋",清代著名戏剧理论家李渔,通过总结自己的写作实践,在《闲情偶寄》中不仅明确地提出了"结构"一词,把文章结构比作胎儿的孕育,比作"工师之建宅",较为精辟地阐述了结构的重要性,强调了作文"不宜卒急拈毫",而须使结构"成局了然,始可挥斤运斧",须"袖手于前,始能疾书于后""至于结构二字,则在引商刻羽之先,拈韵袖毫之始,如造物之赋形,当其精血初凝,胞胎未就,先为制定全形,使点血而具五官百骸之势……工师之建宅亦然,址基初平,间架未立,先筹何处建厅,何方开户,栋须何木,梁用何材,必俟成局了然,始可挥斤运斧。倘造成一架,而后再筹一架,则便于前者不便于后,势必改而就之,未成先毁……故作传奇者,不宜卒急拈毫,袖手于前,始能疾书于后"[①]。清代刘大櫆的《论文偶

[①] 郭绍虞主编:《中国历代文论选》(第三册),上海古籍出版社,1980,第270页。

记》,在阐述文章"言之有物"的同时,也指出了结构的重要及不善于结构的情况较多:"譬如大匠操厅,无土木材料,纵有成风尽垩手段,何处设施?然即土木材料,而不善设施者甚多,终不可为大匠。"①

对非虚构写作而言,结构是对人物、动作和情节线索的全面性组合和安排,是行文的思路和线索,是叙事展开的方式和行进的轨迹,也是作者思路的外化与固定化。体现为段落与段落之间、层次与层次之间、部分与部分之间以及局部与整体之间的内在关联和逻辑关系。其评价指标可以分为基础目标和发展目标两个层级。基础目标主要包括:文题照应、首尾呼应、前后照应;主旨突出、详略得当;层次清晰,有条理等。发展目标包括起承转合自然流畅、文气贯通;整体布局严谨周密,主线突出;行文曲折有致、张弛有度、疏密相间;文章的内容与形式有机统一。这些指标是衡量文章结构是否合理、是否具有艺术表现力的重要标准和尺度。朱光潜认为,一篇完美的作品,在结构上必具备下面的两个要件,一是层次清楚,即顺着意思的自然生发,脉络必有衔接,不致有脱节断气的毛病,而且意思可以融贯,不致有前后矛盾的毛病。二是轻重分明,轻重倒置在任何艺术作品中都是毛病。

一般而言,文章的结构可以从表层结构和深层结构两个层面进行考察。表层结构通常体现为事件的发展进程或叙事开展的方式和行进的轨迹,包括开端、发展、高潮、结局等几个部分。深层结构是通过表层叙事所体现的事件发展的内在逻辑关系以及隐而不彰的情感脉络和情绪波动。

例如:伊索寓言《乌鸦喝水》

一只乌鸦口渴了,它在低空盘旋着找水喝。找了很久,它才发现不远处有一个水瓶,便高兴地飞了过去,稳稳地停在水瓶口,准备痛快地喝水了。可是,水瓶里水太少了,瓶口又小,瓶颈又长,乌鸦的嘴无论如何也够不着水。这可怎么办呢?

---

① 郭绍虞主编:《中国历代文论选》(第三册),上海古籍出版社,1980,第434页。

乌鸦想,把水瓶撞倒,就可以喝到水了。于是,它从高空往下冲,猛烈撞击水瓶。可是水瓶太重了,乌鸦用尽全身的力气,水瓶仍然纹丝不动。

乌鸦一气之下,从不远处叼来一块石子,朝着水瓶砸下去。它本想把水瓶砸坏之后饮水,没想到石子不偏不倚,"扑通"一声正好落进了水瓶里。

乌鸦飞下去,看到水瓶一点儿都没破。细心的乌鸦发现,石子沉入瓶底,里面的水好像比原来高了一些。

"有办法了,这下我能喝到水了。"乌鸦非常高兴,它"哇哇"大叫着开始行动起来。它叼来许多石子,把它们一块一块地投到水瓶里。随着石子的增多,水瓶里的水也一点儿一点儿地慢慢向上升……

终于,水瓶里的水快升到瓶口了,而乌鸦总算可以喝到水了。他站在水瓶口,喝着甘甜可口的水,心里是那么痛快、舒畅。

这个故事的表层结构是:乌鸦口渴—乌鸦找到水—乌鸦喝不到水—乌鸦喝到水。

深层结构则是:发现问题(口渴了)—研究问题(找到水、撞瓶、投石子)—解决问题(喝到水)。

在此过程中,主人公乌鸦的情感脉络是"焦虑—惊喜—困惑—欣悦"。

再如:巴金散文《海上日出》

为了看日出,我常常早起。那时天还没有大亮,周围很静,只听见船里机器的声音。

天空还是一片浅蓝,很浅很浅的。转眼间,天水相接的地方出现了一道红霞。红霞的范围慢慢扩大,越来越亮。我知道太阳就要从天边升起来了,便目不转睛地望着那里。

果然,过了一会儿,那里出现了太阳的小半边脸,红是红的很,却没有亮光。太阳像负着什么重担似的,慢慢儿,一纵一纵地,使劲儿向上升。到了最后,它终于冲破了云霞,完全跳出了海面,颜色真红得可爱。

一刹那间,这深红的圆东西发出夺目的亮光,射得人眼睛发痛。它旁边的云也突然有了光彩。

有时太阳躲进云里。阳光透过云缝直射到水面上,很难分辨出哪里是水,哪里是天,只看见一片灿烂的亮光。

有时候天边有黑云,而且云片很厚,太阳升起来,人就不能够看见。然而太阳在黑云背后放射它的光芒,给黑云镶了一道光亮的金边。后来,太阳慢慢透出重围,出现在天空,把一片片云染成了紫色或者红色。这时候,不仅是太阳、云和海水,连我自己也成了光亮的了。

这不是伟大的奇观么?

《海上日出》是一篇隽永的写景抒情散文,文章的表层结构是:日出前—日出中—日出后。深层结构则是:光明与黑暗的较量,最终黑暗战胜光明。叙事主体的情感脉络是:宁静—欣悦—等待—感叹。

再如:宗璞散文《紫藤萝瀑布》。

我不由得停住了脚步。

从未见过开得这样盛的藤萝,只见一片辉煌的淡紫色,像一条瀑布,从空中垂下,不见其发端,也不见其终极。只是深深浅浅的紫,仿佛在流动,在欢笑,在不停地生长。紫色的大条幅上,泛着点点银光,就像迸溅的水花。仔细看时,才知道那是每一朵紫花中的最浅淡的部分,在和阳光互相挑逗。

这里春红已谢,没有赏花的人群,也没有蜂围蝶阵。有的就是这一树闪光的、盛开的藤萝。花朵儿一串挨着一串,一朵接着一朵,彼此推着挤着,好不活泼热闹!

"我在开花!"它们在笑。

"我在开花!"它们嚷嚷。

每一穗花都是上面的盛开、下面的待放。颜色便上浅下深,好像那紫色沉淀下来了,沉淀在最嫩最小的花苞里。每一朵盛开的花就像是一个小小的张满了的帆,帆下带着尖底的舱,船舱鼓鼓的;又像一个忍俊不禁的笑容,就要绽开似的。那里装的是什么仙露琼浆?我凑上去,想摘一朵。

但是我没有摘。我没有摘花的习惯。我只是伫立凝望,觉得这一条紫藤萝瀑布不只在我眼前,也在我心上缓缓流过。流着流着,它带走了这些时一直压在我心上的焦虑和悲痛,那是关于生死谜、手足情的。我沉浸在这繁密的花朵的光辉中,别的一切暂时都不存在,有的只是精神的宁静和生的喜悦。

这里除了光彩,还有淡淡的芳香,香气似乎也是浅紫色的,梦幻一般轻轻地笼罩着我。忽然记起十多年前家门外也曾有过一大株紫藤萝,它依傍一株枯槐爬得很高,但花朵从来都稀落,东一穗西一串伶仃地挂在树梢,好像在试探什么。后来索性连那稀零的花串也没有了。园中别的紫藤花架也都拆掉,改种了果树。那时的说法是,花和生活腐化有什么必然关系。我曾遗憾地想:这里再也看不见藤萝花。

过了这么多年,藤萝又开花了,而且开得这样盛,这样密,紫色的瀑布遮住了粗壮的盘虬卧龙般的枝干,不断地流着,流着,流向人的心底。

花和人都会遇到各种各样的不幸,但是生命的长河是无止境的。我抚摸了一下那小小的紫色的花舱,那里满装生命的酒酿,它张满了帆,在这闪光的花的河流上航行。它是万花中的一朵,也正是一朵朵花,组成了万花灿烂的流动的瀑布。

在这浅紫色的光辉和浅紫色的芳香中,我不觉加快了脚步。

《紫藤萝瀑布》写于1982年,作家宗璞及其家人经历"文革"磨难和世事沧桑,心情难免悲郁。却从一树盛开的紫藤萝花体悟到生命的蓬勃璀璨,睹物释怀,由花儿自衰到盛,感悟到人生的美好和生命的永恒,于是写成此文。文章的表层结构即行文顺序是"赏花—忆花—悟花";深层结构是生命之旅的盛衰流转以及生命主体面对这种盛衰流转的人生态度、情感体验和价值选择,花开花谢连着人类命运的沉浮与漂泊,花荣花枯胶结着社会的兴衰与变迁。文章以"不由得停下了脚步"起笔,以"不觉加快了脚步"收束,前后呼应,首尾衔接。停住脚步是因为被紫藤萝的繁茂旺盛所吸引;加快脚步是因为被紫藤萝的生命活力所催促,意脉流畅,结构严密,韵致天成。

古希腊哲学家亚里多德说:"最重要的是事件的结构,关乎行动和生命。"事实上,自亚里斯多德以来,所有叙事理论家都在强调结构的重要性。因为,所有叙事都有一定的结构,如果你过多地偏离这个结构,叙事将无法进行。正如叶圣陶先生所说:"思想是有一条路的,一句一句,一段一段,都是有路的,好文章的作者是决不乱走的。"如果说主旨是文章的灵魂,材料是文章的血肉,那么,结构就是文章的骨骼。骨骼完整坚实,材料才能得到恰当的展示和呈现,如同绸缎华服,纵然华美灿然,如果没有一个合适的衣服架子将之撑起展开,随意堆放,也只是一堆布料而已,其形态和美质根本无法得以展现。非虚构写作首先要完整、清晰、准确地陈述事实,并通过事实表达主旨、融注感情,实现真实性、思想性与艺术性的有机融合。为达成以上文本效果,必须精心安排文章的结构,达到朱光潜先生所说的"层次清晰""轻重分明",成为一个生气灌注的有机整体。

二、结构安排的基本原则

一般而言,文章结构安排的基本要求有三点:

一是要符合人类认知活动的基本规律。社会实践是人的一切认知活动的基础和前提,遵循从感性到理性、从简单到复杂、由表象到本质的基本规律,表现为"实践—认识—再实践—再认识"的循环往复、辩证统一的发展过程。在此进程中,感觉、知觉、表象等感性因素与概念、判断、推理等理性因素固然非常重要,认识主体的情感、态度、价值观、习惯、欲望、意志、动机、信念等非理性因素也不可忽视,它们以或隐或显的方式对人类的认知活动产生积极或消极的影响。真正的历史不是自我意识的逻辑史,而是人的活动史。社会存在不是外在的、给定的,而是人的实践创造的。不是人们的意识决定人们的存在,相反,是人们的社会存在决定人们的意识。客观事物本身具有结构要素及其规律性,文章的结构不过是客观事物的结构及其规律性在文章中的反映。文章是对人类社会实践及认知活动的记录、呈现和艺术表达,因而必须符合人类认知活动的基本规律。

张志公先生在《怎样锻炼思路》一文中认为，文章结构最首要的是作者的思路——思考问题的路线、途径——问题，"作者的思路是他对客观事物怎样观察、理解、认识的反映。思路不是凭空产生的，而是以客观事物为基础的。客观事物反映在作者头脑里，经过观察、理解、认识的过程，形成了他对这样事物的印象、看法、态度或感情，把这些印象、看法、态度或感情理出个头绪来，就是所谓思路"①。著名作家孙犁先生说："作品的结构不单是一个形式问题，也是内容的问题。因为一篇作品既是描写一个事件，那事件本身就具备一个进行的规律，一个存在的模式。作者抓住这个规律，写出这个规律，使它鲜明，便是作品的基本结构。"所谓"事件行进的规律"和"存在的模式"，就是人类社会实践活动的历史展开，以及在此基础上形成"思想、观念、意识"的辩证过程。"现实的从事活动的人"是社会实践的主体，人物是故事的动力，人类的欲望和需求推动故事的发展，并决定故事的发展走向。因此，非虚构叙事作品通常会从一个充满欲望的人物开始，他努力克服成功道路上的各种障碍，想方设法实现自己的欲望。这就是故事的结构，可以表述为"主人公遭遇困境—想方设法解决困境—困境被克服、欲望实现"的叙事模式，这个结构符合人类活动的基本规律，也符合思维运动的基本规律：发现问题—分析问题—解决问题。

结构安排的第二个原则是服从文本内容的表现需要。文章结构不单是一个形式问题，也是内容的问题。结构安排与思想内容是服从与被服从的关系，二者相互依存、融为一体，形式与内容不可分割。刘勰在《文心雕龙·附会》一章开篇就说："何谓'附会'？谓总文理，统首尾，定与夺，合涯际，弥纶一篇，使杂而不越者也。若筑室之须基构，裁衣之待缝缉矣。"②"附会"就是"附着会合"，其义有二：一是"会义"，即把文意

---

① 张志公：《怎样锻炼思路》，刘锡庆等编《写作论谭》，中央广播电视大学出版社，1983，第111页。

② 龙必锟译注：《文心雕龙全译》，贵州人民出版社，1996，第506页。

会合成一个整体;二是"附辞",即使文辞附着于文意,就是总括文章的义理主题,统一文章的首尾结构,决定材料的取舍,组合衔接文章章节之间的边际,弥合众词贯穿文意,成为一篇完整的文章,使丰富复杂的内容不互相逾越而造成混乱,其作用好比建筑房屋必须有基本结构,裁制衣服要缝合一样。

结构安排的第三个原则是严谨周密。好的文章结构是作者"匠心独运"的产物,给人以严丝合缝、浑然一体的美感;各个环节之间的起承转合细致紧密,有严密的逻辑性。亚里士多德在讨论戏剧结构时强调结构的"完整"性,所谓"完整"是指一件事情有头、有中段,有尾。朱光潜先生用兵家的"常山蛇阵"来类比文章的布局,"常山蛇阵"的特点是击首则尾应,击尾则首应,击腹则首尾应,一个艺术品必须为完整的有机体,必须是一件有生命的东西。有生命的东西第一须有头有尾有中段,第二是头尾和中段各在必然的地位,第三是有一股生气贯注于全体,某一部分受影响,其余各部分不能麻木不仁。一个好的阵形应如此,一篇好的文章布局也应如此。

报告文学作家何建明非常注意经营作品的结构,使之既体现事物本身的内在联系和客观规律,又服务于主旨表达的需要,呈现严谨、自然、完整、统一的美学特征。如:2005年出版的《落泪是金》是何建明关于贫困大学生的报告文学。作品由四部分构成,依次是:失泪大学城、生存自救歌、感受阳光与热爱、希望工程咏叹。逻辑思路是:呈现问题(失泪大学城)——解决问题(生存自救歌、感受阳光与热爱)——反思及展望(希望工程咏叹)。整部作品结构严谨周密、自然从容,韵味深长。2018出版的《那山,那水》则采取了移步换景、散点透视的结构方式,全方位、多角度呈现浙江安吉余村在习近平总书记"两山理论"指导下,走绿色发展之路、建设美丽乡村的当代故事。2011年出版的《国家》则娴熟运用平行蒙太奇和交叉蒙太奇结构,叙事焦点在中外广阔的时空中自由切换:平行蒙太奇使多条线索同时展开,增加叙事容量;交叉蒙太奇则是渲染气氛、烘托情感的绝佳手段。总之,何建明报告文学的结构是灵活多变的,但万变不离其宗,那就是:寻找最利于主旨表达需要的结构,为整部作品搭建坚实的总体框架,形成有机的叙事整体。

第二节 结构的常见方式

叙事性作品结构安排的方式主要有两种:线性叙事结构和非线性叙事结构。

一、线性叙事结构

所谓线性叙事结构,通常由"开端—发展—高潮—结尾"这四部分组成,按照现实性、时序性、因果性逻辑来组织安排人物、动作和情节。线性叙事是一种经典叙事结构,它注重故事情节的完整性,时间空间的统一性,情节的因果性和叙事的连贯性,观众易于理解接受。从叙事的时间向度来看,线性叙事又有顺叙式、倒叙式两种结构类型。

顺叙式结构类型,按照事件发展的自然时序来构建文章框架和行文脉络。

序幕:交代有关背景。

开端:叙述事件的开始或缘起。

发展:叙述事件的持续推进。

高潮:叙述事件的发展的高峰状态。

结尾:叙述事件的结局和尾声。

按照事件发展的自然时序来构建文章框架和行文脉络,是顺叙式结构的典型特征,叙事条理清晰,段落与段落循序渐进,层次与层次之间环环相扣。随着叙事进程的推进,人物形象逐渐生动鲜明,文章的主旨意蕴逐渐凸显和深化。

倒叙式结构类型:

开头:事件的结局或最关键环节、精彩片段、动人场景。

开端:叙述事件的开始或缘起。

发展:叙述事件的持续推进。

高潮:叙述事件的发展的高峰状态。

倒叙式结构类型将事件的结局或事件中最突出的片段提到文章的开始部分,然后再依照事件发展自然进程来进行叙述的一种结构模式。采用这结构模式,既能使文章结构富有变化,避免平铺直叙,又可制造悬念,激起读者追根溯源的兴趣,形成引人入胜的艺术效果;倒叙式结构主要有三种表现形式:一是结局提前,后述过程。在文章的开头部分先把事情的结果写出来,然后再返过来叙述事情发生的原因以及发展的经过,这样有利于揭示事物的本质和深化作品的主题。二是精彩先置,光彩照人。这种形式的倒叙,不把结局提前,而是把某一个很动人的场面、很精彩的片段,或者把事情发展过程中最关键的环节提到文章开头,使文章开篇即先声夺人、光彩照人。三是引发回忆,由此及彼。这种形式的倒叙,先写眼前的事情,由此及彼,引起回忆,追叙往事。

顺叙式结构与倒叙式结构两种结构方式各有优长,究竟选择哪一种,取决于文章主旨的表达需要,也与作者的写作风格及能力有关。但无论是顺叙式结构还是倒叙式结构,在行文过程中,往往会用到插叙和补叙。插叙是在叙述主要情节或中心事件的过程中,为了帮助展开情节或刻画人物,暂时中断叙述线索,插入与主要情节相关的另一故事片段或事件的叙述方法。插叙时,可以直接插入,也可以通过人物的心理活动等进行插入(回忆性插入)。运用"回忆式插叙",可以使文章内容更加丰富,整个表达充满曲折性,使人物个性更加鲜明,人物形象表现得更丰满。运用插叙要注意几点:一是插叙的内容与文章的主要情节或中心思想要密切相关,不得脱节,或节外生枝。二是插入片段时,必须有相关的词语提示,以免读者感觉莫名其妙,衔接不自然。三是忌频繁插入,造成文章头绪紊乱。四是插入叙述完后要回到原来的叙述线索或内容上来,继续叙述中心事件,切忌喧宾夺主。

补叙文章根据内容表达的需要,要对前面所写的人或事作一些简短的补充交待。补叙通常是中心事件的有机组成部分,文章的关键之处。没有补叙,故事情节上就可能出现漏洞,令人不解。补叙使文章结构完整,有助于更好地表达主题,使叙事跌宕起伏、一波三折,同时,补叙也有助于突出人物形象。如:《水浒传》第十六回《智取生辰纲》一节,叙述在黄泥岗松林内七个贩枣的客商劫走了生辰纲。看到这里,读者自然生疑:同一桶酒,贩枣客商喝得,为什么杨志等人就喝不得?这时,作者不慌不忙地交代了吴用、晁盖等七人的姓名,并介绍了使用障眼法、当面吃酒以瓢下药的经过。这样,通过补叙使得事件真相大白。由此可见,补叙实际上是在叙述时,故意"藏"去若干片断,到后面适当的地方再把这些片断"亮"出来,使读者恍然大悟。通过这一"藏"一"亮",造成叙事的波澜,也体现了吴用、晁盖等人的足智多谋。

插叙与补叙的根本区别在于:插叙插入的是基本事件之外的有关情况,去掉它并不影响事件本身的完整性;补叙补入的则是基本事件发展之中的有机环节,去掉它会影响事件本身的完整性。此外,补叙可以在篇中,也可以在篇末,而插叙只能在篇中,不能在篇末。

著名报告文学作家李春雷的作品《朋友》书写的习近平总书记与著名作家贾大山的真挚友谊,作品总体上采取顺叙式结构,在明确的时间进程中和关键性的时间节点上,叙述二人从相识—相交—相知到最后的依依惜别,细腻呈现君子之交淡如水的深厚情谊,展现二人高尚、纯粹的精神风骨。但这只是作品的叙事主体、主线,为了使作品的内容更加丰富,主旨更加突出,意蕴更加丰厚,行文过程中还有大量插叙和补叙。如文章开篇写1982年3月习近平与贾大山的第一次见面。关于这次见面的地点,坊间流传多种说法。为弄清事实,作者曾多方考证,"得到的事实是,当天晚饭后,习近平请李满天陪同,一起去寻访大山。先是去家里,不遇,后又赶往其供职的县文化馆"。读者一定好奇:李满天何许人也?为何是他陪同?于是作者补叙道:

"李满天不是他人,正是经典歌剧《白毛女》故事的第一位记录整理者,时任中国作协河北分会主席,在正定县体验生活,是大山无话不谈的好朋友。"

再如,文章的另一个重要段落写的是1982年12月23日下午,习近平电话约贾大山见面,这次见面至关重要。他们以酒助兴,相谈甚欢,贾大山借着酒兴,大谈自己对正定古城文物保护的"施政纲领",与习近平一拍即合。文章写道:

这时,近平果断地说:"好,就让你当局长!"

大山惊呆了。

非党人士贾大山,从文化局下属的文化馆副馆长,连升三级,直接上任文化局局长。正定历史上,这是绝无仅有的!不仅他本人"惊呆"了,读者也难免疑惑:文化局长的任命这么随意吗?当然不是,紧接着有段补叙:

原来,针对文化局的乱象,作为县委分管领导,近平一直在暗暗地寻找和选择。正定作为一座历史名城,无论对内还是对外,文化系统都需要一位硬邦邦的领军人物。考虑多日,他和主管文教工作的副县长何玉想法形成一致:最合适的人选只能是贾大山。大山成熟稳健,刚直正派,不仅善写小说,而且也很有行政能力,最关键的是他对文化事业有着近乎痴迷的热爱。但大山不是党员,无意仕途。不过,经过这么多次的深入交往,他对大山的个性又是了解的。于是,在多方征求意见并与主要领导沟通后,在常委会上,他提议大山担任文化局局长,并获得了通过。那天晚上,他就是前来通报的。

这段补叙不仅交代了任命贾大山为文化局长的来龙去脉和前因后果,更重要的是,体现了习近平对文化事业的长久关注和深刻思考,在选人用人上既唯才是举、不拘一格又深思熟虑、严谨周密。

在叙事主线之外,这篇文章还有大量插叙,如关于正定古城的历史沿革、贾大山的身世经历、文学成就、二人相似的知青岁月、相异的阅读兴趣等等,而以下三段插叙则尤为感人:

习近平在《忆大山》一文中记录了当时的情景:"虽然第一次见面,但我们却像多年不见的朋友,有说不完的话题,表不尽的情谊。临别时……我劝他留步,他像没听见似的。就这样边走边说,竟一直把我送到机关门口。"

关于这一次离别,大山后来从未提起。倒是在近平的笔下,有一段清楚的记载:"……那个晚上,我们相约相聚,进行了最后一次长谈。临分手时,俩人都流下了激动的泪水,依依别情,难以言状。"

近平后来写道:"我坐在他的床头,不时说上几句安慰的话,尽管这种语言已显得是那样的苍白和无力……为了他能得以适度的平静和休息,我只好起身与他挥泪告别。临走,我告诉他,抽时间我一定再到正定去看他。"

这三段插叙分别写在二人的初次见面、依依惜别、习近平探望贾大山病情之后,且都出自习近平回忆贾大山的文章,情真意切、真挚感人。这些插叙不仅极大地充实了作品的内容,使文章的主旨更加突出,意蕴更加丰厚。《朋友》讴歌的不仅是一代伟人和著名作家之间心心相惜、体恤挂念、相互理解尊重、关心支持的真挚情谊,达到了君子之交的至高境界,更体现了温暖、纯粹的人性美和人情美。

从叙事线索来看,线性叙事可以分为单线线性叙事和复线线性叙事两种类型。沿着单一情节线索连续叙事就是单线线性叙事结构。单线线性叙事删繁就简,叙事简洁明了,线索清晰,结构完整,重点突出。如《战国策·燕策三》中的"荆轲刺秦王"一节就是典型的单线线性叙事:围绕"荆轲刺秦王"这一核心事件,按照"开端—发展—高潮—结局—尾声"这一经典叙事模式展开叙事,"准备—诀别—行刺—失败—惨死"五个关键情节依次推进、环环相扣、跌宕起伏,叙事线索清晰明了,叙事节奏紧张激烈,核心人物形象鲜明突出。

如果叙述内容涉及面广泛复杂,单线叙事无法清晰呈现事件的多重面向,就需要采用有两条或两条以上的情节线索交替展开叙事,这种叙事结构就是复线线性叙事结构。这种叙事结构的两条或两条以上的情节线索之间彼此关联、相互掣肘,高潮阶段交汇融合。如《史记·项羽本纪》中的"鸿门宴"一节,事件涉及项羽、刘邦双方,叙事进程在项羽、刘邦两方交替进行,两股势力在宴会上短兵相接、明争暗斗、杀机四伏。而在司马光的《资治通鉴·赤壁之战》中,事件涉及曹魏、孙吴、蜀汉即曹操、孙权、刘备三方,叙事进程在三方之间交替展开,意在表现各方在政治、军事上的优劣及战前准备情况,尤其是孙刘联合、谋划抗曹的过程和细节,展现得非常充分,是叙事的重点和焦点,而对曹操一方的叙事则非常简略,如"曹操自江陵将顺江东下""是时曹操遗权书曰:'近著奉辞伐罪,旌麾南指,刘琮束手。今治水军八十万众,方与将军会猎于吴。'""时操军众已有疾疫,初一交战,操军不利,引次江北。""时操军兼以饥疫,死者太半。操乃留征南将军曹仁、横野将军徐晃守江陵,折冲将军乐进守襄阳,引军北还。"寥寥数语表现曹操挥师南下、遗书孙权、赤壁兵败的全过程,备而不烦,简明扼要。遗书孙权的傲慢和兵败赤壁的狼狈形成鲜明对比,既突出了曹操刚愎自用的性格特征,也暗示了骄兵必败的历史必然。由此可见,复线线性叙事在叙事进程通常并不平均用力,而是根据主旨表达的需要合理进行详略安排、主次分配和轻重取舍。

二、非线性叙事结构

非线性叙事结构情况比较复杂,包括时空交错、主题并置、对话式复调等多种结构类型。

时空交错:是指同一时间不同空间或同一空间不同时间的情节线索相互交织、缠绕、对比,从而打破叙事时空的单一性,展示世界的丰富、复杂、博大、宏远。

主题并置:几个故事互不相关,仅仅通过暗含的主题相连接。观众需集中注意力,通过对几个故事的比较分析得出共同的主题。著名作家李迪的报告文学《十八洞村的十八个故事》选取十八洞村在脱贫奔小康的奋斗中具有代表性的十八个家庭的故事,每一个故事的主人公的人生经历、脱贫经历都各不相同,都有自己的酸甜苦辣和坎坷艰辛,但十八个故事都紧紧围绕精准扶贫、自强不息的时代主题,汇成一曲改变命运、迈向全面小康的壮丽凯歌,向世界生动讲述了世界反贫困领域具有标志性意义的生动中国故事。再如:红色经典报告文学《谁是最可爱的人》,作家魏巍选择了松骨峰战斗、战士烈火中勇救朝鲜人民、志愿军战士吃雪充饥无怨无悔三个故事,三个故事彼此独立,但故事的主角都是志愿军战士,三个故事从不同角度共同表达一个主题:志愿军战士是最可爱的人,他们保家卫国、浴血奋战,他们坚定英勇、坚强乐观;对敌人同仇敌忾,对祖国和朝鲜人民心怀大爱。

　　对话式复调:不同的讲述者关于同一事件的不同讲述,通常采用第一人称多重内聚焦视角,每个讲述者讲述的是自己所见、所感、所闻的部分,这些众声喧哗的讲述或相互质疑、拆解、否定、辨析,或相互印证、支持、补充、拓展,在此过程中,事件的真相或本质可能如抽丝剥茧一般,逐渐浮出水面,也可能始终云遮雾罩、难见真容。前者是为了帮助读者获得真相和对事件的全面认知,后者则是为了引导读者深度思考,形成自己的判断和认识。白俄罗斯作家阿列克谢耶维奇的非虚构作品多采用这种结构方式。如在《我不知道说些什么关于死亡还是爱情》中,该书是关于切尔诺贝利核灾难的纪实访谈。作家在《后记》中说:"三年来,我四处旅行,在人群里访问;包括在核电厂工作的工人,科学家,前共党官僚,医生,士兵,直升机驾驶员,矿工,难民,迁居的人们。他们都有着不同的命运、职业和个性,但是切尔诺贝利却是他们生命里共同的重心。这些人不过是平凡人,却必须面临最艰难的问题。"上百位被采访者的讲述以独白方式原生态呈现,每个人讲述着自己所经历的核难,忠实记录了核难中每个亲历者的生命和死亡,每一页都是奇异而残忍的故事,这些典型的故事分别传达出不同的声音:愤怒、恐惧、无知、艰苦、英勇、同情和爱。

◎ 问题思考与写作训练

1. 线性叙事常见的结构方式有哪几种？各有什么特征？
2. 非线性叙事常见的结构方式有哪几中？各有什么特征？
3. 认真阅读《选择与安排》（作者：朱光潜）和《怎样锻炼思路——谈文章的结构》（作者：张志公），把握这两篇文章的核心观点，体悟文章结构安排的基本要求和方法。
4. 认阅读李春雷的报告文学《朋友——习近平与贾大山交往纪事》，分析作品的结构方式及其艺术功能。

阅读材料1：

选择与安排

朱光潜

在作文运思时，最重要而且最艰苦的工作不在搜寻材料，而在有了材料之后，将它们加以选择和安排，这就等于说，给它们一个完整有生命的形式。材料只是生糙的钢铁，选择与安排才能显出艺术的锤炼刻划。就生糙的材料说，世间可想到可说出的话在大体上都已经从前人想过说过；然而后来人却不能因此就不去想不去说，因为每个人有他的特殊生活情境与经验，所想所说的虽大体上仍是那样的话，而想与说的方式却各不相同。变迁了形式，就变迁了内容。所以他所想所说尽管在表面上是老生常谈，而实际上却可以是一种新鲜的作品，如果选择与安排给了它一个新的形式，新的生命。"袅袅兮秋风，洞庭波兮木叶下"在大体上和"菡菡香销翠叶残，西风愁起绿波间"表现同样的情致，而各有各的佳妙处，所以我们不能说后者对于前者是重复或是抄袭。莎士比亚写过夏洛克以后，许多作家接着写过同样典型的守财奴（莫里哀的阿尔巴贡和巴尔扎克的葛朗台是著例），也还是一样入情入理。材料尽管大致相同，每个作家有他不同的选择与安排，这就是说，有他的独到的艺术手腕，所以仍可以有他的特殊的艺术成就。

最好的文章，像英国小说家斯威夫特所说的，须用"最好的字句在最好的层次"。找到好的字句要靠选择，找最好的层次要靠安排。其实这两桩工作在人生各方面都很重要，立身处世到处都用得着，一切成功和失败的枢纽都在此。在战争中我常注意用兵，觉得它和作文的诀窍完全相同。善将兵的人都知道兵在精不在多。精兵一人可以抵得许多人用，疲癃残疾和没有训练、没有纪律的兵愈多愈不易调动，反而成为累赘或障碍。一篇文章中每一个意思或字句就是一个兵，你在调用之前，须加一番检阅，不能作战的，须一律淘汰，只留下精锐，让他们各站各的岗位，各发挥各的效能。排定岗就是摆阵势，在文章上叫做"布局"。调兵布阵时，步、骑、炮、工、辎须有联络照顾，将、校、尉、士、卒须按部就班，全战线的中坚与侧翼，前锋与后备，必须有条不紊。虽是精锐，如果摆布不周密，纪律不严明，那也就成为乌合之众，打不来胜仗。文章的布局也就是种阵势，每一段就是一个队伍，摆在最得力的地位才可以发挥最大的效用。

文章的通病总不外两种，不知选择和不知安排。第一部是选择。斯蒂文森说：文学是"裁剪的艺术"。裁剪就是选择的消极方面。有选择就必有排弃，有割爱。在兴酣采烈时，我们往往觉得自己所想到的意思样样都好，尤其是费过苦心得来的，要把它一笔勾销，似未免可惜。所以割爱是大难事，它需要客观的冷静，尤其需要谨严的自我批评。不知选择大半由于思想的懒惰和虚荣心所生的错觉。遇到一个题目来，不肯朝深一层想，只浮光掠影地凑合一些实在是肤浅陈腐而自以为新奇的意思，就把它们和盘托出。我常看大学生的论文，把一个题目所有的话都一五一十地说出来，每一点都约略提及，可是没有一点说得透彻，甚至前后重复或自相矛盾。如果有几个人同做一个题目，说的话和那话说出来的形式都大半彼此相同，看起来只觉得"天下乌鸦一般黑"。这种文章如何能说服读者或感动读者？这里我们可以再用兵打比譬，用兵致胜的要诀在占领要塞，击破主力。要塞既下，主力既破，其余一切就望风披靡，不攻自下。古人所以有"射人先射马,擒贼先擒王"的说法。如果虚耗兵力于无战略性的地点,等到自己的实力消耗尽了,敌人的要塞和主力还屹然未动,那还能希望打什么胜仗;做文章不能切中要害,错误正与此相同。在艺术和在自然一样,最有效的方式常是最经济的方式,浪费不仅是亏损而且也是伤害。与其用有限的力量于十件事上而不能把任何一件事做得好,不如以同样的力量集中在一件事上,把它做得斩钉截铁。做文章也是如此。世间没有说得完的话,你想把它说完,只见得你愚蠢;你没有理由可说人人都说话,除非你比旁人说得好,而这却不是把所有的话都说完所能办到的。每篇文章必有一个主旨,你须把着重点完全摆在这个主旨上,在这上面鞭辟入里,渲染尽致,使你所写的事理情感成一个世界,突出于其他一切世界之上,像浮雕突出于石面一样。读者看到,马上就可以得到一个强有力的印象,不由得他不受说服和感动。这就是选择,这就是攻坚破锐。

我们最好拿戏剧、小说来说明选择的道理。戏剧和小说都描写人和事。人和事的错综关系向来极繁复,一个人和许多人有因缘,一件事和许多事有联络,如果把这种关系辗转追溯下去,可以推演到无穷。一部戏剧或小说只在这无穷的人事关系中割出一个片段来,使它成为一个独立自足的世界,许多在其他方面虽有关系而在所写的一方面无大关系的事事物物,都须斩断撒开。我们在谈劫生辰纲的梁山泊好汉,生辰纲所要送到的那个豪贵场合也许值得描写,而我们却不能去管。谁不想知道哈姆雷特在威登堡的留学生活,但是我们现在只谈他的家庭悲剧,时间和空间的限制都不许我们搬到威登堡去看一看。再就划定的小范围来说,一种小说或戏剧须取一个主要角色或主要故事做中心,其余的人物故事穿插,须能烘托这主角的性格或理清这主要故事的线索,适可而止,多插一个或一件事就显得臃肿繁芜。再就一个角色或一个故事的细节来说,那是数不尽的,你必须有选择,而选择某一细节,必须有它典型性,选了它其余无数细节就都可不言而喻。悭吝人到处悭吝,吴敬梓在《儒林外史》里写严监生只挑选他临死时看见油灯里有两茎灯芯不闭眼一事。《红楼梦》对于妙玉着笔最少,而她那一副既冷僻又不忘情的心里却令我们一见不忘。刘姥姥吃过的茶杯她叫人掷去,却将自己用的绿玉斗斟茶给宝玉;宝玉做寿,众姊妹闹得欢天喜地,她一人枯坐参禅,却暗地递一张粉红笺的贺贴。寥寥数笔,把一个性格,一种情境,写得活灵活现。在这些地方多加玩索,我们就可悟出选择的道理。

选择之外,第二件事就是安排,就是摆阵势。兵家有所谓"常山蛇阵",它的特点是"击首则尾应,击尾则首应,击腹则首尾俱应"。亚里斯多德在《诗学》里论戏剧结构说它要完整,于是替"完整"一词下了一个貌似平凡而实精深的定义:"我所谓完整是指一件事物有头,有中段,有尾。头无须有任何事物在前面笼盖着,而后面却必须有事物承接着。中段要前面既有事物笼盖着,后面又有事物承接着。尾须有事物在前面笼盖着,却不须有事物在后面承接着。"这与"常山蛇阵"的定义其实是一样。用近代语言来说,一个艺术品必须为完整的有机体,必须是一件有生命的东西。有生命的东西第一须有头有尾有中段,第二是头尾和中段各在必然的地位,第三是有一股生气贯注于全体,某一部分受影响,其余各部分不能麻木不仁。一个好的阵形应如此,一篇好的文章布局也应如此。一段话如果丢去仍于全文无害,那段话就是赘疣,一段话如果搬动位置仍于全文无害,那篇文章的布局就欠斟酌。布局愈松懈,文章的活力就愈薄弱。

从前中国文人讲文章义法,常把布局当作呆板的形式来谈,例如全篇局势须有起承转合,脉络须有起伏呼应,声调须有抑扬顿挫,命意须有正反侧,如作字画,有阴阳向背。这话固然也有它们的道理,不过它们是由分析作品得来的,离开作品而空谈义法,就不免等于纸上谈兵。我们想懂得布局的诀窍,最好是自己分析完美的作品;同时,自己在写作时,多费苦心衡量斟酌,最好的分析材料是西方戏剧杰作,因为它们的结构通常都极严密。习作戏剧也是学布局的最好方法,因为戏剧须把动作表现于有限时间与有限空间之中,如果起伏呼应不紧凑,就不能集中观众的兴趣,产生紧张的情绪。我加史部要籍如《左传》《史记》之类在布局上

大半也特别讲究,值得细心体会。一篇完美的作品,如果细细分析,在结构上必具备下面的两个要件:

第一是层次清楚。文学像德国学者莱辛所说的,因为用在时间上承续的语文为媒介,最沿着一条线绵延下去。如果同时有许多事态线索,我们不能把它们同时摆在一个平面上,如同图画上许多事物平列并存;我们必须把它们在时间上分先后,说完一点,再接着说另一点,如此生长下去。这许多要说的话,谁说在先,谁说在后,须有一个层次。层次清楚,才有上文所说的头尾和中段。文章起头最难,因为起头是选定出发点,以后层出不穷的意思都由这出发点顺次生发出来,如幼芽生发出根叶。文章有生发才能成为完整的有机体。所谓"生发",是上文意思生发下文意思,上文有所生发,下文才有所承接。文章的"不通"有多种,最厉害的是上气不接下气,上段一句的意思没有交代清楚就搁起,下段下句的意思没有伏根就突然出现。顺着意思的自然生长脉络必有衔接,不致有脱节断气的毛病,而且意思可以融贯,不致有前后矛盾的毛病。打自已的耳光,是文章最大的弱点。章实斋在韩退之《送孟东野序》里挑出过一个很好的例。上文说"凡物不得其平则鸣",下文接着说"伊尹鸣商,周公鸣周",伊尹、周公并非不得其平。这是自相矛盾,下文意思不是从上文意思很逻辑地生发出来。意思互相生发,就能互相呼应,也就能以类相聚,不相杂乱。杂乱有两种:一是应该在前一段说的话遗漏着不说,到后来一段不很相称的地方勉强插进去;一是在上文已说过的话到下文再重复说一遍。这些毛病的根由都在思想疏懈。思想如果谨严,条理自然缜密。

第二是轻重分明。文章不仅要分层次,尤其要分轻重。轻重犹如图画的阴阳光影,一则可以避免单调,起抑扬顿挫之致;二则轻重相形,重者愈显得重,可以产生较强的效果。一部戏剧或小说如果不分宾主,群龙无首,必定显得零乱芜杂。一篇说理文如果有五六层意思都平铺并重,它一定平滑无力,不能说服读者。艺术的特征是完整,完与整是相因的,整一才能完美。在许多意思并存时,想产生整一印象,它们必须轻重分明。文章无论长短，一篇须有一篇的主旨，一段须有一段的主旨。主旨是纲，由主旨生发出来的意思是目。纲必须能领目，目必须附丽于纲，尊卑就序，然后全体自能统一。"譬如北辰居其所而众星拱之"。一篇文章的主旨应有这种气象，众星也要分大小远近。主旨是着重点，有如照相找影的焦点，其余所有意思都附在周围，渐远渐淡。在文章中显出轻重通常不外两种办法：第一是在层次上显出。同是一个意思，摆的地位不同，所生的效果也就不同。不过我们不能指定某一地位是天然的着重点。起头有时可以成为着重点，因为它笼盖全篇，对读者可以生"先入为主"的效果；收尾通常不能不着重，虎头蛇尾是文章的大忌讳，作家往往一层深入一层地掘下去，不断地引起读者的好奇心，使他不能不读到终了，到终了主旨才见分晓，故事才告结束，谜语才露谜底。中段承上启下，也可以成为着重点，戏剧的顶点大半落在中段，可以为证。一个地位能否成为着重点，全看作者渲染烘托的技巧如何，我们不能定出法但是可以分析名著（尤其是叙事文）中探得几分消息。其次轻重可以在篇幅分量上显出。就普遍情形说，意思重要，篇幅应占多；意思不重要，篇幅应占少。这不仅是为着题旨醒豁，也是要在比例匀称上显出一点波澜节奏，如同图画上的阴阳。轻重倒置在任何艺术作品中都是毛病。不过这也不能一概而论，名手立论或叙事，往往在四面渲染烘托，到了主旨所在，有如画龙点睛把而轻描淡写地掠过去，不多着笔墨。

  从上面的话看来，我们可以知道文章有一定的理，没有一定的法。所以我们只略谈原理，不像一般文法修辞书籍，在义法上多加剖析。"大匠能诲人以规矩，不能使人巧。"知道文章作法，不一定就做出好文章。艺术的基本原则是寓变化于整齐，整齐易说，变化则全靠心灵的妙运，这是所谓"神而明之，存乎其人"了。

  （文章来源：《朱光潜美学文学论文选集》，湖南人民出版社1980年版）

阅读材料2：

怎样锻炼思路——谈文章的结构

张志公

文章的构成有三个方面：一是思想内容，一是结构组织，一是遣词造句。这三个方面不能互相代替，然而密切相关，文章就是这三个方面的统一体。思想内容是主要的，可是它必须靠严密的结构组织和正确恰当的词句表现出来。

这里谈谈结构组织是非常重要的。一篇文章，无论思想内容多好，无论词句多么优美，必须全篇组织得好。一层一层、一段一段，安排得清清楚楚，有条不紊，该详的详，该略的略。前前后后，联系得紧密，照顾得周到。没有前后脱节的地方，没有丢三拉四的情形，没有拖泥带水的毛病，人家读了才能得到清晰明确的印象。常见有些青年同志写的文章，意思不能说不好，有的并且很好，词句方面有点小毛小病的，总还通顺。就是整篇组织得不好，不清楚，不严密，结果让人读着感到吃力，一遍看下来，还不能把他的意思搞明白。这样的文章，往往达不到写作的目的，至少要打很大的折扣。

文章的结构决定于文章的内容。为什么这篇文章分三段，那篇文章分五段；为什么先说这层意思，后说那层意思，这些，都是文章的内容决定的。

从作者写作的角度说，要想明确自己所写的内容，进而根据内容的需要安排好文章的结构，主要得从两个方面着眼。

首先是思路。作者的思路是他对客观事物怎样观察、理解、认识的反映。思路不是凭空产生的，而是以客观事物为基础的。客观事物反映在作者头脑里，经过观察、理解、认识的过程，形成了他对这样事物的印象、看法、态度或感情。把这些印象、看法、态度或感情理出个头绪来，就是所谓思路。人总是根据思路来结构文章的。因而，文章的结构组织是否清晰严密,就表明作者的思路是否清晰严密。而思路是否清晰严密,又表明他对所写的客观事物是否形成了鲜明的印象、看法、态度或感情。

所以,要文章的结构好,必须求之于思路。要思路清晰严密,必须善于观察事物,能够理解和认识事物。只有从锻炼观察能力和理解、认识的能力入手,才能培养起既活泼而又严密的思路;只有培养起这样的思路,写文章才会有好的结构。

写一棵树,如果你对这棵树的形状、构造、生长发育、性质作用都不知道,或者知道得不清楚,这篇文章将如何写法呢?先写什么后写什么呢?一切都将无法下手。勉强写些话出来,必然前言不搭后语,使读的人也摸不着头脑。这还谈什么结构组织?写一件事,如果你对这件事的前因、后果、发展、演变、作用、意义,都搞不清楚,所知既然模糊,文章又将何从组织?总之,自己不明白,就无法使读者明白。

其次,安排结构还同文章的性质、对象和目的有关。文章总是写给特定的对象看,为了解决特定的问题的。文章里的材料怎样安排,各个部分怎样组织,要看文章是写给谁的,是为什么写的。比方,某处有一件重要的事情,你去调查了一下,回来之后把那件事情写下来,向领导报告。这该怎么写法?当然只有原原本本把事情的经过从头至尾地写出来,用不着什么"倒叙""插叙"那些办法。如果想把这件事情写成个通讯报道,在报刊上发表,写法就许不同一些,可能先把结果写出来,然后再回过头去写事情的发生和经过,中间也许要补充一点跟这件事情有关的情况,以便一般读者能够了解得清楚一些,并且也要考虑到怎样安排才能引起读者的注意,使他乐于读下去。倘若拿这件事情作素材,写成一个短篇小说,写法就会更不一样。写自己对某个问题的看法,也要看写给谁和为什么而写来考虑文章的结构——是写给有关的个别同志看,还是写出来发表?如果发表,是在哪里发表?给哪些读者看?是着重发表自己的意见,还是着重批评一种相反的、错误的意见?虽然谈的是同一个问题,由于对象和目的的不同,文章里先说什么,后说什么,怎样提出问题,怎样得出结论.也就是说,文章的结构组织怎样安排,也会有种种不同。

所以，要文章的结构好，除了先决地求之于思路的清晰严密之外，还要把写作的对象和目的明确起来。不能为结构而结构。结构是为写文章的目的服务的。

（文章来源：语文网 https://yuwen.chazidian.com/xiangxi-204977/）

阅读材料3：

朋友——习近平与贾大山交往纪事

李春雷

农历癸巳年末，河北作家康志刚在其博客上贴发了中共中央总书记习近平于1998年发表的一篇悼念文章《忆大山》，记述了一段尘封的往事，情真意切，感人肺腑。文章经《光明日报》等多家报刊转载后，引起国人强烈关注。腊月二十三，我赶到正定，拜访了几位当事人。旧事重温，感慨良多……

1982年3月，习近平到正定县任职后，登门拜访的第一个人就是贾大山。

但是，两人的初次见面并不顺利。

关于这次见面的地点和人员，坊间流传多种说法：有说是在大山家里，有说是在其办公室，有说他正在与众文友聊天，还有文章明言在座者只是李满天。

采访中，笔者曾多方考证，得到的事实是：当天晚饭后，习近平请李满天陪同，一起去寻访大山。先是去家里，不遇，后又赶往其供职的县文化馆。

李满天不是他人，正是经典歌剧《白毛女》故事的第一位记录整理者，时任中国作协河北分会主席，在正定县体验生活，是大山无话不谈的好朋友。

彼时，大山正在办公室里与几个文友讨论作品。他当过老师、编剧、导演和演员,博闻强记,口才极佳。那是一个文学的年代,到处是文学青年,到处是文学论坛。他的屋内,更是常常访客盈门。

李满天是常客了,不必客套,而习近平穿着一件褪色的绿军装,虽然态度谦恭,满脸微笑,但毕竟年轻啊,像一名普通的退伍兵,又像一个青涩的文学青年。或许正是因此,当两人进来的时候,谈兴正浓的大山就没有停止他的演说。

近平悄悄地坐下来,静心地听,耐心地等。

等了一会儿,趁大山喝水的间歇,李满天上前介绍。大山这才明白,面前这位高高大大、清清瘦瘦的青年,就是新来的县委副书记。

接下来,贾大山的反应让习近平印象深刻。2009年7月号出版的期刊《散文百家》,整理发表了习近平2005年回正定考察时的录音:"我记得刚见到贾大山同志,大山同志扭头一转就说:'来了个嘴上没毛的管我们!'"尽管这话是大山对着满天压低声音说的。

我们实在无法臆想当时的场景,抑或大山的语气和表情。但可以肯定的是,此时的贾大山还不到40岁,已获得全国大奖,作品收入中学课本,声名正隆,风头日盛,加之天生淡泊清高的性格,面对这个比自己年轻十多岁的陌生的县领导,有一些自负是可以想象的,也是可以理解的。

但是,习近平并没有介意,依然笑容满面。

现场的空气似乎停滞了一下。但不一会儿,气氛就重新活跃起来。主人和客人,已经握手言欢了。

习近平在《忆大山》一文中记录了当时的情景:"虽然第一次见面,但我们却像多年不见的朋友,有说不完的话题,表不尽的情谊。临别时……我劝他留步,他像没听见似的。就这样边走边说,竟一直把我送到机关门口。"

那是一个早春的晚上,空气中飘浮着寒意,也一定弥漫着芳香。因为,所有的花蕾,已经含苞待放了……

正定古称常山、真定,春秋时期为鲜虞国。秦立三十六郡,常山有其一。自汉至宋元,真定始终居于冀中南龙首之位,与北京、保定并称"北方三雄镇"。明清至民初,包括石家庄在内的周围14个州县,皆属正定府辖区。

正定城墙周长24华里,设四座城门。每座城门均用青条石铺基、大城砖拱券,并设里城、瓮城和月城三道城垣。这种格局十分鲜见,足以说明正定作为京南屏障的特殊地位。高大的城圈内,有九楼四塔八大寺,更有着众多的商铺、戏院、酒肆和茶楼。"花花正定府,锦绣洛阳城",此之谓也。

古城正定,敦厚、传统且深邃,像一株繁茂的大槐树,绽放着细密的叶芽和花穗,散发着浓郁的清香和氧气。

贾大山1942年7月生于古城西南街,祖上经营一家食品杂货店铺,家境小富。说起来,他的出世颇具传奇。父母连着生产八个姑娘,直到第九胎,才诞下这个男丁。他从小备受宠爱,吃、穿、玩、乐悉听尊便。他喜欢京剧,爱唱老生,还能翻跟头,拿大顶。他更爱好文学,中学期间便开始发表作品。

高中毕业后,因为出身历史等原因,大山未能走进大学。他先是去石灰窑充当壮工,后又被下放农村。

正是这种特殊的人生际遇,他熟悉了市井文化和农村文化。这两种文化交融发酵,蒸腾升华,促使他成为一名作家。1977年,他发表短篇小说《取经》,震动文坛,并在首届全国优秀短篇小说评奖中折桂,成为河北省在"文革"之后摘取中国文学最高奖的第一人。无限风光,一时无两。

大山身材中等,体魄壮实。关于他的面貌,他的朋友铁凝曾经有过一段精准的描述:"面若重枣,嘴阔眉黑,留着整齐的寸头。一双洞察世事的眼:狭长的,明亮的,似是一种有重量的光在里面流动,这便是人们经常形容的那种'犀利'吧。"

贾大山,的确是一位奇才。

他的创作习惯也迥异常人:打腹稿。构思受孕后,便开始苦思冥想,一枝一叶,一蘖一苞,苞满生蕚,蕚中有蕊,日益丰盈。初步成熟后,他便邀集知己好友,集思广益。众人坐定,只见他微闭双目,启动双唇,从开篇第一句话,到末尾最后一字,包括标点符号,全部背诵出来,恰似京剧的念白。他的记忆,犹如一个清晰的电脑屏幕。朋友提出意见后,他仍在腹内修改。几天后,再次咏诵。

三番五次之后,落笔上纸,字字珠玑,一词不易,即可面世。

几天后的一个晚上,贾大山走进了习近平办公室。

关于他们相约的方式和过程,我专门采访当年的县委办公室副主任朱博华和王志敏。他们告诉我,那时没有别的通讯手段,是近平打电话到文化馆,与大山约定的。

县委大院在古城中心,坐北朝南,历史上即是正定府衙所在。走过门口的两棵老槐树,在过去正堂的位置,是一座主体建筑——穿堂式组合瓦房。瓦房的北面,是两条甬道,甬道中间和两侧,共有三路五排平房,灰砖蓝瓦,南北开窗。近平的办公室兼宿舍,就在西路最前排的东段。

只有一间屋子,两条板凳支起一个床铺,一张三屉桌,两把砖红色椅子,一个暖瓶,一盏灯泡。没有书架,成群的书们,或躺在桌面上,或站在窗台上。屋内最醒目的物品,是窗台上的两尊仿制唐三彩:一峰骆驼和一匹骏马,那是北京朋友赠送的纪念品。

坐下之后,他们认真地互通了年庚。大山属马,近平属蛇。大山年长11岁,自是兄长了。

然后,开始一边喝茶抽烟,一边聊天。茶是那种最普通的花茶,烟呢?名曰"荷花",每包1角5分钱。聊天的内容由远及近,先是古往今来,国外国内,后来便集中于正定的历史和现实。

他们的确有着那么多的相似啊。都曾因家庭问题而下乡:"文革"开始后,年少的近平受父亲冤案的牵连,挨过批斗,受过关押,到陕北农村插队时,他还不满16岁;大山也是因为出身商人之家,被打入另册,1964年即被迁出县城。都在农村里风雨磨砺:那些年,近平种地、拉煤、打坝、挑粪,什么累活脏活儿都干过,窑洞里跳蚤多多,他被咬得浑身水泡;大山一年四季干粗活儿,秋后种麦拉石砘,两个肩膀红肿如绛。他们又都在磨砺中收获成果:为了拓广农田面积,寒冬农闲时节,近平带领乡亲们修筑淤地坝,他还组织村里铁匠成立铁业社,增加集体收入,后来,他被群众推举为大队党支部书记;大山在村里担任宣传员,自编自演了多部小戏,不仅搞活了小村的文化生活,还多次获得河北省和华北地区文艺汇演一等奖。

最让人称奇的是,他们的知青岁月,竟然都是七年。

对现实问题,他们也有着惊人的相同看法。比如对正定"高产穷县"的剖析,对如何修复和整理正定文物,对社会上某些不正之风……

两人分手时,已经凌晨三点了。

县委大院已经关闭,门卫的窗户漆黑漆黑。大门两侧是两个高大威武的砖垛,中间是两扇铁门。铁门下部是生硬的厚板,上部是空格的栏杆,足有两米高。

两人面面相觑。夜半天寒,实在不忍打扰熟睡的门卫。

这时,近平蹲下身去,示意大山上去。大山不知所措,却又别无选择,只得手把栏杆,小心翼翼地踩上肩膀。近平缓缓地站起来,像是一台坚实的起重机,托起了大山。大山练过功夫,身手矫健,双手一撑,噌地一下,便翻越而过……

两人相视一笑,隔门道别。

以后的日子里,每隔一段时间就要约见一次。有时是在近平办公室,多数是在大山家里。

晚饭过后,近平安步当车,款款而来。

走出县委大院,沿府前街南行,路东是常山影剧院和百货商店,路西则是一些小商铺、酱菜厂和服装厂。府前街尽头是中山路,西北拐角处便是大山家世代经营店铺的原址。西行20余米,路南是文化馆、印刷厂和建筑公司,北侧则是各种杂货门市和住户。走到育才街,向南300米,左边一个低矮的门楼,便是贾府了。

大山老宅是一个东西狭长的院子,院内有一棵大槐树。夏天到了,槐花如雪,满院馨香。

近平见过大山爱人,颔首,微笑,称一声"嫂子"。

嫂子和大山便把客人迎进北屋。这是大山夫妇的卧室兼会客室,只有十平方米。里面有一床、一柜、一桌、一对沙发和一张茶几。

宾主落座,女主人在茶杯中注满开水后,便到隔壁孩子房间休息去了。

总是有着说不完的话题。

大山是地道的正定通,对家乡历史的来龙去脉,每一座塔,每一尊佛都了如指掌。初来乍到的近平,在不长时间内也能对本土文化说古论今、谈笑自若,着实让他刮目相看。大山二十多年来潜心钻研戏曲、文学等,但没有想到的是,近平对这些领域的阅读和思考同样广泛深入,很多见解令人耳目一新。大山年届不惑,历经坎坷,对社会人生深有体悟。然而,比自己年幼十多岁的近平,很多看法竟然不谋而合。大山对近平的尊重之情油然而生,总喜欢同近平交流,也非常看重近平的意见和见解。

当然,他们也有着诸多差异。

近平看书多且杂,更侧重于政治、哲学和经济,而大山尤专注于文学、史学和佛学;对于现实,近平是一个积极者,即使身处逆境,前途迷茫,他也始终乐观,胸怀梦想。当时,知识青年"返城热"余波未了,城市青年"出国热"高潮渐起,别人都在想方设法地回城或出国,他却主动申请回到农村去,从基层干起。而大山则是一个逍遥派,淡泊名利,无心仕途。他上学时未入团,上班后未入党。省作家协会多次调他去省城工作,他坚决不去,专门为他举办了一次作品研讨会,他居然没有出席。

但大山毕竟是一名作家,职业特点就是关注现实,解剖现实。他得奖的《取经》《花市》等作品,就是以政治视角描写基层干部和普通农民。对这座县城,这个国家,这个民族,他有着深深的热爱和关注,心如烈火燃烧,眼似灯盏明亮。

所以,在根本上,他们又是相同的。

同与不同,相互沟通,互通不同,通而后同。

这样的聊天,不知不觉就到了午夜两三点钟。

为什么总是这么晚呢?他们都是"文革"的过来人,开会到凌晨是家常便饭,而且当时也没有别的娱乐形式,读书,或与好友聊天是知识分子最好的消夜方式了。最关键的,还是他们心意相通,志趣相投,言之有味,言之有物,相守难舍。

出门后,大山会执意相送。于是,他们便接续着刚才的话题,一路边走边聊,直到县委门口。如果大门关闭,大山会自然地蹲下去。这时,近平也不再客气,踩上肩膀,轻手轻脚地翻越过去……

关于他们聊天的日期,我也常常疑问。近平身为县委领导,每天工作繁忙,而且又是嗜睡的年龄。他们相约深谈的时间,是否多在周六晚上?因为只有这样,他才能利用第二天的休息日(当时每周只休星期一天),补充睡眠。

我曾就此询问时任副县长的何玉女士,她说这属于私人交往,工作日志没有记载。而大山夫人则说,大山没有日记,具体日期无法查询,但他们俩人的熬夜是功夫,经常彻夜不眠,聊到天明。

这期间,正是近平最忙碌的时候。他马不停蹄地奔走于各个公社和大队之间,以最快速度熟悉着县情。

县委有两辆吉普车,他很少乘坐。他总是骑着自行车,穿梭于滹沱河两岸。从河北到河南,是一片大沙滩,常常需要扛着自行车前行。

老干部张五普回忆说:"那时我在西兆通公社任书记,他一个人来调研,骑一辆旧自行车,下自行车就和我握手。我问,'习书记怎么你自己来了,你认得路啊?'习书记用衣袖擦一擦满头大汗,说,'打听,我打听着就来了。'"

这一年,习近平办成了一件最令正定人振奋的大事。

正定县是全国闻名的农业高产县,却又是有苦难言的"高产穷县"。多年来,国家规定每年上缴征购粮7600万斤,每亩平均负担200多斤。由于征购任务过重,很多老百姓口粮不继,不得不到外地购买红薯干度日。习近平了解这些情况后,无比痛心。可要摘掉"高产县"的帽子,无疑是自曝其丑,虽然能够减轻老百姓的负担,县委有关领导却有可能"犯错误"。

是坐等中央调整政策,还是主动向上呼吁?

县委主要领导考虑到习近平刚来工作,不愿让他出面,担心会对他造成不利影响。可习近平说:"实事求是向上级反映问题是我党的优良传统,你们不用担心。"于是,他和另一位县委副书记吕玉兰一起,多次跑省进京,向上级部门如实反映正定人民的生活状况和现实困难。

1982年初夏,国务院终于派出调查组。这一年秋后,上级决定把正定粮食征购任务减少2800万斤。

这是一件影响正定历史的大事,为正定农业结构的调整和未来的大发展,奠定了坚实的基础。

在他分抓的领域,更是事必躬亲,脚踏实地。

县委门口的两株古槐,花开花落,几多春秋,大家熟视无睹。有一次在文化局参加座谈会,近平问槐树是什么年代的。众口无语。他提出请林业专家鉴定。结果竟然是元末明初,是这个古城里年龄最大的植物。于是,围上铁栏,写明文字,加以保护。

城里有一家玉华鞋店,是土地革命时期中共在正定县成立的第一个秘密工人党支部,他指示修缮保护。

"岸下惨案"是1937年10月日军侵占正定时发生的一起屠杀事件。近平请人挖掘整理,开辟成爱国主义教育基地,并亲自审定纪念碑碑文……

1982年12月23日下午,近平打来电话,约大山见面。

"好啊。但是,今天你就不要去机关食堂了,在我家吃晚饭吧。"大山说。交往就要一年了,近平还从来没有在家里吃过一顿饭,作为地主,大山总是自责呢。邀请过几次,他总是笑笑说,君子之交淡如水,我们每次都喝茶水,已经够奢侈了,何必要喝酒呢。今天,大山再次提出了这个请求。

近平怔了一下，居然答应了。

那天晚上，大山准备了几个精致的小菜：雪里蕻炒肉、莲藕片、花生米和凉调菜心。主食呢，就是涮羊肉。没有专用火锅，把铝盆放在蜂窝炉上，权当涮器。虽然器具简陋，但材料却不含糊：麻酱、韭花、蒜末、香菜、酱豆腐一应俱全。

近平如约而至。陪同者仍然是李满天。

炭火红红，蒸气腾腾，几杯小酒下肚，话题也热烈起来，不知不觉就聊到了县文化局。文化局下属剧团、新华书店、文化馆、文保所等七家单位，三四百人，大都是知识分子和演员，情况复杂，矛盾重重。最主要的是，正定有九处国家级文物，这在全国各县中也是屈指可数的，却长久失修，没有发挥应有的作用。

李满天半开玩笑地问："大山，如果让你当局长，能收拾这个摊子吗？"

大山从小与这个圈子打交道，现在又是文化馆的副馆长，自然深知其中矛盾根蒂，于是，借着酒兴，脱口而出："当然可以，只要给我权力，让我说话算数。"接着，便豪情万丈地谈起了自己的"施政纲领"。

这时，近平果断地说："好，就让你当局长！"

大山惊呆了。

原来，针对文化局的乱象，作为县委分管领导，近平一直在暗暗地寻找和选择。正定作为一座历史名城，无论对内还是对外，文化系统都需要一位硬邦邦的领军人物。考虑多日，他和主管文教工作的副县长何玉想法形成一致：最合适的人选只能是贾大山。大山成熟稳健，刚直正派，不仅善写小说，而且也很有行政能力，最关键的是他对文化事业有着近乎痴迷的热爱。但大山不是党员，无意仕途。不过，经过这么多次的深入交往，他对大山的个性又是了解的。于是，在多方征求意见并与主要领导沟通后，在常委会上，他提议大山担任文化局局长，并获得了通过。那天晚上，他就是前来通报的。

近平说："你不能只是自己写小说，还要为正定的文化事业作贡献啊,而且要把你的好作风、好思想带到干部队伍中。"

大山难以置信:"可是,我不是党员啊。"那个年代,党外人士在县里担任领导干部,而且是部门正职,是不可想象的。

近平说:"你不用担心,组织已经有了安排。"

原来,县委常委会已经形成决议:文化局由局长主持全面工作。

第二天上午,非党人士贾大山,从文化局下属的文化馆副馆长,连升三级,直接上任文化局局长。

正定历史上,这是绝无仅有的!

习近平在《忆大山》一文中,全面评价了贾大山此后几年的工作:"上任伊始,他就下基层、访群众、查问题、定制度,几个月下来,便把原来比较混乱的文化系统整治得井井有条。在任期间,大山为正定文化事业的发展和古文物的研究、保护、维修、发掘、抢救,竭尽了自己的全力。常山影剧院、新华书店、电影院等文化设施的兴建和修复,隆兴寺大悲阁、天宁寺凌霄塔、开元寺钟楼、临济寺澄灵塔、广惠寺华塔、县文庙大成殿的修复,无不浸透着他辛劳奔走的汗水。"

士为知己者死。大山是一个文化人,却又是一个血性汉子。

在这里,且讲述几个细节。

常山影剧院,被称为正定的"人民大会堂",县里重大会议都在此举行。但这座新中国成立之前的木结构建筑,已成危房。近平提议重新建造。为了保证质量,为了保证工期,大山毅然决然地把铺盖搬到工地,日夜监工,虽然他的家就在千米之内。

正定隆兴寺是闻名世界的宋代大型寺院,更是一处国宝级文物。但由于年代久远,破破烂烂。若要全面修复,需要资金3000万。如此巨大的投资,是当时全国文物系统除了布达拉宫项目之外的第二大工程。为此,近平频频出面邀请国内权威专家前来考察评估,而大山则奔走于京城、省城和县城之间,往返数十趟,直累得心力交瘁,胃肠溃疡。他蜷卧在吉普车后座上,牙关紧咬,冷汗直流。由于长期出差在外,药罐只得带在身边,白天跑工作,晚上熬中药。最后,终于得到上级部门大力支持,落实巨资。

这项浩大的工程,还需要征地60亩,拆迁60户。其中困难,可想而知。

经过千难万难,隆兴寺修复工程终于圆满完成。

至此,隆兴寺真正成为正定最鲜亮的文化名片!

春节期间,是别人最欢乐、最放松的时候,却正是他最紧张、最揪心的时刻。九处国保单位,全是砖木结构建筑,最易着火。每逢此时,他昼夜巡视,废寝忘食。别人劝他,他说:"祖宗的遗产,国家的宝物,我负责守护。出一点点问题,我就对不起正定,对不起县委,对不起习书记啊!"

……

正定的文化事业进入了新中国成立之后最辉煌的时期。

历史已经证明,贾大山用自己的聪明才智,按照自己的理想,为家乡的文化事业尽到了最大力量。虽然极其苦累,但也极其快活,极其酣畅。

不啻说,贾大山是那个时期全中国最得意、最幸福的文人!

……

这期间,近平升任县委书记,工作更忙了。但他仍然忙中偷闲,一如既往地和大山相约见面,夜聊。

春雨润青,夏日泼墨,秋草摇黄,冬雪飞白。岁月如歌,他们共同享受着友谊的芬芳……

1985年5月的一个午夜,大山已经休息。突然有人敲门,近平请他去一趟。

原来,近平要调走了,第二天早晨7时乘吉普车离开。白天交待工作,直忙到半夜,送走所有同事,才腾出时间约见老朋友。好在,这个时间,正是他们最畅快的时光。

关于这一次离别,大山后来从未提起。倒是在近平的笔下,有一段清楚的记载:"……那个晚上,我们相约相聚,进行了最后一次长谈。临分手时,俩人都流下了激动的泪水,依依别情,难以言状。"

两人分手时,正好又是凌晨三点。近平最后一次送他到县委门口,四目相对,心底万千话语,口中竟无一言。与往常不同的是,这一次,县委大门敞开着。

采访时,大山妻子告诉我,那天晚上,大山回来时,怀里抱着两尊唐三彩:一峰骆驼和一匹骏马。他一言不发,倒头便睡,直到第二天中午。起床后仍是呆呆地发愣。

妻子以为他病了,催他吃药。他摇摇头,慢慢地说一句:"习书记调走了。"

49岁那一年,大山辞去局长,功成身退,回归文坛。

这个时候,整个文学评论界惊奇地发现,他的小说已经发生了脱胎换骨的蜕变。"梦庄纪事"和"古城人物"系列数十篇短篇小说,微妙而又精确地发掘出文化和人性的敏感共通之处,禅意浓浓,芳香四溢……

大山已经完全醉心于文学。如果说早年的他曾有过文人孤傲的话,那么后期的他,则十足是佛面佛心了,慈眉善目,与世无争,笑看风云,其乐融融。

这其中,有一个细节让人惊叹:大山名闻遐迩,却从无一本著作出版。那些年,文学市场清凉。虽然出版界和企业界不少朋友主动提出帮助,但他笑笑说,不要麻烦你们了,还是顺其自然吧。

贾大山,肯定是当时全中国惟一没有出版过任何图书的著名作家!

他的书房里,悬挂着两句自题诗:小径容我静,大路任人忙。

近平在南方的工作越来越繁重了,但他没有忘记正定,没有忘记大山。每遇故人,都要捎来问候。每年春节,都要寄来贺卡。

但大山却鲜有回应。他知道,他的年轻的朋友,肩上有着太多太多的担负。除了满心的祝愿和祝福,他不忍心有任何打扰。

1995年底,大山不幸患染绝症,近平十分挂念。1996年5月,他听说大山在北京治疗,便特意委托同事前往探视。春节之前,近平借去北京开会之机,专门去医院看望。近平后来写道:"我坐在他的床头,不时说上几句安慰的话,尽管这种语言已显得是那样的苍白和无力……为了他能得以适度的平静和休息,我只好起身与他挥泪告别。临走,我告诉他,抽时间我一定再到正定去看他。"

近平没有食言。仅仅十多天过后,1997年2月9日,正是大年初三,他专程赶到正定。在那个他们无数次晤谈的小屋里,两人又见面了。

还是那张桌子,那个茶几,那一对沙发。只是眼前的大山,枯槁羸弱,目光暗淡,再也没有了当年的红光满面和言辞铿锵。

近平强作笑颜,佯装轻松,提议合影。大山说,我这么难看,就不要照像了吧。话虽这样说,他还是努力地坐起来,倚靠在被垛上,挺直身子。近平赶紧凑过去。

11天后,大山走了。

这是大山在人世间的最后一张留影。陪同他的,是他的朋友,他的好朋友。

癸巳年末,我去正定采访。

大山的家里,一切依旧,还是三十年前的模样。当年的房屋,当年的木床,当年的书桌,当年的茶几。坐在那里,凝视时空,如幻如梦。恍恍惚惚中,我仿佛看到了当年的影子,隐隐约约里,我似乎听到了那时的笑声。惟有那两尊唐三彩骆驼和骏马,依然新鲜如初,精神而挺拔地伫立着,伫立在时光的流影里,相互顾盼,心照不宣,像一对永恒的朋友……

哦,朋友,朋友,两心如月,冰清玉洁,肝胆相照,辉映你我。

人物简介:

贾大山,河北正定人,作家。生前任正定县文化馆馆员、正定县文化局局长、河北省政协常委、河北省作家协会副主席。作品有《取经》《花市》等,其中《取经》曾获全国优秀短篇小说奖。

(文章来源:中国作家网 http://www.chinawriter.com.cn)

第五章 非虚构写作的叙事方式与作者介入

非虚构写作是建立在真实基础上的写作,它要求作者通过"在场"和"行动"获取写作材料,在此基础上,讲述真人真事。叙事是非虚构写作的重要职能和文体特征。那么,非虚构写作的叙事方式有哪些?与虚构写作相比,非虚构写作的叙事方式有何特别之处?作者以怎样的方式介入叙事进程?不同介入方式有怎样的艺术功能?会产生什么样的艺术效果?本章将对这些问题进行探讨。

第一节 非虚构写作的叙事方式

非虚构写作是建立在真实基础上的写作,叙事是非虚构写作的重要职能和文体特征。何谓叙事?就是按照一定的次序讲述一个真实或虚构的事件,即把相关事件通过一定的话语方式组织成一个前后连贯的事件系列。简言之,叙事就是以合适的形式叙述事件或故事。每一个叙事都包含两方面:事件/故事与话语/形式,也就是"讲什么"与"怎么讲","讲什么"是故事或事件的原材料,属于文章的内容层面;"怎么讲"是以什么样的叙事话语或叙述方式对事件进行呈现和讲述,属于文章的形式层面,内容和形式相辅相成、不可分割。同一事件,叙事话语或讲述方式不同,可以形成不同甚至迥异的叙事效果。那么,非虚构写作的常见叙事方式有哪些?与虚构写作相比,非虚构写作的叙事方式有何特别之处?

比较常见的非虚构写作叙事方式主要有三种:

一、口述实录体叙事方式

所谓口述实录体叙事方式,叙述者即作家放弃了自己讲述的权力,把自己置于记录者的地位,让受访者自己发声、自己讲述。作者将受访者的声音原汁原味地呈现在文本中,通过受访者极具地方性、个性化的真实讲述,充分还原客观现实。这种叙事方式大大缩短了讲述者与读者、文字表达的内容与客观真实之间的距离,从而最大限度地体现非虚构写作的真实性。

口述实录文学最早出现在美国。60年代中期,美国一些作家崇尚写实、拒绝虚构,在作品中努力保留生活的原汁原味。电子技术的日益发达为他们的写作提供了便利,他们在采访中广泛使用录音设备,于是,口述实录文学应运而生。1970年,美国作家劳伦斯·桑德斯出版了《安德逊录音带》,这部根据原始录音整理成的著作受到了广泛关注。美国作家斯特兹·特克尔的作品几乎都采用口述实录的形式,1972年,他出版了口述实录作品《美国人谈美国》。1980年,他在录音访问300人的基础上,将100人的口述故事整理结集,书名是《美国梦寻》,这部作品出版后成为畅销书,是口述实录文学具有世界影响的代表作。

在中国古代典籍中,《论语》具有鲜明的口述实录体特征。20世纪80年代中期以后,伴随着报告文学、纪实文学的兴盛,口述实录体叙事方式亦受到创作者青睐。较早采用口述实录体创作并产生广泛影响的作品是张辛欣和桑晔的《北京人——一百个普通人的自述》、冯骥才的《一百个人的十年》以及周同宾的《皇天后土》等作品,这些作品具备了鲜明的时代气息和文化品格,也构建了口述实录体叙事文学的独特形式。口述实录体叙事方式具有以下特征:

1. 作者的"缺席"与"在场"

在口述实录体叙事方式中,作者既是"缺席"的又是"在场"的。一方面,作者放弃了讲述的权力,把自己置于记录者、倾听者的地位,在文本中让采访对象自己发声、自己讲述,作者尽可能原汁原味地呈现被采访者的话语原貌,"只做记录剪辑,不做塑造粉饰",[①]最大限度实现了非虚构写作对真实的追求。如梁鸿的作品《中国在梁庄》选择了口述实录体

---

① 周同宾:《皇天后土》,漓江出版社,1996,第3页。

的叙事形式来记录中国农民当下的生存现状。每一小节都讲述了一个人或一个家庭的生活故事,有向作者诉苦的梁庄村支书韩治景:"农村这事儿,会整的还轻松点,不会整的,累死了都没人承情。还有就是抓信访,也难死人了。他告哩对了,咱们管哩;有些眼瞅是瞎告、胡告,也得领回来,回来还得当爷敬,下回他还去。"①这显然是个心存不满但又无可奈何的村干部形象;离职多年的小学民办教师梁万明是个有见解的梁庄人,面对梁庄小学变成养猪场的现状,他感慨:"唉,你说路过小学啥心情?心里都不美,村里大人每天去镇上接送学生,人都快够死了,农民又不是上下班,正在锄地,锄扔了都得去接。"②

表面上看,在这样的叙事之中,讲述人一直是受访者,作者不用自己的话语讲述,也不对人物和事件作判断、发议论,不显示自己的判断、观点和倾向性,但作者仍以另外一种形式"在场"。第一,把握实录文体的总体构思,如话题的确立、谈话的发起和制动、话语的走向等等,控制人肯定是作者;多个讲述人话语的集成者,也是作者。第二,作者具有对实录文本的选择和删减权,通常情况下,作者不会把全部采访内容原封不动地搬进作品中,而是要进行选择和精简。第三,作者对讲述人语言的局部润色。"往往见面十几人,只有一两人说出了有用的话。"因此,在口述实录文学中,作者表面上看好像是缺席的,可他又始终是"在场"的。

2. 普通民众成为主角

创作者把口述者的人群定位于社会上的普通民众,倾听他们的生活感受,书写他们的故事。也正是这种选择,使得以口述实录体叙事方式为主的非虚构写作保留了讲述人极富个性色彩的言辞和口吻,满溢着日常生活的酸甜苦辣涩,那些成为口述实录体文学主角的,几乎清一色是"小人物"。《皇天后土——99 个农民说人生》,是散文作家周同宾在八十年代末开始写作的系列篇目集结,他的采访对象较为单一——脸朝黄土背朝天的农民。周同宾让农民用自己的语言、思维方式说出自己最原

---

① 梁鸿:《梁庄》,《人民文学》2010 年第 9 期。
② 梁鸿:《梁庄》:《人民文学》2010 年第 9 期。

生的生活和生存状态。《皇天后土》分为三辑:在"悠悠岁月"中,农民们讲述的是生存的艰难;在"苍茫大地"中,农民们抒发的是与土地无法割舍的深情;在"芸芸众生"中,农民们诉说的是对命运的抗争或屈从的阅历。作者很注意对采访对象的选择,99个农民有不同的生活道路、不同的理想追求,有不同的性格、不同的口吻,个个鲜活、呼之欲出。他们有迷惘,有愤恨,但他们归根结底还是很有信心地走在自己的生活道路上,苦也罢,累也罢,心中坦然。特别可贵的是,作者实录下来的,"必是真心话,正确与否,准确与否,倒在其次"①。因此,书中不仅有代表着时代精神的话语,也有跟时代精神格格不入的声音。如《黄蛇》中的阎四,恪守着越穷越光荣的思想,不思进取,却诅咒已经致富了的邻居。《世道》中的耿世臣,怀念当年做贫农、斗地主、当干部的日子,对耿四保的发家致富满腹忌恨。作者对此只作记录,并无褒贬,是是非非,任由读者自己判断。正如作者所言:"旧的与新的,传统的与现代的,在他们身上,既矛盾,又统一。他们是这个时期的标本和证明。"②周同宾的愿望是"把形形色色的农民,一个一个写下来,为当代做个记录,为后世留下挡案"③。张辛欣、桑晔笔下的主角们全是老百姓。作者采访了各行各业的人物,并进行了周密的择取,无论是农民还是返城知青,无论是待业青年还是大学生,作者都保留了讲述人极富个性色彩的言辞和口吻,令读者印象深刻。一百个普通的中国人自述自己有关"文革"、改革和日常生活的故事。他们来自不同地域、不同文化层次,有着各自不同的职业和生活,有改革者和新形象,也有"文革"的忆旧者,有古朴的农民也有新兴的万元户主,有青年人的生活,也有女人的情感故事……定位在"普通人"的《北京人》,无论自述者陈述的是何种生存状态,整体呈现的却是一种昂扬和新生的姿态,有着浓厚的本土韵味。冯骥才的《一百个人的十年》,只采访普通老百姓,他要面对那些默默无闻的百姓和忍气吞声的芸芸众生。

---

① 孙春旻:《倾听百姓话语——周同宾和他的〈皇天后土〉》,《当代文坛》2000年第3期。
② 孙春旻:《倾听百姓话语——周同宾和他的〈皇天后土〉》,《当代文坛》2000年第3期。
③ 孙春旻:《倾听百姓话语——周同宾和他的〈皇天后土〉》,《当代文坛》2000年第3期。

冯骥才说:"一个作家应该有平民意识,老百姓的生活才是本色生活。"①可见,在作家心中生长着的平民意识,让老百姓当主角,"讲述老百姓自己的故事",是以口述实录叙事方式为主的非虚构写作的一大特色。

3. 直接个体对应式话语方式

以口述实录体叙事方式为主的非虚构写作中,在讲述者(受访者)和作者(采访者)之间形成了直接而明确的个体对应关系,因而形成了只有在这种对应关系中才存在的话语方式。这种话语的特点是真实、坦率、鲜活。作者一般有意删除自己的声音,只在正文之前加一个小序,将受访者的情况略作介绍、或对受访者作一个简单的人物素描。下面是《皇天后土·地主》中的文前小序:

王金龙,男,五十七岁。赤面,长身,宽肩,直背,剃了头,刮了脸,越发显不出老相。刚刚从水塘里捞出两捆沤好的麻,麻上沾满了淤泥。他蹲下剥麻,手上也沾满淤泥;剥下来的麻,顺手水中一涮,白亮如银丝。看见我去,忙让他孙子回家搬座儿,拿烟,提茶。说话高腔大调,声自丹田出,撞钟一样洪亮。

正文则是受访者王金龙的语言:

十年前,你找我说话,就要犯立场错误。那时候,除了我自己一家老小,没人理我。干部见我,不是训,就是骂。在俺村,我也是长辈,可没人叫我"爷""伯""叔",都叫我"老金龙"。娃娃们叫我"老地主",叫我女人"地主婆"。叫了三十年。只赵家老弟兄俩,叫我老四,我排行老四。他们家原来是我家的佃户,种我家的地,是贫农。我家没有亏待他们,真的。我这话,不反动吧?

村干部给你说了吧?我过去是地主分子,戴着"帽子"。

在正文中作者始终保持沉默,因而将自己确切地定位于受话人的角色。有时,作品中也难免留下一些作者问话的痕迹,必要时,作者还要加一点现场动作说明。以张辛欣、桑烨的《北京人·我·"瓶中的苍蝇"》中

---

① 李栋:《著名作家冯骥才说作家要有平民意识》,《大河文化报》199年4月29日。

的一段为例：

为什么说明年能找到工作呢？因为排队，国家要分期分批安排，明年肯定会轮到我们这批了。可是，我没毕业证书。只有"肄业三年毕业考试不合格"的证明，要不要我，难说。（一位姑娘邀请他——作者注）去，一边玩去，你没看见我们说正经事呢？（她看看他，骂了一句，走开了——作者注）你不知道，她不是好东西！叫学校开除了，南京就是这样，全是女的请男的跳舞，奇了他妈的怪了。我？我才不怕她呢！我和她那狗男人是兄弟。我学坏了，所以我不许我妹妹来玩，省得她也学坏。

作者完全引用受访者的话语，无法对现场的动作和声响等进行描述，连讲述者脸上的表情也不能描写刻画，这使叙事受到了很大的限制。因此，作者偶尔暴露出来提问的痕迹，以及插入现场情景说明实属无奈之举。这样做虽然影响了单声话语的纯净，但也不会对叙事产生太大的伤害。相反，借此还能获得逼真的现场感，强化作品的真实性。直接个体对应式话语是百分之百的随机性口语，在显示讲述者的个性方面很有优势。

4. 不定式内聚焦叙事视角

不定式内聚焦，是指故事情节通过不同的聚焦者的视角表现出来，存在叙述视角的转换。在梁鸿的《梁庄在中国》、孙惠芬的《生死十日谈》中，都采取第一人称亲历者视角和第三人称限制视角混合的聚焦形式。《梁庄在中国》的"算命者"一节中，作者先用第一人称亲历者的叙述视角，为读者描述了贤义家中的摆设，"黑红脸的祖师爷，拿柳枝净瓶的菩萨，圆脸团笑的财神爷，红脸长须的关云长"[①]。这样的房间摆设在梁鸿看来是有些不协调的，政治的、宗教的、巫术的、世俗的混搭风格显得有些乱七八糟，而房屋的主人贤义，显然是一副知识分子的形象和派头，他乐观、斯文、侃侃而谈却也含蓄内敛，贤义讲述起自己从事算命的精神体验和生活轨迹：

[①] 梁鸿：《梁庄在中国》，《人民文学》2012年第12期。

那些年我干了不下二十种活儿,啥罪都受过。最后身体也垮了。没办法,开始学《易经》。我做了很多读书笔记,自己学着画图,琢磨理解,慢慢有些收获。我一直在家里,没有上街摆摊。也收费,谁有钱,给一点,没钱免费看。其实我主要就是和人家聊天沟通,有点像心理学,心理疏通。我不想靠这个赚钱,按我的想法,生活要是过得去,我就专门搞研究①。

这种第三人称限制视角的叙述,无疑增强了故事的可信度和可读性。听完贤义的讲述,作者以第一人称视角毫无掩饰地做出评论,"说实话,我也只是尽力遮掩着我的猎奇之心和强烈的怪异之感,以一种看起来严肃的态度倾听贤义所说的一切。在心底深处,我是带着一种嘲讽、还有模糊的轻视来看贤义的"②。可是即便如此,贤义温暖、健康的小家都呈现出一种光明性和开放性,在梁鸿看来,贤义与他的姊妹不同,贤义身上没有那种奇怪的麻木,他关注着这个世界的发展与变迁。或许,对生活的理解与农民的身份没有本质性的关系,但是,却与生命个体的自我意识和社会意识的狭窄密切相关。

5."集束式"结构

在一部完整的以口述实录体为主的非虚构作品中,存在多篇独立成文的篇章,这些篇章一般都有独立的人物角色和故事情节,作者会根据一个中心话题或者某些共性特征将它们组成单元,这就是"集束式"的结构形式。斯特兹·特克尔的《美国梦寻》由 100 篇组成,100 篇中又分为 8 个单元;2017 年由中共中央党校出版社出版发行的《习近平七年知青岁月》是关于青年习近平梁家河七年知青岁月的系统采访,共 19 篇,访谈稿分为"知青说""村民说""各界说"三个部分。如果一篇一篇地单独抽取出来,它们中的多数都会显得过于单薄,但由一篇篇能够建构起表现意义价值的叙述集合成文,其价值和功能就会得到几何级的提升。"每个单篇会超越原有的局限,从其整体获得生命,成为一个有机的具有

---

① 梁鸿:《梁庄在中国》,《人民文学》2012 年第 12 期。
② 梁鸿:《梁庄在中国》,《人民文学》2012 年第 12 期。

自身功能的完整结构"①。

总之,口述实录体叙事方式有利于非虚构写作更好地接近真实,它饱含着文学表达的深广度和真切性,采取这种叙事方式的新世纪非虚构文学作品,一直以扎根吾国吾土、体察民情民愿、活现民族精神为创作追求,其价值不容忽视。

二、散文体叙事方式

散文体叙事方式在非虚构写作被广泛运用。散文是一种古老的、极具生命力和亲和力的文体形式,我们甚至可以说:一切不具有韵文那种规律性的格律单位的文章都是散文。"凡创作主体运用与自己相关的种种题材,直接将自我的个性、情怀、观点等,以散体文句在较短篇幅中自由而又艺术地表达出来,进行多重真实主体的情思互动,且试图传达或改变现实精神结构者,都是散文"②。题材广泛、写法自由、个性鲜明、文情并茂是现代散文的基本特征。20世纪90年代以后,散文走向了多样化、多元化。散文作者从多角度深入社会生活、深入人的内心世界,注重对社会、历史、文化、人生的研究和思考,视野开阔、内涵丰富、艺术手法灵活。根据散文的内容和表达方式,通常将散文分为叙事散文、写景散文、抒情散文和哲理散文四种类型。在这四种类型的散文中,非虚构写作与叙事散文的写作方式、文体特征最为接近,同时也吸纳了写景散文、抒情散文、哲理散文的艺术手法,将写人叙事与写景抒情、哲理阐释有机融合。但写人叙事始终是文本的主体,通过写人叙事反映人物的精神风貌、事件的发展、变化过程,进而揭示客观现实隐而不彰的本质,以及作者的思想观点、情感体验。在中国现当代文学史上,这样的优秀非虚构作品非常多。散文体叙事方式的基本特征主要有如下三点:

1.往往采用内聚焦的叙述视角。散文体叙事方式的非虚构写作大都采用固定式内聚焦叙述视角。所述事件往往通过一个聚焦者稳定的视点表现出来。"所谓内聚焦,是叙述者只叙述某个人知道的情况,即从

---

① 袁基亮:《关于"口述实录文学"的思考》,《当代文坛》1985年第12期。
② 喻大翔:《论散文的内涵与类型》,《海南师范学院学报》2002年第4期。

某个人的单一角度讲述故事。内聚焦叙述的作品往往采用第一人称叙述"①。

在梁鸿的《中国在梁庄》中,作者在文本中如实地呈现了"我"的存在,因为,唯有通过"我"的眼睛,才能够更深入地展示出"梁庄"在我们时代和历史中的存在真相。作品中描述"我"回到梁庄,看到故乡满目疮痍,发现故乡的留守儿童问题、河流污染的问题等等。黄灯的《我的二本学生》,对"二本学生"这个学生群体命运的关注,作品中所有细节,皆是由作者本人长期观察、访谈的结果。《冬牧场》中李娟跟随迁徙的羊群进入乌伦古河南面广阔的荒野处,用第一视角观察记录牧民最悄寂的冬季生活,真实而生动。同样,韩石山《既贱且辱此一生》,也以第一人称讲述自己苦读、上大学、经历"文革"等故事,命运跌宕起伏,扣人心弦。这些作品都是以"我"的眼光观察世界,极大地增强了作品的叙事魅力。

2. 注重典型情节、重要场景和典型细节的生动摹写与刻画,注重塑造生动鲜活的人物形象。贾平凹的《定西笔记》、慕容雪村的《中国,少了一味药》、李娟的《羊道》等作品所述内容都是作者的亲身经历。贾平凹一念既起,便收拾行囊行走定西;慕容雪村深入传销窝点,卧底二十余天,亲身经历传销者的生活;李娟跟随游牧家庭亲自体验逐水草而居的游牧生活……在这些作品中,"我"作为故事的见证者或参与者,不仅历经了故事的整个过程,而且熟悉其中的细节场景。李娟《羊道·春牧场》中对小男孩胡安西的人物描写极其传神。作者选取了他在日常生活中的劳动场景进行描摹:

> 卡西帕说"茶!"他立刻跳下花毡冲出门外,把支啦啦烧开、满满当当的茶壶从三脚架上拎下来——对于一个小孩子来说,这是多么危险的一件事啊,几公斤重的大家伙,稍微没拿稳就会浇一身的沸水。但卡西帕这么信任他,他一定感到极有面子。为了不办砸这件事,他相当慎重仔细:先把火堆扒开、熄灭,再四处寻快抹布垫着壶柄小心平稳地取下来,

---

① 童庆炳:《文学理论教程》(第5版),高等教育出版社,2015,第273页。

然后双手紧紧提着,叉开小短腿,半步半步地挪进毡房。①

俗话说农家的孩子早当家,生活在牧区的孩子早当家,六岁的胡安西同样具有小孩子普遍的天性,任性调皮、活泼好动,家里的大人也都愿意让着他,可是当他劳动的时候,亲人们丝毫不会因为因为他是孩子而娇惯放纵,做错事了,他也会不加辩解地接受批评,虽然在体力上胡安西与成年人差的很远,但是作为一名小小的劳动者,胡安西的态度还是出类拔萃的。新世纪以来,面对时代的竞争压力,不管是生活在城市里,还是生活在农村中,大部分孩子从小就被卷入起跑线上的残酷竞争中,然而,那些生活在贫困山区的孩子们,那些生活在草原深处的孩子们,却有着与城里同伴不一样的童年时光,他们没有机会体验繁重的课业压力,但却在力所能及的劳动中锻炼生活的本领。作家通过对日常生活的对话、劳动场景的细微如实描写,呈现了一个又一个生动鲜活的儿童形象。

3. 散文体叙事方式还有利于叙事者发表评论,表明情感立场、进行价值判断。叙述者"我"可以在读者能够接受的范围内,将叙事主题进行升华,引发读者的进一步思考。如在贾平凹《定西笔记》中,作者通过第一人称的叙事视角描绘了定西地区的风土民情,面对定西地区一些村子宝眷镇宅、土地神护院的行为,随行者嘲笑他们的愚昧,可是,在叙事者"我"看来,虽然这些行为只是一种仪式,但是有仪式就是好的:

"为什么要每天在天安门前升国旗?为什么一开大会首先要唱国歌?为什么生了小孩要过满月?为什么老人去世要七天祭祀?"②所以,作者认为,这种行为并不算愚昧,中国农村面对环境恶劣、物质贫乏、战乱频繁的苦难现状,之所以能够延续下去,并不仅仅是靠行政管理、金钱和法律,更要紧的还是人伦道德、宗教信仰。叙述者"我"的想法、判断与一连串的发问对读者的价值判断、情感走向起到了一定的引导和感染作用。

再如:慕容雪村《中国,少了一味药》,作者孤身一人潜入到传销组织

---

① 李娟:《羊道·春牧场》,《人民文学》2010年第11期。
② 贾平凹:《定西笔记》,《人民文学》2011年第5期。

内部,在二十三天的时间里,与传销人员同吃同住同行动,以此寻觅传销人员真实的日常生活以及被强制灌输思想的全过程。作者认为传销体现出了一种昏聩之恶,在他看来,当下的人们不缺理论,只缺常识。正是因为常识的缺失,那些头脑昏聩的人极易被光明的谎言所迷惑,最终演变为缺乏同情心的狂热,传销已然成为集体暴行的一种。类似的评论性文字体现了作者的深入思考,其强烈的思辨性和批判性更是起到了烛照现实、引领读者反思的作用。

总之,采取散文体叙事方式的非虚构文学作品,在固定式内聚焦叙述模式下,整体上呈现出细致的细节场景刻画、创作主体"在场"的叙事特色,既最大限度的抵达非虚构写作的真实性,又深化了文章的主旨意蕴,从而很好地实现了文学介入现实干预现实的社会功能。

三、史传体叙事方式

"史传作为纪实型叙事,意味着作者所叙述的事件是有指称的,即指向历史上的真实事件,而读者在接受时,也把它与历史上的真实事件联系在一起"①。史传体叙事方式兼具了历史性和文学性,本着尊重历史、真实客观的写作原则,作家们尽可能最大限度地满足人们对历史叙事的期待——权威、全面、客观、真实。所以,叙事者往往采用全知视角,挖掘与此有关的历史材料,讲述鲜为人知的历史故事,完成对历史的再现和重构。叙事不局限于人物、时间、地点等历史事件要素的简单交代,而是详细叙述整个事件的发展过程,形象地摹写、刻画历史细节,从而塑造出生动、立体的人物形象,当然,这些人物形象的塑造都是建立在详实史料的基础之上的。史传体非虚构作品容量大,视野宏阔,既可作纵横捭阖、高屋建瓴的宏观扫描,也可进行细致入微的精雕细刻。一般而言,宏大题材、重大事件、复杂表现对象,作家通常会采取这种叙事方式。史传体叙事方式的主要特征有以下三点:

1. 全知全能的叙事视角。史传体文学作品的叙述者通常是故事外

---

① 倪爱珍:《史传与中国文学叙事传统》,《中国比较文学》2014年第4期,第73页。

的叙述者,在叙事视角上,采用"零聚焦"叙事,即全知视角叙事,叙述者始终处于故事之外,像上帝一样对故事中的世界无所不知。叙事者可以根据文本表达的需要灵活安排材料,尽可能全面地还原历史真相,将叙述内容真实、全面、客观地呈现给读者。正如阿来所说:"从近年中国文学'非虚构'写作的实践来看,它们更接近纪实类文体所应达成的目标,戒除了借"文学"之名而出现的虚饰的、因占有材料不够充分而诉诸想像与虚构的流弊。非虚构文学更符合报告文学这种文体初创时的信念,更相信对正在发生的现实(当下)与曾经发生的现实(历史)中人和事的梳理,自有其雄辩与自然的力量——充满感情的,更是富于理性的。"[①]著名军旅作家王树增的长篇纪实作品《长征》是一部从宏观到微观全景式回顾长征的佳作。作家掌握了大量史料,以此为基础,按照长征的时间跨度与地域推进为基本架构,以文学氛围浓厚的笔法对长征中的人物、事件、重要场景加以描绘。

  书中人物既有毛泽东等高层领导,也有很多无名的普通人,讲述了长征这一伟大壮举中的许多感人小事,让读者通过丰富的细节更加亲近地去接触长征的历史。

  2. 笔触延展到社会历史肌理的深处和细部,具体到事件中的一个细节、一段场景,既有对重大事件和英雄人物的宏观记录,也有对小事件和普通人的微观呈现。南帆的《马江半小时》,就回到了马江之战的现场,在这场毫不起眼的战争中,发现了那些被人忽略的事物,并让人物变得鲜活起来。在写作中,作者把焦点集中在个体人物的遭遇和命运中,将历史通过个体呈现出来。作者很擅长寻找那些不引人注目的细节,通过各种史料"观察"事件中人物的一举一动,带领读者走进历史现场,近距离地感受、了解那段历史。南帆的这种书写方式让历史摆脱了宏大叙事,回到了细微之处,显出对生命个体的关注。如作品中统领马江战役的负责人张佩纶,多数人都认为是他自高自大、缺乏对战争局势的总体

[①] 阿来:《我对第六届鲁迅文学奖报告文学奖项的三个疑问》,《阿来研究》2015年第1期。

把握,才导致马江战败。确实,他的个人性格、处事方式等方面的缺陷是马江失利的因素之一,但作者却注意到他在马江之战中左右为难的境地。作品通过对马江战事的回溯,多方面挖掘和探索了张佩纶的境遇,作者凭着丰富的知识储备,通过资料搜集和带有节制性的想象,既保持了历史的严谨,又让那些曾经不被注意的情景细节变得鲜活。祝勇的《宝座》,将目光锁定于象征皇权的龙椅,对每一个与龙椅有着或多或少关系的人物详细讲述。宝座背后有皇权掌控者慈禧、光绪,有法国作家绿蒂、意大利电影导演贝托鲁奇,还有宝座下的臣子载漪、王懿荣等。宝座的遗失,意味着皇权的颠覆。绿蒂以其作家的身份,跟随着联军进入皇城,看到了一众茫然无措的嫔妃、宫女、太监以及一具具为捍卫皇权而亡的尸体,看到了联军搜刮财物,放恣庆祝的兴奋。这宝座不仅仅是一件古董,也与中西冲突中的世界秩序有关。作家绿蒂则以他的视角,记录着皇城被攻破时的场景,通过搜集大量资料,征引各种史料和文献,保证自己对历史讲述的真实与可靠,同时引导读者更加清晰全面的认识历史人物,呈现出那段不堪回首的历史的真实复杂面向。

3. 文学性与历史性的互相融通。史传体叙事方式是作者在占有详实的历史文献资料基础上,以文学的手法对历史发展脉络进行"还原"。冯骥才的《无路可逃》《凌汛》《激流中》《漩涡里》,这四部曲看上去是个人的自传或回忆录,但书中表达的却不仅仅是个人的辛酸荣辱,而是从一个知识分子的角度,通过主人公的亲身经历以及在此过程中的思考,表达出一个时代的特征。这四部曲是一部中国社会的思想史,从60年代的文化大革命、70年代末开始的改革开放、80年代的思想解放与知识分子启蒙、90年代商业化的兴起以及进入新世纪以来的中国转型,在作品中均有详细的记录。从他个人命运我们可以看到一个时代的风起云涌。冯骥才对过去50年的回顾,正是为了唤起一代代人对文化、历史的重视与自觉。《瞻对:一个两百年的康巴传奇》是阿来至今唯一一部真正意义上的非虚构历史作品,是阿来一次特殊的写作。2013年人民文学奖非虚构作品大奖授奖词称,《瞻对》"作者站在人类文明的高度去反思和重审历史,并在叙述中融入了文学的意蕴和情怀"。正如著名评论家李敬泽所言:"《瞻对》的价值,首先是历史的价值。它给我们提供的是一个关于文学作为一种认知方式,如何应对历史和现实的非常重要的范例。如果没有《瞻对》,阿来是一个非常好的、非常优秀的作家,但是有了《瞻对》,我觉得阿来证明了他是一个真正的大作家,是一个民族意义上的大作家。"

总之,史传体叙事方式非虚构写作,或者深入历史的肌质、或者以个体的经历回溯历史,以历史真实为核心生命力,还原真实的历史现场,打破了人们对历史事件或人物的单一认知,带给读者不一样的历史体验,在还原历史丰富复杂性的同时,于细枝末节处生发情思,表达作者对彼时历中的个人见解及当下的思考。

第二节 非虚构写作的作者介入

美国当代文学理论家艾布拉姆斯将叙述视角定义为:"叙述故事的方法———作者所采取的表现方式或观点,读者由此得知构成一部虚构小说的叙述里的人物、行动、情境和事件。"[1]叙述视角不同,作者介入叙事进程的程度、产生的叙事效果也有差异。在非虚构写作中,作者对文本的介入方式通常有三种:其一,作者退隐的零度叙事;其二,作者有限介入的限知叙事;其三,作者全面介入的全知叙事。

一、作者退隐的零度叙事

"零度写作"最早由法国文艺理论家、文学批评家以及结构主义符号学家罗兰·巴特在其著作《写作的零度》中提出,但"零度"一词并非罗兰·巴特首创,而是他从语言学的相关概念中所借用的一个术语。罗兰·巴特首先对语言结构和风格进行了概念上的区分:语言结构是一种作为"某一时代一切作家共同遵从的一套规定和习惯",它是时代的产

---

[1] Abrams M. H, A Glossary of Literary Tems, Philadelphia: Harcourt Brace College, 1999, P231。

物,与整个社会及其历史有着密切的联系。而风格是个人化的产物,"它是文学惯习的私人性部分,产生于作家神秘的内心深处"且"浸于个人封闭的回忆之中"。而"写作"则被罗兰·巴特放在独立于语言和风格之外的"第三维面"的位置上。他主张构成作家语言结构和风格的"都是盲目的力量",而写作应当是自由且独立的,需要摆脱二者的束缚。

在罗兰·巴特看来,"零度的写作根本上是一种直陈式的写作,或者说,非语式的写作。……这是一种新闻式的写作,如果说新闻写作一般来说未发展出祈愿式或命令式的形式的话"[1]。罗兰·巴特认为"零度写作"无需过度关心外部社会意识和历史使命,也不需要听从内部的价值取向和审美情感,它应像新闻一样,客观而又公正。所以"零度写作"的叙事姿态常常呈现出一种中性、白色的特点,"零度写作"是"一种毫不动心的写作,或者说一种纯洁的写作"[2]。"毫不动心"是指主体意识和情感不介入文本之中,"纯洁"是指消解了语言结构的社会性和神话性,所以"零度叙事"也表现出追求意识归零、情感归零和价值归零的特征。他主张的是一种摆脱意识形态、社会以及时代等限制的写作观。他认为,完美的文学是没有颜色的、是透明的、零度的,一个作家通过文学并不是在展示,而是将自己隐藏在作品里。

所谓作者"退隐",即作为第一人称叙述者的"我"不在文本中出现,作者仅仅以"旁观者""记录者"的身份出现,叙事主体是受访者本人,作者让"受访者"自己说话,作者对受访者的讲述不发表任何看法,不做任何评论,也不抒发自己的情感、情绪。其目的是不让自己的主观思想干扰读者的阅读、思考和判断,让事实引发读者的思考和判断。这种作者"退隐"的方式就是所谓的"零度叙事"。但这种叙事方式并非是作家在写作过程中缺乏情感,更不是作家本身没有情感,而是写作者将激昂饱满的感情降至冰点,让理性之花升华,写作者从而得以客观、冷静、从容地抒写其作品。这种形式在在口述实录体的非虚构写作中,运用得比较

---

[1] 罗兰·巴尔特:《写作的零度》,李幼蒸译,中国人民大学出版社,2008,第48页。
[2] 罗兰·巴尔特:《写作的零度》,李幼蒸译,中国人民大学出版社,2008,第48页。

多。如白俄罗斯作家阿列克谢耶维的作品《我不知道该说什么：关于死亡还是爱情——来自切尔诺贝利的声音》，就采用了作者"退隐"的方式，原汁原味的呈现许多人关于核灾难的讲述，他们的讲述如同古希腊悲剧表演的合唱团，这些不同的声音传达出人类面对科技灾难的复杂情感：恐惧、无知、艰苦、英勇、同情和爱。而作者仅仅是一个"采访者""记录者"和"倾听者"，只在后记部分，才是作者本人的陈述——陈述自己的创作动机与创作过程。这样的处理方式，适用于比较复杂的书写对象。为了全方位、多角度、多层面呈现事件的真相和人们对事件的多元认知，作家采取多元视角和多重聚焦，通过不同的叙事者从不同角度、不同立场、不同层面反复讲述同一事件、同一个问题。因为每个叙述者都在有意无意地通过自己的讲述表明自己的立场、态度和价值观，这必然是一个"众声喧哗"的文本，由此形成意蕴丰厚的"复调"叙事。这是形成阿列克谢耶维奇系列作品强大艺术感染力的重要原因。

非虚构文学强调作者以个人视角进行完全独立的写作，并且这一写作行为不应依附或服从于任何写作以外的因素。梁鸿的作品《中国在梁庄》，作者在《中国在梁庄》的前言中写道：

> 我反对那种带有明显倾向性的话语，那种仿佛不如此激烈，就不能体现一个知识分子良知式的愤激话语，但同样，我也深知，我这种试图以相对冷静、客观的立场来呈现乡村图景的方式，也是一种温良的立场，它显示出一个思考者的早衰与某种同化。因为学术，及学术式的思辨在我们这个时代，早已被替换为主流意识形态相妥协的存在。无论如何，我警告自己，不要陷入某种潮流或派别之中，我宁愿是一个怀疑者，以自己有限的眼睛和知识去经历某些东西。我害怕我的判断蕴含着某种偏见，而这种偏见总是以真理的面目出现。

不难看出，作者在写梁庄时努力用"冷静""客观"的立场去看待梁庄的人、事、物，梁鸿希望通过《中国在梁庄》这本非虚构作品，让读者和她一起走进河南穰县梁庄，去看看工业时代的中国乡村有着怎样的生命、情感和命运。作者在"往事"一节中书写了自己访问父亲而获得的梁庄历史,因为父亲是村里的"活字典"。父亲提及了作者的爷爷,提到了梁庄上上下下被饿死的人数、梁庄人民如何的贫困,村里的姓氏结构如何,家族史的脉络等等,作者在听完父亲的话后并没有作任何的评价,仍在"平铺直叙":

梁庄一直是'人多地少',五六十年代人均一亩半地,现在人均八分地。庄稼一年种两季,小麦一季,接着种绿豆、玉米、芝麻、烟叶等经济作物。由于地少,这些农作物的收成连糊口都不够,因此,在八十年代之前,梁庄几乎家家挣扎于贫困线上,一到春天就断粮,所谓"春荒"。改革开放以后,到城里打工为家庭打开了新的挣钱门路,不管在城里干什么活,每年都能拿回家一些钱,供人情世故开销和日常开支。因为种地要交税,还要在麦忙秋收时回来,许多家庭干脆把地租给同村的人,条件就是租户替自己交税,每年再给自己两百斤麦子。这也为留在村庄里面的家庭多提供了一项营生,即租地,麦季收入只够交税和给户主的那一部分,秋天那一季算是获利。到九十年代,村庄缺吃少穿的现象已经非常少见,但是,真正能够轻松盖新房,过得比较滋润的,还是村干部、村庄里的能人、少数经商的或者有吃商品粮的家庭。据村长讲,这两年因为国家免税,有许多人家又把多年不种的地要回去,种点麦子、玉米等,自己并不回来,托亲戚代种代收,工钱照给。但是,也有人家不愿意把种了多年的地再还回去,为此还产生了纠纷。

村庄里的新房越来越多,一把把锁无一例外地生锈着;与此同时,人也越来越少,晃动在小路、田头、屋檐下的只是一些衰弱的老人。

2006年1月23日,县公安局到镇上高中,把正在上课的王家少年带走了。就是他,杀害并强奸了村庄里的八十二岁刘老太。

梁庄的初中适龄学生极少数跟随父母在外上学。父母给钱,在校吃住;还有一些住在老师办的学习班里。在县城,包括镇上,有许多这样的学习班,家长交一学期的钱,一千多块钱,除上课在学校外,孩子们吃住在老师家里或租的房子里,老师既负责学生的日常生活,同时,也辅导学生的学习。

罗兰·巴特强调:"零度写作具有主体'不在'的特征。"尽管作家梁鸿在序言中反复强调,提醒自己不在叙事进程中渗透自己的价值判断,以避免自己的"偏见以真理面目出现",但细读《中国在梁庄》,读者依然可以发现作者的思想、情感、判断无处不在。这说明完全的"零度叙事"是不存在的,在叙事进程中,作者不可能如真空般"不存在",只是"存在"的方式比较隐蔽、比较微弱。

二、作者有限介入的限知叙事

在叙事学中,理论家们按照不同的标准把视角分成了很多不同的类型,如内视角和外视角、客观视角和主观视角、限知视角和全知视角等,由于叙述视角的功能多样,所以每一种分类都有其存在的合理性,但若从创作实践的实用性出发,我们就只需要从限知视角和全知视角出发进行考量。

限知视角的内涵与分类。作为一种叙述角度,限知视角是相对于全知式视角而存在,是限知限觉的视角,一般用第一人称"我"叙述事件过程,叙述的眼光往往较为主观,带有偏见和感情色彩,只能限于"我"的所见所闻所感。

热奈特将视角分为三大类型:非聚焦型、内聚焦型、外聚焦型,其中限知视角属于内聚焦型。在内聚焦视角中,每件事都严格地按照一个或几个人物的感受和意识来呈现。它完全凭借一个或几个人物(主人公或见证人)的感官去看、去听,只转述这个人物从外部接受的信息和可能产生的内心活动,而对其他人物则像旁观者那样,仅凭接触去猜度、臆测其思想感情。这种内聚型的最大特点是能充分敞开人物的内心世界,淋漓尽致地表现人物激烈的内心冲突和漫无边际的思绪。这一点是其他视角类型难以企及的。与此同时,内聚焦又是一种具有严格视野限制的视角类型。它必须固定在人物的视野之内,也无法深入地剖析他人的思想。[1] 可以表述为:叙述者=人物的视角或叙述者<人物的视角。当叙述

---

[1] 胡亚敏:《叙事学》,华中师范大学出版社,2004,第24页。

者=人物,也就是叙述者所知道的同人物知道的一样多,叙述者只借助某个人物的感觉和意识,从他的视觉、听觉及感受的角度去传达一切。当叙述者<人物,叙述者对其所叙述的一切不仅不全知,反而比所有人物知道的还要少,他像是一个对内情毫无所知的人,仅仅在人物的后面向读者叙述人物的行为和语言,他无法解释和说明人物任何隐蔽的和不隐蔽的一切。① 恰当运用作者有限介入的"限制叙事"会取得意想不到的艺术效果。

1. 限知视角的限定性给作品带来了更多的思考与阐释空间,一定程度上是对读者的一种解放。这种聚焦类型由于是从人物的角度展示其所见所闻,因而具有种种优势。它可以扬长避短,多叙述人物所熟悉的境况,而对不熟悉的东西保持沉默。同时,由于视野的限制,它难以深入地了解其他人的生活,难以把握整个故事的来龙去脉,因而通常也不可能提供明确的答案。叙事进程中,读者与作者获得的是一样有限的信息,这种聚焦方式在赢得人们信任的同时也留下了很多空白和悬念,这些空白和悬念实际上是一种"召唤结构","召唤"读者参与叙事进程,并形成自己的理解和阐释,从而使作品的意义生成更加多样化。因此,作者有限介入的限知叙事既提高了读者对故事的参与度,又使作品的主题意蕴更加丰富蕴藉。

2. 限知视角所表达的是一种感知世界的方式。由全知到限知,意味着人们感知世界时能够把表象和实质相分离,它在给人们的联想留下有意味的空白的同时,也约束了对更广阔时空进行感知的自由度。适当地运用限知视角会使叙事层次变得更加丰富,可以把纷繁无绪的事件条理清晰、简练清晰地表现出来,而且容易拉近读者与故事中人物的距离,让读者产生共鸣,且余味隽永,容易达到金圣叹所谓"影灯漏月"的艺术效果。②

---

① 汪云霞、王承俊:《创意写小说与剧本中的虚构和叙事》,中国广播影视出版社,2016,第83页。
② 徐湘霖:《明清近代俗文学研究》,巴蜀书社,2018,第435-436页。

3. 从讲述故事的角度来讲,视角的限制会导致叙事出现空白,而故事的空白则会使故事悬念迭起,扣人心弦。从塑造人物形象角度来讲,叙述者在故事中并非全知,在有限的视角中,读者只能管窥全豹,但也因此给读者留下了巨大的思考空间,读者自己填进去的东西更多,人物形象也会因此更加丰满,给作品带来更多的解读性。

4. 限知视角以关切现实、洞察历史、建构文化为其特质。用第一人称叙事所形成的真实性,非虚构作品大多都是以"我"来展开叙事,用"我"的眼睛来观看,用"我"的身体来感受,用"我"的笔法来写作,采用限知视角的第一人称写作方式,能够很大程度的增强作品的细节性和真实性。① 下面是乔叶的非虚构小说《盖楼记》中的一段话,叙述写"我"和"姐姐"对话:

"明儿能回吗?"那天是个周四,姐姐打电话问我。

"什么事?"我问。姐姐没事不打电话,只要打电话肯定是有事,而且八成还是钱的事,一般来说还不会太少。其他三个人虽然在县城,日子却都只是过得去,不如我宽裕,且又都是兄弟,有媳妇管着,不好贴补她。逢到用钱的事,姐姐也只有向我伸手。前两年她翻盖新房,我就贴给她了三万。

"没啥事。"

"说吧。你先电话里说说,让我有个底儿。"

"啥底儿不底儿的。"姐姐笑了,她这么一笑,我心里就有了底儿,"咱姨高血压犯了。这回有点儿重,半边身子都不利落了。你要是得空,就回来看看。"

"咋回事?"

"电话里说不清,见面再说。到底能回不能?"

"回。"我说。正好刚刚换了新车,我得尽快磨合。从郑州到姐姐家是一个小时车程,不远不近,恰恰是好尺寸。我让姐姐给我烙点儿油饼,

---

① 张文东:《"非虚构"写作:新的文学可能性?——从〈人民文学〉的"非虚构"说起》,《文艺争鸣》2011年第3期。

蒸点儿馒头,再给我收一些土鸡蛋。吃过几回姐姐给的这些乡下吃食之后,我看郑州户口的这些东西就再也不顺眼了。

小说中,"我"和姐姐虽然是亲姐妹,但是由于分别处在限知视角中,所以彼此是不知道对方的内心世界的。关于姐姐两次问"我"能否回老家这件事,我们两个人都不知道对方心里的想法是什么。姐姐想的是让"我"回来看望生病的姨妈,顺便给两家要不要扩建房子这件事出一下主意,而"我"想的是姐姐又有事情麻烦"我"或者又要借钱,等到"我"知道姐姐的想法之后,心里有了底,才答应回老家一趟,就当磨合自己的新车,还能吃到姐姐家的土特产。由于视角的限制,"我"和姐姐互相都走不进对方的世界中去,彼此对另一个人的心理活动是一无所知,所以一切想法与揣测都是非常主观的,也正因为彼此都只活在自己的视域中,人物心理也表现的更加真实,一些细节也被注意到,例如姐姐第一次问"我"能不能回家,"我"的第一反应是反问:"什么事?"是非常警觉的,但当姐姐一笑,"我"的心里就有底了,之后就变得非常爽快:"回!"由于小说采用的是第一人称"我"的叙事视角,读者的代入感会非常强,仿佛自己直接参与了"我"的心理变化过程,给读者一种强烈的参与"现场生活"的真实感。另外,由于叙事者视野的限制,它难以深入地了解其他人的生活,所以在有些情况下或许不能直接提供明确的答案,这种叙述方式反而赢得了读者的信任,同时还给读者留下了大量的空白和悬念,给予他们更多的自由想象空间,极大程度上丰富了作品的叙事层次。

三、作者全面介入的全知叙事

全知视角一般采用第三人称。全知视角的观察者就是叙述者(即观察者—叙述者),他全知全能,洞悉一切,如高高在上的上帝。他知道故事发生的来龙去脉,清楚每个人物的命运,既可以完整地向阅读者展示人物言行,也可以潜入人物内心,揭露人物的思想和感受,能够随时对故事做出自己的理解和评价。简言之即叙述者所知大于作品中人物所知。

其主要特征有:

1. 叙述者始终是同一个人、持同一个主观的角度观察外界所发生的一切事件、现象、人物的行为及其过程。就像一位手持一个一个提线木偶的"表演者",他既描述人物的动作,又模仿每一个人物的对话;也像电影导演那样,一切均是他的安排,一切都由他创造。全知全能的叙事采用局外人视角。它的观察视角是"单一的"、个人的。

2. 叙述者对他所观察和描述的一切无所不知、无所不晓,拥有全知全能的"上帝之眼"。叙述者虽然是从"单一"的视角观察外部世界,但却能够全面、完整地叙述整个故事的情节、各种各样的事件、各个人物的行为及其心理活动。叙述者无所不知无所不晓,什么隐秘都能够描述和揭示,还能够逼真地描述和再现人物的行动场景、思想状态、心理活动和情感体验等。作者(叙述者)知晓一切,清楚一切,并且通过他的叙述,阅读者也就能够知道、了解并理解这一切。因此,"全知视角"的"知"中,就包含着叙述者的"全知"和读者的"全知",如果只有叙述者知晓,而阅读者不知晓,也不能称之为"全知视角"。

3. "全知视角"叙述者充当着"预言家"的身份。他不仅可以对作品中已经发生、正在发生的事件详尽地陈述和描写,而且对将要发生的事件及其最终的结果也无所不知、无所不晓,甚至故事中每一个人的遭遇、命运和最终的归宿都可以加以预测、暗示,并最终予以证实。"全知视角"叙述者随着故事情节的线索,把故事结果一一予以叙述、展示。思维敏锐的读者,可以根据叙述者、作者的设定和暗示,提前知道人物的终极命运。

总之,作者全面介入的全知叙事能够对事件或者人物做出"全知全能"式的书写和分析,通过绘声绘色地描述场景和细节,尽可能全面、真实地还原事实真相;叙述者也可以随时潜入人物内心,细致入微地描述人物的心理活动及思想变化,再现人物复杂丰富的内心世界和情感世界,还可以设计人物的语言、动作、表情、对话等,使人物性格更加鲜明、立体,从而塑造出鲜活饱满的人物形象。不仅如此,作者还可以对所叙述的人和事自由发表意见,表达自己的思想观点、价值立场,抒发自己的情感情绪。

著名作家何建明的报告文学总是洋溢着澎湃的激情、严谨的思辨、精辟的论析,当然,也不乏尖锐的抨击和热情的赞颂。叙事主体始终在场,很多时候,何建明会把"自己"充分融入叙事进程,在展开情节、勾勒人物、描述场景和细节的同时,充分展现自己面对各种人物、场景、情节时的所思所感,向读者袒露自己的心声、心情、心愿,充分表达自己的思想、情感、爱憎。这样的处理,便于以自己的情感、思想感染和影响读者,将自己的价值观念、对世界的认知、判断传导给读者,利于读者与作者达成思想共识,形成情感共鸣,从而增强作品的艺术感染力。当然,叙事主体的"全面介入"需要把握合适的"度",所有抒情、议论都必须建立在扎实的叙事基础上,否则,就有可能陷入矫揉造作、虚张声势或"过度阐释"的危险,引起读者心理和情感的排斥。

最后,需要强调的是,以上三种叙事视角与作者介入叙事进程的方式(作者退隐的零度叙事、有限介入的限知叙事、全面介入的全知叙事)各有其特有的叙事效果和艺术表现力,都对形成非虚构作品的艺术品格有重要影响。美国报纸写作的金牌教练唐·默里说:"每个故事都可以从许多视角来讲述,作者的任务就是选择能够帮助读者理解主题的视角。"因此,作者介入非虚构文本的方式与创作主体的艺术个性有关,但其决定性的因素还是作品主旨表达的需要。另外,在一个非虚构文本中,作者也并非只能运用一种介入方式,往往是多种介入方式综合运用,只是其中的某一方式比较突出,或者以一种介入方式为主、其它介入方式为辅,从而形成摇曳多姿的叙事效果。

◎ 问题思考与写作训练

1. 口述实录体叙事方式的主要特征是什么?
2. 史传体叙事是如何处理历史事实的?

3.认真阅读军旅作家王树增的长篇纪实文学《长征》,深入思考作品的思想内涵及其艺术表达技巧,尤其是叙事方式和作者介入方式及其产生的艺术效果,写一篇不少于2000字的读书报告。

4.写作训练:以限制叙事视角、有限介入方式,书写你生活中发生的一件事或你熟悉的一个人,不少于2000字。

5.《被仰望与被遗忘的》是美国"新新闻主义之父"盖伊·特立斯的代表作,被誉为"20世纪伟大的非虚构书写,全世界特稿写作者的典范",认真阅读其中的一节《纽约:被忽略之城》(节选),领略文章的叙事策略和表达技巧。

阅读材料:

纽约:被忽视之城(节选)

[美]盖伊·特立斯

纽约城里有许多东西不为人知。在这座城市里,野猫睡在停着的汽车下面,两只石狨狳"爬上"了圣帕特里克大教堂,成千上万的蚂蚁在帝国大厦顶上爬行。蚂蚁也许是被风或鸟儿带到这儿的,不过没有人敢肯定。在纽约,几乎没人知道这些蚂蚁的存在,就像人们不知道有位乞丐每天乘出租车到鲍厄里大街乞讨,也不知道有位衣冠楚楚的男人每天从第六大道的垃圾桶里捡垃圾,更不知道有位号称具有"超凡洞察力、超凡听觉和超凡感觉"的巫师常常出没于西城七十几街那一带。

纽约城里到处是各种奇闻轶事和千奇百怪的信息。纽约人每分钟眨眼28次,但紧张时每分钟可能要眨眼40次;大多数在扬基体育场边吃爆米花边看棒球赛的人,在运动员投球的刹那间,都停止了口中的咀嚼;还有那些在梅西百货乘坐扶梯时嚼着口香糖的人,在下电梯前那一刻也会停止咀嚼,好把注意力集中在后一步上;工人们清理布朗克斯动物园时,硬币、废纸、圆珠笔和小女孩用的钱包随处可见。

每天,纽约人要喝下46万加仑啤酒,吃掉350万磅肉,消耗21英里长的牙线。在这座城里,每天有250人死去,460人出生,15万人戴着玻璃或塑料假眼行走。

公园大道上的一位看门人的脑袋里至今还残留着"一战"时的三颗子弹。几个年轻的吉卜赛女孩,由于受了电视和识字的影响,离家出走了,她们不想长大之后再做算命师,步她们母亲的后尘。每个月都有几百磅的头发运到第五大道545号的路易·费德商店。在那里,德国女人的头发被加工成金色发套,法国和意大利女人的头发被加工成深棕色发套。据费德先生说,美国女人的头发不能做假发套——由于频繁冲洗和烫发,她们的发质已经很差了。

纽约城里消息灵通的要数开电梯的人。像看门人一样,他们极少讲话,但却一直在聆听。萨迪餐厅的看门人总是认真聆听那些看完首场演出从此经过的观众对该剧的评论。他听得非常认真,于是,在大幕落下十分钟之后,他就能准确地告诉你,哪些剧会火爆,哪些剧会失败。

每天晚上,百老汇都会驶来一辆又大又黑的1948款劳斯莱斯。一位身材瘦小的女人,一手拿着《圣经》,一手拿着一个上面写着"受神谴的人不能进天堂"的牌子,从里面跳出。她走到街角处,向来百老汇的那些无数的"罪人"大喊大叫,有时一直喊到凌晨3点。然后,再由司机开着那辆劳斯莱斯,把她送回韦斯特切斯特。

此时,除了一些失眠的夜游者、拉活儿的出租车司机及白天黑夜都立在商店橱窗里的一群表情世故的人体模特外,第五大道上已空无一人。这些人体模特的脸上都呈现着冰冷、完美的微笑——这些微笑都是由陶制嘴唇、玻璃眼珠和颜料脱落前一直红彤彤的脸颊构成的。像站岗的士兵一样,她们守卫在第五大道的两侧。这些橱窗模特注视着宁静的街道,头部微偏,手臂伸出;纤细修长的橡胶手指似乎在索取根本不存在的香烟。凌晨4点,一些商店的橱窗就变成了由这些婀娜多姿、身形修长的女神构成的仙境。所有这些女神仿佛在刹那间被定格一般：有的仿佛匆匆赶去参加聚会，有的似纵身跃入游泳池，有的则身着巨大的蓝色睡袍漫步于天际。

令人有这种想象既是神思所至，也是由于人体模特制造师的精湛技艺。人体模特制造师的信条是，天底下没有两个完全一样的女人，即使是塑料或石膏制成的。因此，派克与派克的模特看上去青春靓丽，天真无邪；罗德与泰勒百货的模特则显得婀娜多姿，玲珑剔透；萨克斯的模特端庄优雅，不乏成熟女性的魅力；而波道夫的模特则一概显出一副超越年龄的典雅高贵。第五大道上的橱窗模特都是以世界上迷人的女性为模型制造出来的。例如，苏齐·帕克就是百斯特公司人体模特的原型，而从萨克斯公司的人体模型身上则可以看出碧姬·芭铎的身影。由于模特制作师的精湛技艺和执着追求，这些模特各个线条分明、栩栩如生。也许正因为如此，才会有那么多的纽约人为这些人造美女所倾倒，做出各种离奇古怪的事情。例如，那些橱窗布置者经常会和人体模特对话，并赋予她们昵称；此外，橱窗里的裸体模特因吸引男人而招致妇人憎恨，以致在纽约城里被禁止展出；更有甚者，一些人体模特会遭到变态者的攻击。曾有人发现，怀特普莱恩斯一家商店的一个苗条的人体模特被遗弃在地下室，身上的衣服被扒光，脸上化的妆被弄得乱七八糟，身体上明显有强奸未遂的迹象。于是，一天夜里警察设了埋伏，抓住了那个袭击者——这家商店的搬运工，一位身材矮小的羞涩男子。

当街上车流稀少、大多数人都进入梦乡的时候，纽约城一些街区的猫开始活动了。它们敏捷地在大楼阴影里穿行，守夜人、警察、垃圾清运工和其他夜间游荡者都能看到它们——但它们很快会从你的眼前消失。大多数的猫都集中在渔市、格林威治村、东区或西区的某些街区，因为那里到处都是垃圾桶。可以说，这座城市里的每个角落都有流浪的野猫。在第五十四街这样繁忙的街区，彻夜工作的垃圾清运工仅在一天清晨就在齐格菲尔德剧院附近发现了20多只野猫。夜间，成群结队的野猫在河边码头附近游荡，寻找老鼠。地铁巡道工曾发现地下也住着猫，尽管有些猫偶尔被带电的铁轨电死,但它们似乎从未被火车撞上过。大约有25只猫生活在大中央车站的下面,它们由地铁工人喂养,从来不曾漫步于日光之下。

纽约街道上那些自由自在地到处游荡、从没有人给它们洗澡的野猫,与公寓里的家猫们的生活完全不同。大多数野猫都饱受跳蚤的叮咬,有许多还死于食物中毒、风寒和营养不良。它们的平均寿命只有两年。而家猫可活10~12年,或更长时间。每年,在纽约城,美国防止虐待动物协会(ASPCA)要杀死10万只无人认领的野猫。

"哥谭"市的那些野猫很少能再过上安逸的生活,它们往往毙命于出生的街区。曾有一位贵妇收养过一只被ASPCA救起的被跳蚤咬得遍体鳞伤的野猫。这只猫现在住在东区一座豪华的公寓里,夏天到来时,它就随这位女士到长岛的别墅消夏。当听说一些啮齿动物在联合国文件柜里肆虐时,美国爱猫协会曾把两只无家可归的猫运到联合国总部。协会主席罗伯特·洛萨·肯代尔说:"这两只猫会对付那些鼠辈的。"这两只猫似乎在联合国过得很开心,其中一只常常躺在一本汉语字典上睡觉。

在纽约的每个街区,野猫们都由一只强壮的母猫支配。除了这个头儿之外,野猫群里没什么组织可言。这些无家可归的野猫可以分为三类:纯种野猫、波希米亚式野猫及在食品店(或餐馆)"兼职"的野猫。

野猫以偶尔未盖上盖儿的垃圾桶或老鼠为生,一般不愿与人交往。即便是对那些给它们提供食物的人,它们也不愿理睬。这些桀骜不驯的野猫一眼就可以认出:它们毛发凌乱,表情漠然,眼睛睁得大大的,目光中充满野性。

然而,波希米亚式野猫却不那么野性十足,它们遇到人一般不会逃走。常有些喜欢猫的多愁善感的人(大多数是女人)每日在街上给它们喂食,用"乖孩子""小天使""小可爱"这类字眼称呼它们。每当有人把她们的慈善对象叫作街头野猫时,她们往往会勃然大怒。大多数过着波希米亚式生活的流浪猫都能非常准时地来到喂食地点,以至于一位猫爱好者甚至提出了猫能辨别时间的理论。他以一只灰色母猫为例,这只母猫一周五次,每天下午5点10分准时出现在百老汇与第十七街交会处的一座写字楼里,等待电梯工给它喂食。但是,这只猫却从不在周六和周日出现,它似乎知道这两天人们不上班。

在食品店或餐馆兼职的猫,往往是一只改过自新的波希米亚式野猫,它吃得很好,能够赶走老鼠,但一般只把商店当作旅馆,喜欢在夜深人静时到大街上游逛。尽管工作时间自由,它仍然享有它接近的同类(那些"全职"、完全家养或店养的猫)的大部分优厚待遇——包括到窗台上睡觉的特权。布利克街一家熟食店里的一只改过自新的波希米亚式野猫常常藏在门后,并能把所有试图寻找施舍的其他流浪猫赶跑。

在纽约,由于大型超市纷纷而至,小食品店越来越少,食品店里的"全职"猫的数量急剧下降。由于有了更好的防鼠措施、改进的食品包装以及更好的卫生条件,像A&P这样的连锁店已很少再养猫防鼠了。

然而,在码头上,人们对猫的需求却依然如故。有一个码头工人对猫有过敏症,他就下毒药毒死了那里的猫。结果不到一天的时间,那里的老鼠就泛滥成灾了。工作时,工人们看到成群的老鼠在箱子上爬。在九十五号码头,老鼠开始偷吃码头工人的午餐,甚至开始攻击人。结果,他们不得不紧急地从附近街区调来野猫。现在,鼠患终于得到了控制。

一位码头工人说:"猫在这里根本无法睡觉,一旦它们睡着了,老鼠就会把它们吃掉。我们这儿已有老鼠咬死猫的先例了,但这种情况不常发生,大多数码头野猫都是非常凶猛的。"

清晨5点,在曼哈顿随处可见疲倦的鼓手和赶着回家的酒保。公园大道已变成鸽子的天下,它们在大街中央信步漫游。这是曼哈顿美的时光。大多数夜间出没的人已不见了踪影——而白天活动的人群还未出现。卡车司机和出租车司机全神贯注地开着车,他们不想破坏这种宁静,不愿打破空旷的洛克菲勒中心广场的寂静,不愿惊扰富尔顿渔市那个一动不动的守夜人的美梦,也不愿吵醒开着收音机在小丑路易商店旁酣睡的加油站伙计。

清晨5点,百老汇的常客们要么回了家,要么去了那些24小时营业的咖啡店。在那里炫目的灯光下,你可以清楚地看到他们的胡须和穿着。第五十一街上,一辆新闻采访车正停在路边,上面坐着一位无事可做的摄影记者。他几个夜晚都守候在这里,透过挡风玻璃观看街景,用不了几天,他就成了一个敏锐的夜生活观察者。

他说:"凌晨1点,百老汇到处是达官贵人和从阿斯特酒店出来的身穿白色晚礼服的年轻人——这些年轻人驾着他们父亲的小汽车去参加舞会;你还会看到走在回家路上的清洁女工,她们通常戴着小方巾;到凌晨2点,有些喝酒的人已不能自持了,这时常常是酒吧打斗发生的时间;到了凌晨3点,夜总会里后的表演结束,大多数游客和出差的采购员都回到旅馆;凌晨4点,酒吧关门,醉鬼们摇摇晃晃地出来,还有那些专门利用醉汉神志不清时骗取他们钱财的皮条客和妓女;清晨5点,街上一片寂静。此时的纽约城是个完全不同的城市。"

清晨6点,早班工人开始络绎不绝地从地铁中涌出。百老汇已开始车水马龙了。玛莉·伍迪夫人迅速起床,快步冲进她的办公室,给几十个睡意正浓的纽约市民打电话,用一种很少会有人感谢的银铃般的声音说道:"早晨好!该起床了。"20年来,作为西部联盟电话公司的叫早服务员,伍迪夫人已把几百万人从睡梦中叫醒。

早晨7点,一位头戴蓝色贝雷帽、身穿套头毛衣的满面红光的老人,匆匆地从公园大道走来。他看上去很巴黎,正要去拜访他那些富有的女主顾。他必须行动迅速,因为只有这样,才能完成每位顾客在早饭前的短暂全身按摩。身穿制服的门童与他热情地打招呼,他们或者叫他"俾斯",或者"麦基",他就是大名鼎鼎、无人不晓的按摩师俾斯·麦基。

麦基先生行动敏捷,身姿挺拔。他手里总是提着黑色的皮箱,里面装满干他这行所需要的擦剂、浴液和毛巾。他矫捷地上了电梯;半小时之后,他已下了楼,奔向另一位女主顾——歌剧明星,电影明星,或许是位女警官。

俾斯·麦基曾是一位轻量级拳击手,20年代在巴黎开始他的按摩师生涯。在一场欧洲巡回赛中输掉比赛后,他心灰意冷,永远退出了拳坛。

经朋友介绍,他上了一家专门培训按摩师的学校。六个月后,他便有了他的个主顾——克莱尔·露丝,当时主演电影《佛里·贝尔格》的女明星。她很喜欢他,给他介绍了许多顾客——波尔·怀特、玛莉·皮克福德,还有一位唱瓦格纳歌剧的粗壮女高音歌唱家。麦基的生意曾非常好,只是由于"二战"爆发,他才离开了巴黎。

到曼哈顿后,以前欧洲的老顾客来纽约时仍然光顾他这里。尽管他现在已经是快70岁的人了,但身体依然健壮。俾斯每天要给七位顾客按摩。他那粗大手指和宽厚手臂接触女性的皮肤时,会让人有一种奇迹般的舒适感。他非常谨慎,这正是那些有身份的纽约女士喜欢他的原因。他到她们每个人的公寓为她们按摩。他拥有她们卧室的专用钥匙,常常是她们在清晨见到的个人,她们躺在床上等候他的到来。他从来不透露顾客的姓名,她们大多数是中年人,而且都十分富有。

"女人都不想让别的女人知道她们的秘密,"俾斯解释道,"我是了解女人的"。他不假思索地补充了一句。毫无疑问,他对女人的确很了解。

俾斯每天早晨从那些门童身旁经过。一般来说,他们都是一群谦恭的、口齿伶俐的人行道外交家,常常因为能与那些曼哈顿有权势的男人、漂亮的女人和骄傲的宠物狗交往而引以为荣。这些门童都很高大,体形像哥特人,有一双敏锐的眼睛,即使在大雾天,也能在一个街区之外发现舍得给小费的客人。

东区有些酒店的门童自我感觉相当不错。他们的制服装饰得特别华丽,仿佛与铁托元帅的制服出自同一裁缝之手。酒店门童大多善于各种聊天:琐碎闲聊,高谈阔论,还有背后议论;他们善于记住人名,对行李箱包皮革的质地也相当有研究(他们还常根据行李来判断客人的富有程度,而不是靠客人的衣着)。今天,曼哈顿共有650名高级公寓门卫,325名酒店门童——仅在华尔道夫·阿斯托里亚酒店就有14名门童。此外,还有那些无具体数字但数量惊人的餐厅、剧院门童,夜总会门童,招徕顾客的门童,及那些无固定服务地点的门童。

那些无固定服务地点的门童是些无组织的流浪人员,他们通常没有制服，但有租来的帽子。他们嗅觉灵敏，到那些车水马龙的地方为客人开车门，比如在歌剧演出、音乐会、拳击冠军赛赛场及会议大厅之外。青铜轨道俱乐部的门童克里斯托斯·阿谢米欧说，那些无固定服务地点的门童知道他什么时候休息，每逢周一和周二他休息，他们就会在离他上班的第七大道不远的第四十九街上抢生意。

那些招徕客人的门童身上穿着的制服有的是租来的，但头上戴着的帽子却是自己的。一般情况下，他们站在有演出的爵士乐俱乐部门前，除了开门和招呼出租车司机之外，还会小声地从过往行人中招揽顾客，柔声但清晰地喊着："快来看啊，不收门票。美女如云，新来的阿拉斯加女皇！"

尽管纽约城里没有一个门童不抱怨他们的收入太低、地位低下，可许多酒店门童承认，生意好的时候，他们光小费一项收入就能达到200美元。尤其是下雨时，许多人都想叫到出租车，那些为客人送上雨伞或叫出租车的门童，几乎都能拿到小费。

下雨时，曼哈顿的车流很慢，人们往往因交通拥堵而失约。酒店的前厅里，人们或是懒洋洋地斜靠在沙发上看报，或是因无处可坐、无人说话又无事可做而漫无目的地四处走动。这时很难叫到出租车。百货商店的生意比平时下降一成半到二成半。因为没有了观众，布朗克斯动物园笼子里的猴子也显得无精打采，看上去似乎比那些困在酒店休息厅里的人更加无所事事，百无聊赖。

一些纽约人因下雨而变得神情阴郁，而另一些人却喜欢下雨，喜欢在雨中漫步。他们说纽约的建筑在雨中看上去更清爽干净——仿佛笼罩在乳白色的光中，就像莫奈的油画。下雨时纽约的自杀事件比平时少。雨过天晴后，纽约人看上去又很开心了。而那些抑郁的人会变得更加抑郁，又会有更多的自杀未遂者被送到百乐威医院。

但是，对于雨具商、衣帽间女服务生、酒店侍者和英国总领事馆的雇员来说，下雨天却是个令人兴奋的日子。英国总领事馆的人说，绵绵细雨能唤起家乡的感觉。联合爱迪生公司表示，纽约人在雨天要比在晴天时多花 12 万美元的电费。成千上万条裤子在雨天失去了裤线,遇到这样的天气时,第四十五号街上的诺顿洗衣公司每天平均要多熨 125 条裤子。

雨水会弄脏那些叫不到出租车的时装模特眼上的睫毛膏,也会使时报广场上的征兵军官、抗议者、擦鞋匠和强盗变得无所事事——在这种天气里,他们也都会失去工作热情。

(文章来源:节选自《被仰望与被遗忘的》,[美]盖伊·特立斯 著,范晓彬 姜伊敏 译,上海人民出版社 2017 年版)

第六章 非虚构写作的场景、细节、语言

作为一种叙事性文本,非虚构写作的场景、细节、语言对于营造故事氛围,塑造典型人物形象,推进故事情节向纵深发展具有重要意义。本章主要探讨场景的选择和描述、细节的呈现和效果以及个性化语言运用等,许多问题有待深入阐述。

第一节 非虚构写作的场景

"场景"原初主要指涉戏剧、电影中的场面,后来泛指"情景"。在非虚构写作中,场景记述故事发生的具体情景,往往借助视觉、听觉、触觉、味觉等来感受世界,自然物象、音响画面、世间百态构成记录场景的基本内容。对于现实题材的非虚构写作来讲,场景描写本身就是故事情节的有机组成部分,在渲染气氛和塑造人物形象方面具有重要价值。

场景的基本构成要素包括相对明晰的时间节点、空间信息及置于其中的物件及其装置、空间布局以及由色彩、声音、味道等构成的整体氛围,当然还包括活动于其场景的人物及其形态、发生于场景中的事件及情节等。场景中的各个要素既相对独立又彼此关联,形成一个气韵生动的艺术整体,为人物行动和情节展开提供特定的空间舞台和情景氛围。

《包身工》是中国现代作家夏衍于1935年创作的一篇优秀报告文学,反映了20世纪30年代上海纺织厂里包身工的情况。文章以铁的事实、精确的数据,真实地描述了包身工的苦难生活,揭露了帝国主义和封建势力相互勾结、压榨中国人民的罪行。作为资本主义和封建主义相结合的残酷的奴役制度,包身工一般多为农村来的女童工,由包工头迫使他们的父母或保人接受极少的包身费,订立包身契约。包身期间,包身工没有人身自由,一切听命于包工头,全部工资归包工头所有。包工头

仅仅提供极差的食宿条件。包身工身受资本家和包工头的双重剥削,不少被迫致死。20世纪30年代,日本在上海杨树浦福临路开办东洋纱厂,许多包身工在里面过着暗无天日的生活,夏衍对他们的居住生活环境进行生动描述:

  七尺阔、十二尺深的工房楼下,横七竖八地躺满了十六七个"猪猡"。跟着这种有威势的喊声,在充满了汗臭、粪臭和湿气的空气里面,她们很快地就像被搅动了的蜂窝一般骚动起来。打呵欠,叹气,寻衣服,穿错了别人的鞋子,胡乱地踏在别人身上,叫喊,在离开别人头部不到一尺的马桶上很响地小便。成人期女孩所共有的害羞的感觉,在这些被叫做"猪猡"的生物中间,已经很迟钝了。半裸体地起来开门,拎着裤子争夺马桶,将身体稍稍背转一下就会公然地在男人面前换衣服。那男人虎虎地在起得慢一点的"猪猡"身上踢了几脚,回转身来站在不满二尺阔的楼梯上面,向着楼上的另一群生物呼喊:"揍你的!再不起来?懒虫!等太阳上山吗?"①

  这里,夏衍运用气味、声音、动作、语言等详细描绘了上海东洋纱厂包身工的生活场景,在"七尺阔、十二尺深的工房楼下"的狭窄空间里,竟然混住着十六七个像"猪猡"一样包身工,由于居住环境恶劣,男女之间的性别差异和人格尊严几乎被泯灭,包身工不仅遭受身边工友的欺凌侮辱,而且还受到东洋纱厂资本家的残酷剥削,他们的悲剧命运在具体场景呈现中得到淋漓尽致的彰显。

  1942年,河南发生了严重灾荒。由于天灾(旱灾、蝗灾、风灾、霜灾、雹灾等等)和人祸(国民政府拒绝救灾),加上日本帝国主义疯狂侵略中国,许多灾民被迫四处逃荒。当时,据《大公报》派驻河南的战地记者张高峰在《豫灾实录》中记载:有的灾民把树叶吃光之后,被迫捣花生皮和榆树皮混合蒸着吃;有的灾民在吃了"毒花"的野草之后,脸部中毒并且严重浮肿;有的灾民不得不卖儿卖女维持生计,河南地区几乎陷入了"人

---

① 夏衍:《上海屋檐下》,华夏出版社,2008,第250页。

间地狱",据粗略统计将近三百万人饿死。1943年3月7日,《前锋报》发表社论《夏雨雪,年灾民》生动描写了豫西南南阳地区灾民和富人所生活的两个世界:

> 试看宛城内外,街头地上,在平日已是老弱妇孺,逐处倒毙,或则卖妻鬻子,分离难舍,抢地呼天……今则际此朔风怒吼、雨雪交加之时,一般灾民,鹄立街头,薄衣湿透,寒凝成冰,腹内无食,昏眩欲绝,正不知又有多少老弱在这几天作了死亡线上的饿死鬼……但是,我们要到宛城另一个角落去看,便又会发现,包办酒席的饭庄餐馆,依然是珍馐纷罗,酒绿灯红,一席之费,动辄千金;洋广货肆,百物陈杂,价值上千上万的贵物,随到随即售去;其因囤积贩卖而发国难财者,一夕挥霍,动数万金。这些不在常人视线之内,这又是一个什么世界!与前文所素描的一幅灾民死亡图恰恰构成一个鲜明的对照。①

与此同时,到1943年河南灾情出现部分转机,6月4日,《前锋报》发表社评《前事不忘,后事之师》这样描述灾民们迎接麦熟时节的场景:

> 熏风吹拂,热田蒸晒,大地上千千万万人渴望着麦子,正由碧绿而微黄而金黄的耀眼了。骨肉分散东西漂泊四方的河南同胞,荒村野店颠沛流离的我们河南黎民,终于最近先先后后由鄂北、由陕西省与本省灾情较轻的县份,陆续奔回他们的险些不能再见的故里,预备收地下的麦,种下秋禾的种子……在今天,你如能信步郊外,但见妇幼老少挥动着镰刀,掀动着锄头,脸上虽间或掉下辛苦的汗水,而心中却不时荡漾着愉快的欢笑。真的,感谢上天冬春的雨雪适时,为我们送来了丰收。②

在文中,作者引用《前锋报》刊载的两篇社论,对1942年河南大饥荒期间南阳地区许多灾民进行具体描绘,在寒风怒号、雨雪交加的冬季时节,他们由于缺衣少食几乎在死亡线上进行垂死挣扎。但是,在另一个角落却出现灯红酒绿、珍馐纷罗甚至百物杂陈的奇怪现象,作者运用对比手法,对当时南阳地区出现贫富不均现象进行抨击,客观再现1942年

---

① 宋致新:《1942:河南大饥荒》,湖北人民出版社,2012,第23页。
② 宋致新:《1942:河南大饥荒》,湖北人民出版社,2012,第26页。

豫西南地区大饥荒的基本状况。到1943年灾情有所好转,河南很多地区的小麦生长形势喜人,远赴临近省份逃荒的灾民也陆续返回家乡,中原大地重新焕发了勃勃生机。

齐邦媛的《巨流河》是享有盛誉的非虚构题材作品,作者真实再现了自己从大陆到台湾的复杂曲折经历,语言优美,叙事张弛有度,故事可读性强。第二章《血泪流离——八年抗战》中记述个人从广西出发,经过贵州沿着川黔路进入四川重庆的艰辛困苦之途。齐邦媛引用抗战时期黄埔军校一期毕业生孙元良将军的访谈文字,真实再现了抗战逃难悲怆情景:

> 我们(抗战初起时)实行焦土抗战,鼓励撤退疏散,然而对忠义的同胞没有作妥善的安置,对流离失所的难民没有稍加援手,任其乱跑乱窜,自生自灭,这也许是我们在大陆失却民心的开始吧!我从汉中长途行军回援贵州时,发觉漫山遍野都是难民大军——铁路公路员工及其眷属,流亡学生与教师,工矿职工和家眷,近百万的军眷,溃散的散兵游勇及不愿作奴隶的热血青年,男女老幼汇成一股汹涌人流,随着沦陷区的扩大,愈裹愈多。他们对敌军并无杀伤力,对自己的军队却碍手碍脚。这股洪流的尾巴落在敌军的前面,其前锋却老是阻塞住国军的进路。道路上塞了各式各样的车辆——从手推车到汽车应有尽有,道路两旁的农田也挤满了人,践踏得寸草不留,成为一片泥泞。车辆不是抛了锚,就是被坏车堵住动弹不得。难民大军所到之处,食物马上一空,当地人民也惊慌地加入逃难行列。入夜天寒,人们烧火取暖,一堆堆野火中夹杂着老弱病人的痛苦呻吟与儿童啼饥号寒的悲声,沿途到处是倒毙的肿胀的尸体,极目远望不见一幢完整的房屋,顿生人间何世之感,不由得堕入悲痛惊愕的心境,刚劲之气随之消沉,对军心士气的打击是不可低估的。①

齐邦媛引用孙元良将军接受访谈实录,再现了抗战时期从陕西到贵州沿途所见难民大军的真实境况,许多人被迫逃离故土,在饥寒交迫的

---

① 齐邦媛:《巨流河》,生活·读书·新知三联书店,2011,第58页。

冬夜,老弱病人的痛苦呻吟和儿童啼饥号寒的悲声,不计其数的肿胀尸体和乡村倒塌的房屋,几乎随处可闻可见,仿佛有一种置身人间地狱的绝望之感,这就严重挫伤抗战士兵的军心士气,在无形中就给人们带来消极颓败情绪。

1995年,美国作家迈克尔·麦尔以美国"和平队"志愿者的身份首次来到中国,曾经创作《东北游记》《再会,老北京:一座转型的城,一段正在消失的老街生活》等游记类作品。当时,他租住在北京大栅栏的破旧胡同里面,他看到北京四合院的真实场景如下:

> 我所居住的这处破败宅邸还依稀保留着过去主人荣华富贵的痕迹。厚重的双木门上留着斑驳的漆影,但刷上去的对联早已在岁月中模糊难辨。门前两边的长方形对石上曾经威风凛凛守护着宅院的石狮子不知被谁削下偷走了。门梁上曾经鲜亮的荷花与祥云也退却了颜色。曾经高挂过大红灯笼的铁钩子如今锈迹斑斑;屋瓦上碎片很多,几丛野草顽强地长了出来。①

迈克尔·麦尔真实记录了北京大栅栏附近四合院的场景,"斑驳的漆影""模糊难辨的对联""退却颜色的荷花与祥云""锈迹斑斑的铁钩子""屋瓦上的碎片和野草"等等,可以说都依稀保留着过去主人荣华富贵的痕迹,这不仅是北京老旧胡同的真实写照,更是斑驳岁月的历史见证,让人禁不住产生一种穿越时光隧道的错觉。

21世纪初年,非虚构作家梁鸿以故乡"梁庄"为书写对象,对梁庄的老人、妇女、儿童,对梁庄的自然环境、文化结构、伦理结构和道德结构进行全面考察,深入调查、分析、审视当代乡村在中国社会转型和文化变革中的位置,并努力展示出具有内在性的广阔的乡村现实生活图景。梁鸿在《中国在梁庄》第二章"蓬勃的'废墟'村庄"中描述黑色淤流的真实场景:

> 那是一片黑色的淤流,静止的,死亡的,腐败的淤流,没有任何生机。

---

① 迈克尔·麦尔:《再会,老北京:一座转型的城,一段正在消失的老街生活》,何雨珈译,上海译文出版社,2013,第7页。

一棵枯树倒在水面上,树干是黑色的,那水面上的树叶,不知道是何时落上的,铺满了整个坑塘,也是黑色的,彼此粘连,固定在水面上,没有任何流动。上面扔着塑料瓶、易拉罐,小孩的衣服,还有各种生活垃圾。你不能走进它,它的臭味会刺激得人睁不开眼睛。黑色的淤流,黑色的死亡,黑色的气味,让人莫名地害怕。①

梁鸿具体描述"梁庄"中黑色淤流的真实场景,"黑色的树干""黑色的树叶""塑料瓶""易拉罐""小孩的衣服""生活垃圾"等杂物相互粘连着,在池塘里面胡乱掺和着,散发出阵阵恶臭,刺激得人们几乎睁不开眼睛。这几乎是20年前中国许多农村的客观境况,让人顿生了无生机的颓败之感,再现了当时农村人居环境实在令人担忧。

1936年7月16日夜晚,美国著名记者埃德加·斯诺到毛泽东窑洞采访其对抗日战争的基本看法,在《红星照耀中国》中真实记录了毛泽东住所的陈设布置,可谓简陋无比,生动描述了毛泽东在窑洞里面工作和生活的具体场景,细致入微,饱含感情,给人一种身临其境之感:

一九三六年七月十六日,我坐在毛泽东住处里面一条没有靠背的方凳上。时间已过了晚上九点,"熄灯号"已经吹过,几乎所有的灯火已经熄灭。毛泽东家里的天花板和墙壁,都是从岩石中凿出来的,下面则是砖块地。窗户也是从岩石中凿出来的,半窗里挂着一幅布窗帘,我们前面是一张没有上油漆的方桌,铺了一块清洁的红毡,蜡烛在上面毕剥着火花。毛夫人在隔壁房间里,把那天从水果贩子那里买来的野桃子制成蜜饯。毛泽东交叉着腿坐在从岩石中凿成的一个很深的壁龛里,吸着一支前门牌香烟。②

邱华栋的非虚构作品《北京传》运用历时眼光真实记述北京城市空间的发展变化过程,巧妙融入建筑文化、民俗文化、历史文化等不同文化形态,具体勾勒在漫长历史岁月中北京逐渐形成的独具特色的文化。在《离宫苑囿与燕京八景》一章中,邱华栋引用意大利马可·波罗在《契丹

---

① 梁鸿:《中国在梁庄》,台海出版社,2016,第50页。
② 埃德加·斯诺:《红星照耀中国》,董乐山译,人民文学出版社,2016,第89页。

的其他地方与永定河及其桥梁》对"卢沟晓月"的描述记载：

  桥的两侧用大理石和片柱各建了一道短墙,气势十分雄伟。桥的上升处比桥顶略宽些,但一到桥顶,桥的两侧便形成直线,彼此平行。在桥面的拱顶处有一个高大的石柱立在一个大理石的乌龟上,靠近柱脚处有一个大石狮子,柱顶上也有一个石狮。桥的倾斜面上还有一根雕有石狮的美丽的石柱,这个狮子离前一个狮子一步半,全桥各柱之间都嵌有大理石板。这与石柱上那些精巧的石狮,构成了一幅美丽的图画。这些短墙是为了防止旅人偶然失足落水而设置的。①

  这里,作者引用马可·波罗当年对"卢沟晓月"的记录文字,分别对桥的两侧、上升处、拱顶处、倾斜面等诸多环节进行描述,在大理石和片柱分别组成的短墙中间,高大的石柱、大理石做成的乌龟、大石狮子相互映衬,构成了一幅美丽的图画,可谓错落有致,雄伟壮观,卢沟晓月的真实图景几乎跃然纸上,给人一种身临其境的感觉。

  总之,不管是现实题材,还是历史题材,非虚构写作场景都应该遵循真实性原则,必须为人物塑造、主旨表达、气氛烘托服务。作者要调动视觉、听觉、味觉、触觉等多种感觉器官,多维度感受多角度观察,多层次描述事件发生的现实(历史)场景;作者要综合运用多种艺术手法及恰当的修辞手段,多维度感受和描述事件发生的现实(历史)场景,这不仅能够营造故事氛围和逼真的现场感,不有利于塑造人物形象,有助于表达文章的主旨内涵,更是形成非虚构写作的真实性、增强艺术感染力的重要方式。同时场景描写的好坏也是有效检验非虚构写作者观察力和感受力的重要标志,值得高度重视。

第二节 非虚构写作的细节

  "细节"就是叙事性作品中对人物动作、语言、神态、心理、外貌以及自然景观、场面气氛等细小环节或情节的设计与展示。传神的细节描写

---

① 邱华栋:《北京传》,北京十月文艺出版社,2020,第181页。

在刻画人物性格、丰满人物形象、连接故事情节、丰富作品内涵等方面具有重要作用，细腻逼真的细节还有助于折射广阔的生活画面，表现深刻的社会主题，起到"以小见大""举重若轻"的艺术效果。著名作家李准说："没有细节就不可能有艺术作品，真实的细节描写是塑造人物、达到典型化的重要手段。"作家冯骥才认为细节是文学作品"最深刻的支点"，具有"能点石成金"的强大功能。

在非虚构写作中，细节描写可以说是场景呈现、人物形象刻画、表达思想主旨的关键要素。夏衍在《包身工》通过大量细节逼真地呈现了包身工们非人的生存状态：

四点半之后，没有线条和影子的晨光胆怯地显出来的时候，水门汀路上和弄堂里面，已被这些赤脚的乡下姑娘挤满了。凉爽而带有一点湿气的晨风，大约就是这些生活在死水一般的空气里面的人们仅有的天惠。她们嘈杂起来，有的在公共自来水龙头边舀水，有的用断了齿的木梳梳掉执拗地粘在头发里的棉絮，陆续地两个一组两个一组地用扁担抬着平满的马桶，吆喝着从人们身边擦过。带工的老板或者打杂的拿着一叠叠的"打印簿子"，懒散地站在正门出口——好像火车站轧票处一般的木栅子的前面。楼下的那些席子、破被之类收拾掉之后，晚上倒挂在墙壁上的两张饭桌放下来了。几十只碗，一把竹筷，胡乱地放在桌上，轮值烧稀饭的就将一洋铅桶浆糊一般的薄粥放在板桌中央。①

在文中，夏衍通过对包身工早晨在公共自来水龙头舀水、使用断了齿的木梳梳掉执拗地粘在头发里面的棉絮、用扁担抬着平满的马桶，以及所吃薄粥的具体情形等典型细节，生动描绘了他们几乎过着像"猪猡"一样的生活，包身工的休息时间短暂，两粥一饭难以维持温饱，就是在这种困苦不堪状态之下，依然受到带工老板的使唤和压榨，希望他们能够创造出最大剩余价值，以满足资本家的现实欲望。上述细节描写可谓具有强烈的艺术表现力，不仅客观呈现了包身工们的艰难生活境况，也真

---

① 夏衍:《上海屋檐下》,华夏出版社,2008,第252页。

实揭露了外国资本家和底层劳动人民之间具有不可调和的矛盾冲突,这肯定有利于深化文章主题,达到作者创作的预期目的。

1938年11月,左翼作家萧军创作报告文学《侧面:从临汾到延安》,作品真实回忆萧军随着民族革命大学队伍,从临汾县出发经过襄陵、乡宁、吉县、延长最后到达革命圣地延安,详细记录自己在徒步穿越过程中的所见所闻,生动再现了20世纪30年代中国革命的侧影。其中,在第三章《古城》中,具体描述了在艰难困苦的战争年代八路军在衣着方面的破陋状况,以及在夕阳余晖映照下城楼呈现出来的外在形象:

一串骡驮,几辆牛驾车,装载着粮食以及各样的东西。在这车驮行列的旁边有走着背着枪的挂着过多手榴弹的兵。他们脸色没有光彩地也是挂满了尘土,服装油污得全不能确定那是什么颜色,既不黑也不灰,每个人全敞露着自己的胸膛,或者把帽子除下来扇着风,那些肋骨是一条一条排列得很分明,这和他们那细得使人不相信还能走路的腿肚是很调配的。我看了看他们那些几乎要认辨不清的臂章——又是"八路军"。①

登上了城楼。那城楼是很低矬的,而城门也是狭小得差不多只能容许一辆车自己通过了。在那浑浊的没落着的太阳光的余晖里,我目送着这迂缓,单调,剪影似的行列。他们的被投落在地上的黑影,一刻比一刻拉长着,也一刻比一刻模糊下去,但我还是一直地望着。那宽阔的土的海的那岸,一列群山的黑影也更直切地耸立起来了,我知道,到明天我们也就要翻过那群山。②

萧军具体描绘了即将要进入古城的八路军战士的状况,他们的脸色没有光彩,但是却挂满了尘土,所穿衣服油污得基本看不出任何颜色,很多人敞露着胸怀,肋骨排列依稀可见。在太阳的余晖映照之下,这支英雄队伍长途跋涉,一刻比一刻拉长着,也逐渐消失在作者的视线之内。上述细节呈现了八路军队伍在历经各种艰辛困苦之后,依然坚持不懈始

---

① 萧军:《侧面:从临汾到延安》,中国国际广播出版社,2013,第164页。
② 萧军:《侧面:从临汾到延安》,中国国际广播出版社,2013,第164页。

终朝着革命圣地延安方向迈进,真实再现了中国共产党领导下的八路军队伍具有革命英雄主义气概。

吕伟是上世纪80年代中国著名跳水运动员,曾经获得1982年和1986年亚洲运动会跳水比赛女子10米跳台冠军。1982年11月25日,夏浩然、樊云芳在《光明日报》刊载新闻《"飞天"凌空——跳水姑娘吕伟夺魁记》,详细记录了吕伟在新德里亚运会上参加跳水比赛夺冠的真实细节:

她站在十米高台的前沿,沉静自若,风度优雅,白云似在她的头顶漂浮,飞鸟掠过她的身旁。这是达卡多拉游泳场的八千名观众?一齐翘首而望、屏息敛声的一刹那。

轻舒双臂,向上举起,只见吕伟轻轻一蹬,就向空中飞去。一瞬间,她那修长美妙的身体犹如被空气托住了,衬着蓝天白云,酷似敦煌壁画中凌空翔舞的"飞天"。

紧接着,是向前翻腾一周半,同时伴随着旋风般地空中转体三周,动作急如流星,又潇洒自如,1.7秒的时间对她似乎特别慷慨,让她从容不迫地展示身体优美的线条,从前伸的手指,一直延续到绷直的足尖。

还没等观众从眼花缭乱中反映过来,她已经展开身体,像轻盈的、笔直的箭,"哧"地插进碧波之中,几串白色的气泡拥抱了这位自天而降的仙女,四面水花则悄然不惊。

"妙!妙极了!"站在我们旁边的一名外国记者跳了起来,这时,整个游泳场都沸腾了,如梦初醒的观众用震耳欲聋的掌声和欢呼声,来向他们喜爱的运动员表达由衷的赞赏。

作者具体描述吕伟在达卡多拉游泳场的站台前沿沉静自若、风度优雅,在腾跳翻转和跳水环节,动作迅疾、娴熟老练、潇洒自如、从容不迫,分别像敦煌壁画中的飞天、从天而降的仙女、轻盈笔直的箭,得到现场观众的欢呼喝彩,一举夺得新德里亚运会跳水冠军。这里,作者巧妙运用比喻、拟人、对照等修辞手法,极大增强了作品的形象性和生动性,向世界完美展示了其在跳水比赛过程中的精湛技术,高度赞扬了中国运动员奋勇拼搏、为国争光的精神品质。

何建明的长篇报告文学《那山,那水》,真实记录了在习近平总书记"绿水青山就是金山银山"思想引领下,浙江省安吉县在美丽乡村建设取得举世瞩目的成就。在何建明的心目中,余村可以看作中国美丽乡村的典型样板,到处给人留下一种流连忘返的景象:

美,对人而言,自然是赏心悦目之感。你瞧那三面环山的远处,皆是翠竹绿林,如一道道秀丽壮美的屏障,将余村紧紧地呵护在自己的胸膛。从那忽隐忽现的悬崖与山的皱纹里流淌出的一条条清泉,似银带般织绕在绿林翠竹之间,显得格外醒目。你再看远处,是一棵棵散落在村庄各个角落的大大小小的银杏,它们有的已经千岁百寿,却依然新枝勃发、绿意盎然,犹如一个个忠诚的卫士,永远守护着小山村的每一个夜晚和每一个白昼;村庄的那条宽阔的主干道,干干净净,仿佛永远不会留下一片乱飞的纸屑和垃圾。路面平坦而柔性,走在其上,有种想舞的冲动;路的左侧是丰盈多彩的良田,茶园、菜地和花圃连成一片,那金黄色的油菜花,仿佛会将你拖入画中;簇生于民宅前后的新竹,前拥后挤,时刻撩拨客人前去与它们比个高低,那份惬意令人陶醉。村庄整洁美观,传统里透着几许时尚。每一条小巷,幽静而富有情趣,即使一辆辆小车驶过,也如优雅的少妇飘然而去,令你不禁瞩目。每条路边与各个农家庭院门口,总有些叫不出名的鲜艳的小花儿,站在那里向你招手致意,那份温馨与轻愉,会揉酥你的心,偷掉你的情……①

作品具体描绘美丽乡村的示范代表安吉余村的基本面貌,余村三面环山,翠竹绿林,清泉流淌,银杏到处可见,村庄的主干道路面宽阔、平坦、干净,路面两侧的茶园、菜地和花圃连成一片,村庄整洁美观,兼融时尚和传统风格于一体,给人一种身心陶醉的美妙感觉。可以看出,何建明运用大量细节呈现了余村以"绿水青山就是金山银山"为指导思想,经过长期精心谋划和建设已取得瞩目成就,成为新时代乡村振兴的重要示

---

① 何建明:《那山,那水》,红旗出版社,2017,第13页。

范点之一。

可见,细节是故事发展的重要组成部分,不仅能够生动再现事件发生的具体场景,而且有助于塑造人物形象,丰富故事的主旨意蕴,大大立身作品的艺术效果,同时也是检验非虚构写作者水平高低的关键指标之一。

一个具有表现力的细节必须具备三个条件:一是有内涵、有底蕴;二是有情趣、有韵味;三是有特点、有个性。非虚构写作中的细节从何而来?不是来源于作者的主观臆想,而是来源现实生活的真实存在。这就需要作者深入生活、亲临现场,通过深入细致的观察、调查、采访,才能触摸到生活毛茸茸的质感,捕捉挖掘到书斋里无法想象的细节和情景。

第三节 非虚构写作的语言

文学是语言艺术。没有语言就没有文学。高尔基说,文学的第一要素是语言。汪曾祺认为,语言不是外加的东西,它是和内容(思想)同时存在、不可剥离的。与虚构写作相比,非虚构写作的语言具有独特个性。

一、兼具文学语言与非文学语言的双重特征

如果将文学语言与非文学语言做一对比,可以发现,二者之间的区别是很明显的:文学话语是内指性的,侧重于情感逻辑,非文学语言是外指性的,侧重于事理逻辑;文学话语是曲指性的,侧重于表意功能,非文学语言是直指性的,侧重于指称功能;文学话语是阻拒性的,追求陌生化的表达效果,非文学语言是自动性的,侧重于常规化表达。总之,文学往往是言在此而意在彼,追求的是"言外之意、韵外之致",非文学语言追求的是客观、精准、简明、通达。

从文体与语体的角度看,每一种文体都有与之相适应的语言风格。通常情况下,小说语言的特点是有日常性、有烟火气、有命运感,生动形象、通俗易懂、幽默风趣、雅俗共赏。诗歌语言的特点是凝练、含蓄、睿智,给读者的印象是感性与理性互动,情思与哲思共舞,此岸与彼岸同

构。散文语言的特点是质朴、灵活、亲切,清水出芙蓉,天然去雕饰。纪实语言的特点是精确、细腻、翔实,具体、实在、可靠。时政评论语言的特点是新闻性、政治性、逻辑性、准确性。新闻报道语言的特点是精炼准确、简明扼要、朴实具体。科普小品语言的是科学性、通俗性、严谨性。

非虚构写作实际上是一场文体革命。从语言的角度来看,非虚构作品不仅跨越了小说、诗歌、散文、影视、戏剧、杂感等传统文体的语言边界,同时还借鉴了新闻报道、时政评论、社会调查等其他学科门类的语言优势,实现了跨体越界的语言交融,从而极大地增强了非虚构作品的真实感、可读性和冲击力。如周芳的《重症监护室》中的片段:

六床呢?到现在,六床那里没有一个医生护士做检查和护理。这位七十三岁的老人,身上一根管子也没有插,他双目紧闭安详地躺在床上。我学着王医生的样子,伏在他耳边,喊他的名字。他不回应我,我又拉他的手,冰凉凉的。护士长见状赶紧走过来说,他走了。走了?我呆在原地愣了几秒钟,等反应过来,恐惧嗡一声,马蜂般散开,咬住了我。我转身后跑,一头撞到了护士长怀里,她一把抱住了我。在六床冰凉凉的遗体旁边,小玉她们还在有条不紊地进行晨间护理……没有人注意到我的脸色一点点发白,我呼不过气来。二床呢?他离死亡还有多远,脚头一伸,就是坟墓?四床的头什么时候缩回去?五床,八床,一床,他们谁在死里逃生?谁在一点点死去?死,像颗钉子,一寸一寸锲进我的脑袋。①

这段文字,既有准确的医疗术语、精确的数字,又有细致情景呈现、细腻的细节描写,更有自己情绪情感的表现,把自己在重症监护室的所见所感真切生动全面地表现出来,既表达了人类面对死亡的无力感和恐惧感,又有对病人和逝者的悲悯和同情,对生命之脆弱的哀叹和无助。

1927年3月,毛泽东发表了我党思想政治史上的一部重要文献《湖南农民运动考察报告》,文中,毛泽东简洁叙述了自己历时32天,在湘潭、湘乡、衡山、醴陵、长沙五县的考察调研情况,用大量的事实和农民自

---

① 周芳:《重症监护室》,上海文艺出版社,2019,第9页。

己的语言、行动描述真实呈现农民革命运动的蓬勃发展,用深刻的理性分析阐述农民革命的必然性、正确性和坚定性,坚定鲜明的做出了"农民是中国革命的主要力量"的光辉论断。

  我这回到湖南,实地考察了湘潭、湘乡、衡山、醴陵、长沙五县的情况。从一月四日起至二月五日止,共三十二天,在乡下,在县城,召集有经验的农民和农运工作同志开调查会,仔细听他们的报告,所得材料不少。许多农民运动的道理,和在汉口、长沙从绅士阶级那里听得的道理,完全相反。许多奇事,则见所未见,闻所未闻。我想这些情形,很多地方都有。所有各种反对农民运动的议论,都必须迅速矫正。革命当局对农民运动的各种错误处置,必须迅速变更。这样,才于革命前途有所补益。因为目前农民运动的兴起是一个极大的问题。很短的时间内,将有几万万农民从中国中部、南部和北部各省起来,其势如暴风骤雨,迅猛异常,无论什么大的力量都将压抑不住。他们将冲决一切束缚他们的罗网,朝着解放的路上迅跑。一切帝国主义、军阀、贪官污吏、土豪劣绅,都将被他们葬入坟墓。一切革命的党派、革命的同志,都将在他们面前受他们的检验而决定弃取。站在他们的前头领导他们呢?还是站在他们的后头指手画脚地批评他们呢?还是站在他们的对面反对他们呢?每个中国人对于这三项都有选择的自由,不过时局将强迫你迅速地选择罢了。①

  这段文字将简洁的叙事描写、深刻的分析阐释、严谨的逻辑推理、激情的未来展望和尖锐的质疑追问融为一体,可谓天衣无缝、妙手天成。尤其是"其势如暴风骤雨,迅猛异常,无论什么大的力量都将压抑不住。他们将冲决一切束缚他们的罗网,朝着解放的路上迅跑。一切帝国主义、军阀、贪官污吏、土豪劣绅,都将被他们葬入坟墓"。这几个比喻句一气呵成、畅快淋漓、势如破竹。

二、众声喧哗的杂语性与平等对话的交互性

  在非虚构作品中,作家不再占据话语霸权,而是将话语权分享给所

---

① 毛泽东:《湖南农民运动考察报告》,《毛泽东著作选读》(上册),人民出版社,1986,第11—12页。

写事件中的各色人等,包括参与者、目击者、旁观者。所有相关人物都享有说话的权利,并且可以从各自不同的立场,选各自不同的角度,用各自不同的口吻参与说话。由于七嘴八舌、莫衷一是、众声喧哗,非虚构作品中所书写的事件及其内在关系便客观地、立体地、全面地呈现在读者面前,为读者看到和发现事件的真相提供了更多的、最大的可能性,从而保证了非虚构写作的真实性。尤其在口述实录体中,表现得尤为显著。"在非虚构作品中,作家不再占据话语霸权,而是将话语权分享给所写事件中的各色人等,包括参与者、目击者、旁观者。所有相关人物都享有说话的权利,并且可以从各自不同的立场,选各自不同的角度,用各自不同的口吻参与说话。由于七嘴八舌,莫衷一是,众声喧哗,非虚构作品中所书写的事件及其内在关系便客观地、立体地、全面地呈现在读者面前,为读者看到和发现事件的真相提供了更多的、最大的可能性"①。

乔叶的《盖楼记》《拆楼记》是中国当代非虚构文学的重要收获。近年来,随着城市化进程加快,土地成为经济发展过程中最重要的资源,这就直接催生了城乡交叉地带的房屋拆迁问题。在巨大利益面前,各级政府、村社组织、被拆迁户、拆迁公司之间各自出发点不一样,且很多时间难以寻找平衡点,就必然产生各种矛盾问题。乔叶让各种角色等粉墨登场,各说各话,分别表达个人利益诉求,真实道出了农村基层工作的症结所在。作为古汉区拆迁工作的分管领导,白姓副区长总结在拆迁过程中的"工作三部曲":第一部"以情动人",第二部"以利诱人",第三部"以权压人"。

这个大家都知道,一般来说,你总有亲戚吃公家饭吧,要是没有的话,你家总有些人和事能跟公家扯上关系吧,那就对不起了,我就得掐掐你了。最起码要拿出掐的意思来——不,开始不要直接说,要委婉,要讲究方式,要给人家台阶下,也给自己台阶下。等到实在没有台阶下的时候再让他知道:你要是再敬酒不吃吃罚酒,我们也是会强制拆迁的。要

---

① 晓苏、廖栋雯:《论非虚构作品的语言特征》,《当代文坛》2020年第4期。

是一强制拆迁,你可就什么都没有了。去告状,去上访?你要是有精神就去吧。……使这些招时最好还配以适当的示弱,也对他们诉苦,说自己多么不容易,让他们也同情你。中国的老百姓啊,还是单纯者多,良善者多,贪小利者多,胆小者多,你想,这么几招下来,他们怎么会不乖乖拆房呢?①

这里,白姓副区长在负责具体拆迁过程中,灵活运用"工作三部曲",当"以情动人"和"以利诱人"都不能发挥作用之时,他们只能"以权压人",采用"掐"被拆迁户亲戚中吃公家饭人的办法,充分利用中国老百姓的单纯善良、胆小贪利的弱点,软硬兼施、循循善诱,直到说服被拆迁户完成任务。可以看出,不同群体对拆迁问题表现出迥然不同的话语立场,主要在于各自诉求存在差异,正是在众声喧哗中,拆迁问题的复杂性和矛盾性才得到充分彰显。

在中国的政治体制中,村支书的政治身份可谓非常模糊,他不属于国家干部,可以随时变回农民,但是却又承担着落实国家政策的重要任务。近四十年来,随着中国改革开放进入深水区,人们的思想观念发生翻天覆地的变化,普通老百姓对村支书的看法也非常复杂。作家梁鸿在其作品《中国在梁庄》中写到梁庄的现任村支书韩治景自诉"苦水"和尴尬:

现在老百姓是爷,反正我就是这个样!眼看他是错哩,你能咋办?领导又有任务,你又得完成。当支书是光荣,谁家有红白喜事,你可以坐到上座。可你要是不送礼,算你完了。来家里坐的人每天都一群一群,烟茶都供应不起。有时,我都想躲起来,也是癞蛤蟆支床腿,强撑硬劲。村支书就是那出力不讨好的角色,不是有人总结了吗?怎么说来着,'走南闯北不理你,手里有钱不甩你,遇到事情他找你,事办不成他骂你,心里生气他告你'。农村这事儿,会整的还轻松点;不会整的,累死了都没

---

① 乔叶:《拆楼记》,河南文艺出版社,2012,第206-207页。

人承情。①

梁庄的现任村支书韩治景真实道出自己的尴尬境地,基层农村工作千头万绪,关系复杂,他们不仅要完成上级领导交代的工作任务,又要和村民们保持融洽关系,如何平衡二者之间的矛盾关系,绝对是不容易处理的事情。"走南闯北不理你,手里有钱不甩你,遇到事情他找你,事办不成他骂你,心里生气他告你"也是农村普遍存在的真实现象。然而,"我"哥哥和父亲对韩治景的评价却迥然不同:

哥哥说:"这货就是敢干,有霸气,敢拍板,敢花钱,会走关系。"父亲非常愤怒,"呸"地一声朝地上吐了一口唾沫说:"说哩可是,拿住老百姓的钱不心疼,可劲儿花。别听他在那儿表扬自己,有恁难,那他咋还干恁起劲?"说起这些时,父亲的脸都涨红了,青筋往外努着,"村里民愤大哩很呢,我和你老贵叔那天还在商量,非把他拉下台。有他在,梁庄好不了"。②

由于认识能力和评价标准不同,哥哥和父亲对村支书韩治景就存在着差异评价,也许正是在众声喧哗之中,我们才有可能认清韩治景为人处世的基本真相。

2003年,著名文化学者冯骥才发起"中国民间文化遗产抢救工作",呼吁将中国乡村的美术、歌曲、传说、服饰等文化进行普查、登记、分类和整理,倡导对非物质文化遗产展开全面保护。2004年,非虚构作家迈克尔·麦尔对冯骥才进行深度采访,冯骥才对此表达自己的立场态度:

城市和乡村想吸引投资,所以他们开始发展旅游业。但这种形式的开发通常都是随意无计划的,而非小心翼翼地进行。结果就是中国文化的进一步庸俗化。中国渴望得到联合国教科文组织授予的世界遗产称号,就像演员想要得到奥斯卡奖,都是为了名利上的肯定。他们通常不

---

① 梁鸿:《中国在梁庄》,台海出版社,2016,第199页。
② 梁鸿:《中国在梁庄》,台海出版社,2016,第202页。

会做出足够的努力去保护相应的区域。①

　　作者引用冯骥才的话对许多地区在吸引投资过程中出现旅游业发展乱象问题进行批评,他认为许多项目缺乏科学论证,总体计划性不足,都在大刀阔斧地搞开发建设,但缺乏保护意识,过于注重表面工作,却不注重文化内涵挖掘,只要获得名利方面的创收,这种做法势必严重影响可持续发展,值得我们认真反思。可以看出,冯骥才的语言是不同于民间口语的知识分子话语,具有浓郁的理性和思辨色彩。

　　总之,由于世界观、人生观、价值观不同,人们面对同一事件肯定会产生相异看法。此时,非虚构写作者只能尊重事物的多样化特征,多维度展现不同群体的基本立场,尽量贴近客观世界的内在肌理,让不同声音相互碰撞激发,努力营造"众声喧哗"的现实氛围,才有可能回归事物的本质真相。

◎ 问题思考与写作训练

　　1.阅读李迪的报告文学《十八洞村的十八个故事》(作家出版社2020年版),写一篇不少于2000字的读后感,重点关注作品在场景呈现、细节描写及语言表达方面的特点及其艺术功能。

　　2.以"当我看到……时候"引入一个场景描写,要求从色彩、声音、气味、形态、氛围等多角度、多层次立体呈现该场景的特征,最后再以回头眼前的情景结束,时空转换要自然流畅,字数不少于800字。

　　3.阅读冯骥才的文章《非虚构写作与非虚构文学》,梳理本文的主要观点,思考如何形成非虚构写作的文学性,从而使非虚构写作获得力量?哪些观点对你的文学鉴赏和写作有启发?

---

① 迈克尔·麦尔:《再会,老北京:一座转型的城,一段正在消失的老街生活》,何雨珈译,上海译文出版社,2013,第209页。

阅读材料:

非虚构写作与非虚构文学

冯骥才

近两年,文学领域内一个词儿热了起来,就是:非虚构。非虚构写作的历史并不算短,当今"非虚构热"与两个因素直接有关:一个是来自于艾利斯那本著名的书《开始写吧!非虚构文学创作》;再一个是白俄罗斯女作家阿列克谢耶维奇的《切尔诺贝利的回忆:核灾难口述史》获得诺贝尔文学奖带来的激发。非虚构写作竟然也能得到诺奖评委的接受,这似乎超出人们的意料。

伴随着这个颇有些时髦意味的非虚构热,一个问题出来了。什么是"非虚构"?它是一种"旧瓶装新酒",还是新的写作方式,一种新的文学体裁或理念,抑或是一种写作教育?现在还没人能解释清楚。这样,非虚构就成了一个大袋子,所有虚构性创作之外的传统写作,都涌了进来。报告文学、纪实文学、散文、传记和自传、口述史、新闻写作、人类学访谈等等。

对于一个新出现的概念是需要来理论界定的。比如现在的口述史写作领域也有点乱。最早是出现在史学界的历史学的口述史,后来加入了人类学的口述史,文学口述史。近两年我们又给口述史加进一个新品种——传承人口述史。在做全国的民间文化遗产抢救时我们给自己安排了一个工作,就是为每一项重要的民间文化遗产编制档案。文化遗产——特别是民间文化遗产(非遗)向来没有文字性的文献,更没有档案。这些遗产都是无形地保存在传承人的身上和记忆中的。因此说,这种遗产是不确定的、看不见摸不着的、脆弱的,在代代相传的口传心授过程中,一旦中断,立即消失。我们发现,只有用口述的方式记录下来,才能将这种无形的遗产确凿地保留下来,并成为传承的依据。可以说这种针对传承人的口述史是非遗保护必不可少的手段。于是这些年,我们做了大量的传承人口述史,并由此渐渐产生了一种"觉悟",明确地提出了"传承人口述史"的概念,还成立了专门的研究所。可是我们每次举行传承人口述史论坛进行研讨时,邀请来的专家学者们总是各说各的,莫衷一是。做历史学口述史的,只谈历史学口述史;做人类学口述史的,只谈人类学口述史。大家谈的好像是一个问题,其实不是一个问题。应该说,口述史写作是一致的,但理论上并不是一个体系。我们口述史写作的现象很丰富,但理论建设跟不上去,分类和概念都很模糊,研究很难推进。

所以我们今年的研究方向变了,我们先要把自己的理论概念——传承人口述史弄清,用理论把自己梳理清楚。首先要弄清什么是传承人,谁是传承人,就是先对传承人这个概念进行释义。只有把口述对象认识清楚,接下去才能真正深入地探索传承人口述史的价值、目的、性质、内容和方法。

说到非虚构也是如此,这个概念也混乱也模糊。但我是作家,没有能力把这么一个崭新、庞杂、五光十色的概念弄清。现在我的脑袋里只想弄明白,非虚构写作是不是非虚构文学?当年哥伦比亚大学一位瑞士籍的博士做我的《一百个人的十年》研究时,与我长谈了两小时,这使我明白了——他并没有把《一百个人的十年》当做文学。在西方人的书店明显地放着两部分书,一边是虚构,一边是非虚构。与我们不同,我们不那么清楚。因此现在我很想弄清这两者的关系。而且,一个作家不会按照理论去写作,只会为表达生活和感知而去寻找写作方法,剩下的事全听由理论家去解析与评说。

我就从《一百个人的十年》说起。首先,它是非虚构文学。因为它和我的小说全然不同,小说是虚构的,但它不是虚构的。人物、事件、内容、细节、那里边每一句话都是口述对象说的,都是真实的。

我为什么要采用非虚构这种方式写作?这与时代有关。开始,我没想到用非虚构,我想用小说写那个时代("文革"十年)。那一代作家都要把自己经历过的那个刻骨铭心的时代及其反思留在纸上。但那个时代过于庞大,它深刻地影响甚至决定着每一个人的命运。那个时代充满了黑色的传奇。每个命运都是一个问号。你很难驾驭那样的生活。无法用一部小说——哪怕是史诗性的小说来呈现那个时代。像《战争与和平》或《人间喜剧》。我有过类似《人间喜剧》的设想,后来放弃了。

但我没有放弃"文革",我没有权利放弃它。一部非虚构作品帮助了我,就是1984年特克尔《美国梦寻》。它告诉我可以不用小说,而直接用现实材料去写那个时代。用生活写生活。我获得一次全新的写作经验(通过在报纸上发表"广告",借助媒体传播信息,与"文革"受难者通信和约见,随后进行口述访谈)。我感受到一种不一样的力量,非虚构写作的力量。我不用去想如何使我的文学想象具有说服力,因为非虚构写作恰恰相反——生活的本身就是说服力。

虚构和非虚构是完全不同的两种文学思维。小说是虚构的。你的写作背景是现实的,你的素材来自生活,但你的寫作思维却是虚构。所谓虚构,就是用想象去表现或创造生活中没有的。我说过"科学是发现,艺术是创造,科学是发现世界中原本有的,艺术是创造生活中原本没有的。"牛顿发现万有引律,居里夫人发现钋和镭,都是大千世界中原本有的;但文学和艺术的形象是世界原本没有的。贾宝玉、安娜·卡列尼娜、冉·阿让是没有的,贝多芬的《欢乐颂》和施特劳斯的《蓝色的多瑙河》的旋律也是没有的。所以,发现万有引律是伟大的,文学和音乐也是伟大的。

小说创作的思维是自由的,它完全不受制约,因为它是虚构的。非虚构就不同了。它受制于生活的事实,它不能天马行空般地自由想象,不能对生活改变与随意添加,必须遵守"诚实写作"的原则。是不是非虚构的价值低于虚构的价值?当然不是!由于它来自真实的生活,是原原本本生活的事实,所以它是生活、历史和命运毋庸置疑的见证。作家愈恪守它的真实,它就愈有说服力。这是虚构文学无法达到的。

但是,它究竟能否达到优秀的虚构文学的高度?我认为这正是需要凭借文学——文学的力量。我认为在非虚构的写作中,文学的价值首先是思想价值。这个思想价值,当然要来自你对自己选择的题材本身思想内涵认识的深度。比如阿列克谢耶维奇的《核灾难口述史》。

你对生活认识的深度决定你对事件与人物开掘的深度。我对《一百个人的十年》这一题材(时代和事件)的认识已写在"总序"中了,这里就不多说了。我要表达的意思是,虚构依靠想象力和创造力,非虚构首先来自对生活的认知、发现与忠实。

文学的思想是靠文学体现。现在我们来研究非虚构的文学性。人是文学的生命与灵魂,如果我们抓不住一些这个时代特有的、个性的、典型的、命运独具的、活灵灵的人物,非虚构写作就谈不到价值与意义。

小说的人物是作家创造的,生活的人物是现实创造的。然而现实对人的"创造"往往比作家的想象更加匪夷所思,就看我们是否能够遇到、寻找到、认识到。我在《一百个人的十年》写作中有许多这样的体验。如果我们找到这样的人物,我们便拥有了这种写作最强劲的资源,以及写作的动力与激情。

正为此,在《一百个人的十年》中我想采用一群命运与个性不同、但具有同样时代印记的人物,呈现那个历史。同时通过这些人物挖掘时代后边的东西,比如政治的、历史的、国民性的、人性的等种种问题,交给人们思考。

我把细节做为文学的重要的元素。细节是文学作品"最深刻的支点",它还能点石成金。小说中的细节可以成就一个形象,一个人物,甚至一部小说,成为最深刻的部分。我的小说常常在找到这样一个细节时才开始写作。比如《高女人和她的矮丈夫》结尾中那张伞。

在非虚构文学也是如此。比如《炼狱·天堂》韩美林用自己挨斗时鞋尖流出的血画鸡的细节。这个细节使我决心为他写一部文学口述史。他的经历超出我们的想象。这个细节表达了我对一个真正的艺术家的理解——即真正的艺术家应该始终活在他理想的美里,他是"疯子、傻子与上帝"。这也是我写《感谢生活》的主题。真正的艺术家是匪夷所思的。即使他生活在地狱中,灵魂也在天堂里。可是一部作品只有这一个细节是不够的。这里说的,是必须有一种"金子一般的细节"。如果从生活中不能发现一些这样的金子般的细节,我还是无法写作。小说也是如此。一个人物能站起来,要靠足够非常绝妙的细节。但小说的虚构是想出来的,从现实中借用而来的。非虚构必须是生活本来有的,要靠我们自己去挖掘。

再说另一个非虚构文学的文学要素,就是语言。文学是用语言和文字表达的,语言与文字是否精当与生动不仅关乎表现力,还直接体现一种审美。中国文学史诗歌成熟在前,散文成熟在后,诗对文字的讲究影响到散文。在我国的文学史中,散文达到的水准太高。散文的叙述影响我们的行文。非虚构作品无法发挥更多的审美想象,它的文学性往往更依靠语言(叙述语言)的能力与品质。

我认为在非虚构文学中,文字和文本应根据内容进行不同的审美设定。比如在《一百个人的十年》中我采用口述对象的"第一人称"。我只是在每一篇口述的末尾加一句我的话,并使用黑体字标明,用来彰显作品中最深切的思想。但是在《炼狱·天堂》中,我选择我与韩美林对话的方式。其原因,一、对话更有现场感;二、韩美林说话极有个性,他的语言能够直接体现他的个性;三、我是写小说的,用人物的对话来塑造人物是我的强项。新闻访谈往往把对话做为一种问答,文学则用这种问答表现对方的心理,推动内容的进展,塑造人物。有人问我,可否把《一百个人的十年》改写成小说,当然可以,但那就另当别论了。

由此,我还想说自己对非虚构文学访谈的一种体会:访谈是非虚构写作中一种十分重要的工作的方式。它与一般新闻访谈不同。一般新闻访谈是功利性的,是获取新闻素材的一种手段。文学则是作家与访谈人的心灵交流。不进入这种交流,不可能达到文学所要求的深度。

最后我想说,我上面谈的只是讲了个人在非虚构文学写作中的一些思考,而且主要是文学口述史。现在回到开始所说的话题上——现在,我国的非虚构写作还是一个庞大、庞杂、没有理清的概念。我只想表述,非虚构文学不等同于非虚构写作。非虚构文学似乎只是非虚构写作的一部分。我今天只强调了非虚构文学的文学性。对于整个非虚构写作，我的想法是：一方面它应是开放的，先不要关门，也不设置许多准入条款；但一方面要用理论梳理、分类，为其概念定义。应该说，非虚构写作的理论是一个未开垦的处女地，我们大有可为。

（文章来源：《当代文坛》2019年第2期）

第七章　非虚构写作的人物塑造

"文学是人学","人"是文学的永恒主题,无论是"虚构"写作还是"非虚构"写作,"人"都是无法缺席的存在,把"人"写活了、写透了,作品一定会成功。尽管叙事是非虚构写作的重心,但"事系于人","人"是事件发生、发展的核心元素,是故事的根基。因此,塑造鲜活生动的人物形象是非虚构写作的重中之重。本章将重点阐释人物形象的地位和作用以及如何塑造人物形象等问题。

第一节　人物形象的地位和作用

老舍先生说:"创造人物是小说家的主要任务。"英国作家弗吉尼亚·沃尔夫说:"好的小说,基础不是别的,而是人物。……伟大的作家都是使我们通过某个人物去看他所要我们看到的事物。"虽然老舍和弗吉尼亚·沃尔夫强调的是小说人物的重要性,但非虚构写作中,人物同样重要,塑造鲜活生动的人物形象是非虚构写作的重中之重。

尽管叙事是非虚构写作的重心,但"事系于人","人"是事件发生、发展的核心元素,人物的言行举止、所思所想、命运遭际更是对社会生活的真实呈现和生动写照,可以说离开了"人","事"便无以为系、无所依存。

霸王别姬、鸿门宴、负荆请罪、赵氏孤儿等《史记》中的经典段落之所以让人津津乐道,主要原因就在于司马迁在叙述史实的同时,塑造了项羽、廉颇、蔺相如、程婴等栩栩如生的人物形象,他们既是推动故事情节发展的关键人物和根本动力,又承载着丰厚的思想文化意蕴;既是真实的历史人物,又是光辉的文学典型。李娟的《羊道》三部曲是典型的散文体"非虚构"作品,但其中的人物也鲜活生动,尤其是六岁小男孩胡西安,作者写他"光头,后脑勺拖了两根细细的小辫,乱七八糟扎着红头绳"。

"每天东游西窜,毫不客气地投身大人们的一切劳动,并且大都能坚持到底"。"爸爸的一把榔头到了他手里,一会儿成为冲锋枪叭叭叭地扫射个不停,一会儿成为捶酸奶的木椎,在空空如也的扎巴袋里又搅有捶,很快又成为马,夹在胯下驰骋万里"。寥寥几笔,简洁生动,勤劳、懂事、顽皮、好动、极富想象力的牧区小男孩就活脱脱出现在读者面前。

赵瑜的长篇纪实文学《寻找巴金的黛莉》曾经荣获第四届徐迟报告文学奖第一名。"作品以寻找巴金的七封信为源,牵出一位现代女性传奇而坎坷的命运。作者精湛的语言文字能力和结构能力,标志着中国非虚构文学创作的文本价值,更体现了作家忠诚于土地的精神"①。故事开头,赵瑜在古玩市场偶然获取巴金亲笔写给"山西太原坡子街20号"名叫"赵黛莉"的七封信件,语言朴实、感情细腻、真挚感人,生动再现了著名作家巴金和文学读者黛莉之间思想碰撞。作者运用田野调查的方法,通过多种渠道寻找黛莉的有价值线索,结构安排匠心独运,故事情节扑朔迷离,让人禁不住产生深度阅读的心理冲动。在寻找黛莉的过程中,赵瑜根据七封信件所提供的重要信息,通过各种途径走访许多当事人,顺藤摸瓜,悬念迭起,诸多有价值线索在不断追踪过程中相继产生,让普通读者浮想联翩,青年巴金和黛莉之间到底存在何种关系?二者在进行思想交流过程中是否彼此惺惺相惜?这些都是始终萦绕在读者心目中的现实问题。

《妇女闲聊录》是著名女作家林白的突破之作,作者以湖北某农村中年女性木珍为对象,运用口述实录的话语方式,真实记录了部分中国农村妇女迷离隐秘的私生活、错综复杂的男女关系、快乐哀伤的平凡生活,被许多批评家称为"最胆大包天的尝试"。全文主要以主人公木珍的所见所闻为叙述线索,具体描绘了当时中国部分农村妇女的真实生活状态,"我对自己说,《妇女闲聊录》是我所有作品中最朴素、最具现实感、最口语、与人世的痛痒最有关联,并且也最有趣味的一部作品,它有着另一

---

① 赵瑜:《寻找巴金的黛莉》,海天出版社,2016,第248页。

种文学伦理和另一种小说观。这样想着,心里是妥帖的,只是觉得好。如果它没有达到我所认为的那样,我仍觉得是好的"①。2001年4月,林白在北京采访36岁的木珍,她详细道出自己的真实生活境况:

  我们在家一天到晚打麻将。不睡觉,不吃饭,不喝水,不拉不撒,不管孩子,不做饭,不下地。要是小王做了饭,端给我,我就吃,不端,我就不吃。2个孩子,一儿一女,从小就喝凉水,饥一顿饱一顿。女儿小,娇气,每天要2块钱买零食吃,吃了零食就不吃饭了。儿子懂事,9岁那年自己走了5公里地找外婆,让外婆教他做饭。有两次打麻将就快打死过去了,不吃不喝不睡打了一天一夜,突然眼睛一片漆黑,什么都看不见,也说不出话来,全身发软没力气。当时以为快死了,睡了3天,没死,又接着打。②

  木珍的生活状态也是中国部分地区农村妇女的日常生活状态。她们在进城打工回家之余,不参加农村劳动,也不照顾孩子,更不操持家务,主要依靠打麻将来打发闲暇时光,其百无聊赖的生活状态可见一斑。

  在以"写人"为中心的非虚构作品中,人物形象更承载着作品所要表达的主旨意蕴和价值导向,寄托着作者的思想情感和精神追求,甚至成为一种时代精神和价值理念的象征符号。因此,人物形象能否"立起来""活起来"直接决定了非虚构作的艺术生命力和艺术感染力。

  在革命历史题材报告文学《革命者》中,何建明以细致的笔触深情刻画黄仁、顾正红、陈延年、陈乔年兄弟、"吴江秋瑾"张应春、"中国保尔"许包野、龙华二十四烈士等革命英烈群像。在此之前,他们只是存在于纪念馆中的一个个被人遗忘的名字,何建明以文学的方式将这些沉睡在历史深处的年轻生命唤醒、激活,赋予他们震撼人心的力量,产生了极大的社会反响,他们燃烧的革命青春成为激励当代青年为国家富强民族振兴而拼搏进取的巨大精神力量。

  港珠澳大桥被誉为"新的世界七大奇迹之一",它的建设创下了多项

---

① 林白:《妇女闲聊录》,新星出版社,2008,第226页。
② 林白:《妇女闲聊录》,新星出版社,2008,第100页。

世界之最,习总书记赞它"非常了不起,体现了一个国家逢山开路、遇水架桥的奋斗精神,体现了我国综合国力、自主创新能力,体现了勇创世界一流的民族志气"。这条腾飞在伶仃洋上的钢铁巨龙,一桥连三地,让天堑变通途,是中华民族在"一国两制"下实现的一个伟大胜利。何建明的长篇报告文学《大桥》成功塑造了一大批为民族、为国家无私奉献的中国造桥人的英雄形象。作家独家记录和展示了这些建桥人的心路与精神,提炼出这座伟大桥梁生命与灵魂所在,从而更深刻地揭示出这座世界最难建又最美丽的大桥之所以能够耸立于中国深海之上的密码。写出建桥工程师真实的风采,写出时代的精气神,写出中国人的力量,是《大桥》这部报告文学力作的使命所在,更是作品主题要实现的思想高度。

总之,人物是非虚构写作中不可或缺的组成部分,真实、生动、感人的人物不仅是重要的叙事元素和叙事动力,更承载着作品的思想内涵和价值导向,只有人物"立起来""活起来",非虚构写作才具有感人肺腑发人深醒的强大艺术功能。

第二节　人物形象的塑造方法

既然人物在非虚构写作有不可或缺的重要作用,那么,如何写好人物？使非虚构写作中的人物"立起来""活起来"？

老舍先生说"创造人物"的关键是要"贴着人物写",即人物的语言、行为、心理必须能充分体现人物的性格特征、情感情绪、精神气质、教育背景等,换句话说,人物的言行举止要与其身份地位、生活环境、生存状态、情感心理、性格特征高度吻合。"贴着人物写"的方法同样适合非虚构写作中的人物塑造。

在小说、戏剧等虚构类作品中,人物是作者虚构的,为了使人物形象更典型,作者可以"杂取种种人,合成一个人",也可以某个人物为原型,在此基础上进行艺术再加工,还可以"凭空虚造"人物。而非虚构写作中的人物必须是真实的,是历史和现实中真实存在的,作品中关于人物的语言、事件、行为都必须真实的,是可查、可考、可证的。作家的任务是直面写作对象,调动各种艺术手段,从外在形象到内在精神,都尽可能还原人物的本真样貌,使人物成为血肉丰满的个体。

因此,如何塑造人物形象?虚构写作与非虚构写作既有相通之处,又有本质区别。相通之处是小说、戏剧等虚构写作塑造人物的要求、方法、技巧可以运用到非虚构写作的人物塑造中来,也就是说,非虚构写作与虚构写作的人物塑造方法、技巧可以通用,但二者又有本质区别。本质区别就是虚构写作的人物是虚构的,非虚构写作中的人物必须是真实的,各种艺术手法的运用必须以不能损害非虚构写作的真实性为前提。

非虚构写作中,人物描写的成功首先要求对人物的言行举止、爱好兴趣、行为方式有深入细致的观察、了解,最好能熟悉人物完整的"历史",要有敏锐的观察力,善于铺捉人物微妙细腻的动作、表情以及心理情绪的变化。如1938年,著名旅法女作家陈学昭来到延安访问,结集出版的报告文学《延安访问记》中关于毛泽东主席的书写:

很礼貌,很客气,也很温和文雅,而很质朴,只有阔大的额角与锐利的眼光,透露出智慧。偶然看见,觉得毛先生的个性是很沉静寡言的,但听人家讲,毛先生欢喜说笑话,做譬喻,每次对抗大或别的学校学生做报告时,总有些笑话与譬喻夹在中间,恰恰与那些新闻记者所写的相反。我觉得毛先生并不瘦,面孔胖胖的,头发是整饰了的,一套青布单军装,上衣的纽扣没有扣上,很随便的样子。我为他锐利而仁慈的眼光所感动,懂得为什么延安街上,延安的每一个角落拥挤着这么多怀着热烈情绪的青年。在我,毫无成见,也从没有党派观念,只是一个中国人,简单的一个中国人,对于毛先生,我的心不能不肃然起敬,为了他的贤明而正确的领导,使我国得保存一部分的实力,而在如今全面抗战中,像祖国别的忠勇队伍一般,给敌人以不断的打击。①

陈学昭根据自己采访毛主席的真实经历,明显区别于社会上的诸多

---

①陈学昭:《延安访问记》,中国国际广播出版社,2013,第134-135页。

传闻习见,毛主席表面的沉静寡言背后却是充满智慧,集温和文雅与质朴随便于一身,他平时幽默风趣,讲话善用譬喻,眼光锐利,具有强烈的人格魅力,感染着延安的革命青年,正是在毛主席正确的领导之下,中国革命才逐渐从胜利走向胜利。此时,作者具体描绘毛主席的眼睛、面孔、头发、衣着等方面状况,真实塑造他在延安艰苦岁月中的形象特征,令人信服。

一般来讲,作家往往会把人物的家庭出身、成长环境、教育背景、职业类型等作为塑造人物形象的隐性因素,而主要依靠人物的亲身经历、个人体验、现实感受来讲述故事、传达思想情感,从而凸显人物的性格特征、心灵世界和价值理念和精神气质。著名报告文学研究者丁晓原说:"非虚构写作中的性格化人物塑造,其前提是作者要能够深熟人物完整的'历史',把握人物丰富的精神世界,精研人物的性格逻辑,在此基础上,以适配的方式多维立体地垒筑人物作为特定的'这一个'的形与神。"①同时,作者要遵循现实主义创作方法,通过人物的肖像、语言、动作、心理、细节等艺术手段来塑造人物形象,按照生活真实和艺术真实的原则,全方位、多角度、多层次刻画人物,不仅要求"形似",更要求"神似",不仅要表现准确生动地刻画人物的外在形象,更要深度挖掘出人物身上隐而不彰的"精、气、神"。

《木棉花开》是著名报告文学作家李春雷的代表作。作品主人公是已经去世的中共广东省委原第一书记任仲夷。1980年10月,66岁的任仲夷奉中央之命,到广东任职。5年时间内,他冒着重重政治风险,冲破道道体制阻碍,终于"杀出一条血路",把广东引上了经济发展的快车道,进而影响了中国改革开放的进程。任仲夷的事迹和广东改革开放蓬勃发展的现实深深打动了李春雷,2008年初,他受广东方面的邀请赴粤采访,随后完成了这部仅18000字作品,作品在《广州文艺》2008年第4期发表后,立即引起社会强烈关注,《人民日报》《光明日报》《新华文摘》等

---

① 丁晓原:《"艺术文告"的创构:李春雷论》,《中国现代文学研究丛刊》2020年第12期。

主流大媒体纷纷转载,著名文学评论家李炳银说:"你会在感动中理解什么是智慧、高尚、坚毅、深情和伟大,在真实中很好地感受到文学的力量。"在作品的开头,李春雷笔下的任仲夷让人过目不忘:

  到广东上任的时候,他已经66岁了。面皱如核桃,发白如秋草,牙齿全部脱落了,满嘴尽是赝品。心脏早搏,时时伴有杂音,胆囊也隐隐作痛。但他显然还没有服老,1.71米的个头,80公斤的体重,敦敦实实,走起路来,风风火火,踩得地球"咚咚"直响。

  省委门口有一个副食店,每天凌晨3点钟,黑黝黝的寒风中,市民们揣着鱼票、油票、糖票等花花绿绿的票证,开始在这里排队抢购。什么物资都缺,广东产鱼,广东人更喜欢吃鱼,可市民们每人每月只有5角钱的鱼票,还不能保证供应。副食店7点30分才开门营业,买鱼的队伍长长的,比鱼还多。排在前面的阿公阿婆太困了,要回家再睡一觉,就放下一个替身:一把凳子,一顶帽子,或一个菜篮子……

  几天后的一个傍晚,他又来到了深圳的文锦渡口。放眼望去,河对岸就是英国政府租管的香港,高楼大厦,灯火璀璨。而自己这边呢,黑灯瞎火,四野无声。

  ……

  枯黄的秋风吹乱了他的满头白发和满心愁雾。

  这一顶白发,这一腔愁雾,就是1980年11月的中共广东省委第一书记任仲夷。

  疯狂的年代过去了,苦难的中国终于找到了自己的轨道,而濒临香港、澳门和台湾的广东省还是一片低地。长期以来的战争思维,国家在这里基本上没有工业项目投资;交通更是落后,京广铁路在广东境内竟然全是单线。从广州到珠海、深圳,中间都要转乘四、五次轮渡,需要花费一天的时间;农业也不行啊,是全国最大的缺粮省份,虽然国家每年调进5亿公斤,但仍是饥肠辘辘,路人相闻。1979年全省工农业生产总值人均只有520元,远远低于全国平均数字636元。还有一个数字更让粤人汗颜,偌大的广东省,面积是香港的200倍,而每年的创汇总量却不足人家的十分之一。与台湾相比,更是无法同日而语。……

也许正是这诸多的原因,中央政府才下决心在广东试办特区,先行一步。于是,就选派了他。

应该说,在共产党的高级干部里,任仲夷是一位少有的既懂政治又懂经济的通才。青年时代他在中国大学攻读的专业就是政治经济学;抗战时期,他就主编了党内第一本《政治经济学》教材;建国后长期担任黑龙江省委书记,他的政绩至今仍活跃在松花江畔;主政辽宁三年,这个"文化大革命"的重灾区不仅政局平稳,经济发展更跃至全国三甲之列。

可他毕竟已经年近古稀,又是第一次来广东,这一片土地,能接受他吗?

省委大院里植满了榕树,这南国的公民,站在温润的海风中,悬挂着毛茸茸、长长短短的胡须,苍老却又年轻,很像此时的他。

但他似乎更喜欢木棉树,高大挺拔,苍劲有力。忽地一夜春风,千树万树骤然迸发,那硕大丰腴的花瓣红彤彤的,恰似一团团灼灼燃烧的火焰,又如年轻威武的丈夫,用刚健的臂膀挽着娇美的新娘,虽然来去匆匆,却也轰轰烈烈……

他的血液像珠江一样奔腾起来。

他摸了摸满头秋草,似乎那是蓬蓬勃勃的南国春芽……

文章首先如实描述任仲夷的年龄、身体状况、体貌特征:年老、多病但敦实、依然干劲十足,外在形象和内在精神存在巨大矛盾和反差。接着,作者从百姓的日常生活到经济、交通等民生大事、从微观到宏观讲述了任仲夷就任广东省委书记时广东经济社会发展困局,可谓"受命于危难之中""天降大任于斯人"。读者可能会问:为何任仲夷堪此重任?接下来,作者才娓娓道来:"在共产党的高级干部里,任仲夷是一位少有的既懂政治又懂经济的通才。青年时代他在中国大学攻读的专业就是政治经济学;抗战时期,他就主编了党内第一本《政治经济学》教材;建国后长期担任黑龙江省委书记,他的政绩至今仍活跃在松花江畔;主政辽宁三年,这个"文化大革命"的重灾区不仅政局平稳,经济发展更跃至全国三甲之列。"对人物的"历史"如数家珍、简洁明了、要言不烦。行文至此，读者对任仲夷的认知了解已经由"浅"入"深"、由"表"及"里"。这样的写法既交代了任仲夷担任广东省委书记的时代背景，将人物置于严峻复杂的风口浪尖上，为下文书写任仲夷筚路蓝缕推动广东改革开放高速发展的叙事重点做好了铺垫、奠定了基础，同时也巧妙自然地设置了叙事悬念。而且，作者不是对人物进行静态描述，而是将人物置于动态、场景和行动中，在特定的动态、场景和行动中展现人物的内心世界与所思所想，更能揭示人物性格特征和精神品质。一般而言，非虚构写作中的人物塑造到这一步已经很不错了，但作者并没有止步于此，而是更进一步，非常自然贴切"以树喻人"——从外在形象上看，任仲夷如同苍老而又年轻的榕树，从内在精神上看，则是高大挺拔、苍劲有力的木棉。"木棉"这一意象/隐喻可谓神来之笔，既是任仲夷的精神气质的恰当隐喻，又大大提升全文的诗意美感。"木棉"意象/隐喻贯穿全文，与作品的题目"木棉花开"形成恰当呼应。这样的人物塑造形神兼备、意味隽永，体现出高超的艺术表现力。

巧妙的细节描写对于塑造人物形象塑造可以起到"以小见大、举重若轻"的艺术效果。美国记者埃·德加斯诺在《红星照耀中国》中，细腻地捕捉写到毛泽东的"憨笑"：

在我看来，毛泽东是一个令人极感兴趣而复杂的人。他有着中国农民质朴纯真的性格，颇有幽默感，喜欢憨笑。甚至在说道自己和苏维埃的缺点的时候他也笑得厉害——但这种孩子气的笑丝毫也不会动摇他内心对他目标的信念。

"孩子气的笑""憨笑"生动地表现了一代伟人毛泽东身上所具有的农民般的质朴、憨厚、纯真的精神品质，带给读者一个更真实生动、和蔼可亲、更具有人间烟火气息的毛泽东形象，这在神化、美化伟人的时代语境中，难能可贵。

总之，非虚构文学除了遵循自身创作规范和审美要求外，也应该广泛借鉴虚构性文学的艺术表现手法,充分发挥虚构性文学在人物形象塑造方面的优势和及技巧,综合运用肖像、语言、动作、心理等多种方式方法,正面描写与侧面烘托相结合,努力刻画典型人物形象,让他们在故事发展过程中完成自我形塑。"是勇士,首先要有闪亮的刀枪,才能上战场;是农夫,就要有好农具,才能种出好庄稼;是工人,就要有好工具,才能盖好楼,炼好钢;是歌者,就要练好喉咙;是作家,首先要有文字功底,才能笔下生辉,写好文章"①。因此,不管是何种塑造人物形象手法,最终都要落实到语言文字表达上,这就对非虚构文学写作者提出刚性要求——只有夯实文字功底,才能写就精彩文章。

◎ 问题思考与写作训练

1. 比较虚构写作与非虚构写作在人物形象塑造方面的异同?

2. 阅读何建明的报告文学《革命者》(上海文艺出版社2020年版),写一篇不少于2000字的读后感,重点关注作品用哪些材料表现革命者怎样的精神品质?

3. 写一篇以人为中心的非虚构作品,注意从人物的语言、动作、行为、心理等多角度多层次表现人物的性格特征与精神面貌,不少于2000字。

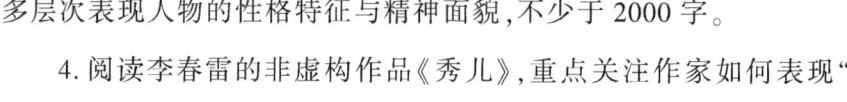

4. 阅读李春雷的非虚构作品《秀儿》,重点关注作家如何表现"全国脱贫攻坚楷模""感动中国2019年度人物"黄文秀的性格特征和精神品质?对你的写作有何启发和借鉴意义?

阅读材料:

---

① 丁晓原:《"艺术文告"的创构:李春雷论》,《中国现代文学研究丛刊》2020年第12期。

秀 儿

李春雷

2018年3月26日上午,百色市乐业县新化镇百坭村党支部书记周昌战接到镇政府电话:为了尽早脱贫,上级给村里派来驻村第一书记,让他迎接一下。

周昌战匆匆赶到镇党委办公室。

镇党委书记指着从座椅上站起来的一位年轻姑娘说:"这是黄文秀同志,你们的驻村第一书记。"

这位面带微笑的年轻姑娘,个头儿不高,圆圆脸庞,戴一副宽边眼镜,扎着高高的马尾辫,白白净净、文文弱弱。

周昌战的心底,不由得"咯噔"一下。

1、超强战队

百坭村,下辖11个自然屯,散居在起起伏伏的大山深处。

全村472户2067人,人均年收入不足3000元,村集体收入为零,属于深度贫困村。

与村干部们见面之后,大家共建了一个微信工作群。

黄文秀为这个群取了一个响亮的名字——"百坭乡村振兴地表超强战队"。

她的住处,就在村部。窗外庄稼碧绿、河水清清,远处山峰叠翠、云雾缭绕。景色太美了。只是,在贫穷面前,美丽也会失色。

上任第二天,村头发生一起严重的交通事故:一辆卡车辗死一个村民。

消息传来时,黄文秀正在和大家座谈。初来乍到,情况不熟,她本可以不去。但她毫不犹豫,起身就跑向了车祸现场。

死者尸体还没有掩盖,脑浆迸裂、血肉模糊。

处理完事故,周昌战对她说:"今晚让妇女主任陪你吧,你一个人会害怕的。"

"不怕,我要挑战自己,不然怎么驻村呢。"

第二天,黄文秀对周昌战说:"昨天晚上,真是胆战心惊睡不着,就连一只蚂蚁在地上爬,我都能听到。"

不过,从此之后,黄文秀果真大胆起来。

2、穷孩子

1989年4月18日,黄文秀生于百色市田阳县德爱村一个壮族家庭。

这里位于三县交界的犄角,别说县城,距离乡政府也有40多里。而且,此地是典型的石漠化地区,土地贫瘠、干旱缺水,不能生长高产水稻,只能种植玉米、甘蔗等。

由于自然条件恶劣,政府号召易地搬迁。

1992年,黄文秀一家迁至县城10公里外的一个林场附近,租种10亩土地。住处呢,先是租借。直到两年后,才盖起三间简易平房。

由于家庭贫困,黄文秀从中学开始,年年享受国家助学金。

2008年夏天,她高中毕业,考入长治学院政法系。

四年本科毕业后,黄文秀考取北京师范大学哲学与社会学学院硕士研究生。

彼时的黄文秀,课余时间在外打工,暑假也很少回家。朴实又勤奋,善良又可爱,同学们都亲切地呼她"秀儿"。

3、麻柳话

驻村第一步,必须摸清贫困底数。

黄文秀列出了全村2014年以来的贫困户数、脱贫户数、返贫户数。按照上级要求,2018年全村预脱贫计划为88户419人。

以村部所在地百布屯为中心,其它10个自然屯散落在山沟沟里。每个屯只有一条弯弯曲曲的山路连接。最远的长沙屯,离村部30里。

第一站,黄文秀走进百爱屯。

"大婶,我是新来的驻村干部。请问,韦胜双家在哪里?"

大婶"叽里咕噜"吐出一串方言。黄文秀听不懂,茫然。

这里的村民通常讲桂柳方言,虽能听懂普通话,但都不会说。

正在这时,迎面走来一个女孩。在女孩指引下,她总算找到了韦胜双的家。

"笃笃笃!"黄文秀敲了敲门。一位中年男子探出头。

走进院子,黄文秀在石凳上坐下,从双肩包里掏出几张表格,拿出笔记本,开始询问。

韦胜双低下头、抽着烟,任凭怎么问,什么也不说。

随后,她来到了贫困户黄世亮家。

黄世亮也是吞吞吐吐,不说话。那意思很明显:你一个小女娃娃,能帮我们解决问题吗?

又是一个"软钉子"。

黄文秀再去敲梁家忠的大门,但老梁挡在门口,坚决不让进去。

两个"软钉子"之后,又吃一个"闭门羹"。

转了大半天,什么信息也没有收集到。

晚上回到宿舍,她越想越难过,禁不住趴在床上,"呜呜"痛哭起来……

第二天,周昌战语重心长地说:"农村就是熟人社会,老百姓跟你熟了,自然接纳你。"

是啊,自己初来乍到,就拿着本子问人家各项收入,对方肯定有顾虑。看来,首先要改变自己。

此后,黄文秀再去走访,先脱下外套,帮他们干家务,然后才话家常、摸情况;贫困户不在家,她就找到农田,一边干活一边说话。

为了消除语言障碍,黄文秀下功夫学习桂柳方言。

"嫩子(怎么样)""更子(这样子)""过笼(太过火)""发气(生气)"。

"你想嫩子?我就更子"……

她一句一句反复练习。

"一过奶老坐在马卵古高头打啷衣(一位老奶奶坐在鹅卵石上面织毛衣)。"几天后,桂柳话的这个"绕口令",黄文秀也能流利地说出来了。

有一天,一个村民想逗逗黄文秀,递给她几个超酸的枇杷:"很甜,你尝尝吧。"

黄文秀接过来,咬一口。哎哟,酸得龇牙咧嘴。

另一位村民笑道:"你惹得太过笼,黄书记发气了。"

黄文秀说:"哎哟,你更子。枇杷真的好甜哟,甜得我牙都快掉了!"

看着她张嘴挤眼的样子,村民们都笑了。

开心的笑声里,双方的心,渐渐靠近了……

4、我要下乡

硕士研究生毕业时,黄文秀可以留京工作,可她执意回归。

2016年7月,她作为广西壮族自治区优秀"选调生",被分配到百色市委宣传部。

一年转正期后,黄文秀主动申请到基层工作。

组织经过考虑,安排她到故乡田阳县,挂职那满镇党委副书记。

2018年2月,市委号召机关干部到农村扶贫,担任驻村第一书记。黄文秀想,镇政府在家门口,又靠近城市。因此,她再次申请,希望去更艰苦、更偏远的基层农村。

于是,400里外的乐业县百坭村,便成为她的归宿。

乐业县,位于云贵高原东南麓、十万大山深处,地处黔桂两省三市(州)7县结合部,是百色市最贫困的区域。数百个稀稀疏疏的小村,隐藏在大山皱褶里,清清瘦瘦,愁眉苦脸。

5、咱村的女儿

者乐屯贫困户黄邦旋,是有名的倔脾气。

那天,村干部上门填写《扶贫登记表》,不料他把大门"咣当"一关,吼道:"不给我办低保,那我要'贫困户'干什么?"

任凭怎么喊,就是不开门。

进不了门,填不了表,后续工作就无法进行。

黄文秀说:"我来试试。"

她一边敲门,一边打起亲情牌:"你姓黄,我也姓黄,我叫你哥吧。

哥,你这么勤快,如果再加上政府帮助,一定能脱贫。你不开门,填不上表,不是要受损失吗?哥,有事慢慢说,好吗?"

门开了,黄邦旋还是黑着脸:"我为什么不能享受低保?你们不给办,我就不签字。"

黄文秀笑着说:"哥,你放心,只要符合上级政策,一定给你办。还有,你要是把果园管好,我还能帮你申请产业补助款呢。"

"说话当真?"

黄邦旋态度和缓了,黄文秀赶紧趁机做工作:"哥,我们认真研究过你家的情况,根据上级文件规定,真的不具备吃低保条件。但是,国家扶贫政策很多,何必只想着吃低保呢?吃低保只能解决基本生活。只有脱贫致富,才最长久。"

黄邦旋心有所动。

黄文秀接着说:"你可以申请产业补贴资金,用这笔钱种果树。种得好,脱贫致富不成问题,比仅仅吃一点低保靠谱啊!"

黄邦旋脸上终于有了笑容:"小妹妹,说的有道理。就冲你,我签字!"

在走访中,黄文秀发现,有些人不愿意承认自己是贫困户,有些人又争着做贫困户,有些人甚至质问:"谁谁家庭条件那么好,却是贫困户,我不服!"

黄文秀就耐心解释:能不能被定为贫困户,不是哪一个人说了算,而是按照政府统一的标准评定,评定过程很规范、很全面。

经过一次次耐心解释,这些农户才打消疑问。

经过一个多月走访,黄文秀基本掌握了全村情况:建档立卡贫困户195户883人,目前还有154户691人未脱贫,因学致贫和因残、因病致贫占比最高……

……

全村11个自然屯,不是坐落在山顶上,就是蜷曲在山沟里。

虽说前些年修了几条砂石路,但坎坷不平,尤其雨季,路面坑坑洼洼、泥泞不堪,别说汽车,就连摩托车也难以通过。

更紧要的是,果园大多集中在山上。山路不通,农副产品运不出去,外来物资也送不进来。

"要想富,先修路,看来真是这样!"

黄文秀带着村干部天天踏勘,终于画出了详细的地形图,精确到每块农田、每个果园的位置。

全村需要硬化的产业路,共44里。按照4.5米宽的标准,需要几百万元。

她和村干部努力向上级争取资金,并决定:先急后缓,分条分段,逐步修建。

即使能争取资金,道路今年也不能完工啊。果子在一天天成熟,如果今年再运不出去,果农又要受损失。

他们决定:组织村民,自己动手,对破损路面先行抢修,作为应急之用。

山上的几个屯子极缺水,村民生活用水全靠蓄水池。可百果、那赖、长沙、百布四个屯的蓄水池老化、渗漏,经常干涸。

从8月开始,黄文秀带着修建蓄水池的方案,一趟趟跑往县水利局。

经过一番努力,4座大容量蓄水池终于建好了。

山上屯子缺水,山下屯子却又常遭水灾。

那用屯10户人家,房屋都建在小河对面的堤坝上。村民外出、下田劳动、孩子上学,都要跨过一条小河。河上无桥。平时过河,村民们就用绳子吊起几根木杆,架在两岸,权当桥用。但到了雨季,河水上涨,木杆不是被淹没,就是被冲走,人们只能望河兴叹。

一次,黄文秀从县里请来一位技术专家,给村民讲授果树管理。恰逢刚下过雨、河水大涨,架在河上的几根木杆被冲得无影无踪。专家过不去,村民们也过不来。

无奈,双方只能隔着河,"喊"了一堂课……

黄文秀提出:"无论如何也要修一座桥。"

她向镇里和县里打报告,申请一部分资金,然后又发动群众出工出力,终于修起了一座真正的桥。

原来,村民们都称她"黄书记";后来,都喊她"秀儿"……

6、孝心

黄文秀是一个孝顺女儿。

上大学后,她就不再向父母要钱,而是自己打工。刚开始上街发传单,后来当家庭教师。几年下来,不仅挣下学费和生活费,还赚了几万元。2016年从北京毕业后,被广西壮族自治区招录为"选调生",属于人才引进,国家补贴5万元安家费。这样,她拿出3万元,帮助爸妈把那栋居住20多年的老旧小平房,改建成一栋两层砖混小楼。

工作转正后,月收入稳定。为了回家和工作方便,她又交上首付,贷款买了一部白色越野车。

她想,这几年,趁自己没有结婚,要好好孝敬一下父母。

不想,祸事来了。

2019年2月,父亲被诊断为肝癌,先后做过两次大手术。黄文秀十分揪心,常常痛哭。

前些天,她得知有一种特效药,便马上委托在京同学帮助购买。

7、从戒烟开始

村部的环境卫生状况总是糟糕,桌子上、地面上到处是烟头烟灰,开会时更是烟雾缭绕,咳嗽声一片。

一天,黄文秀说:"抽烟有害健康,大家都知道,但多年习惯一时也不容易戒掉。不过,我想给大家提一个要求:今后不乱扔烟头、不乱弹烟灰,好吗?"

几位村干部一愣。

黄文秀就笑着讲解抽烟的害处,还找出相关视频,向大家播放。

村支书周昌战是资深烟民。黄文秀说:"周大哥,你要是能戒烟,我就奖励你500元。"

周昌战嘿嘿一笑:"一下子戒掉有点儿难。要不这样吧,先从乱扔烟头罚款做起,谁要是乱扔一个烟头,罚款5元!"

黄文秀一拍手:"好,一言为定!"

几天后的一次干部会上,黄文秀又把一个电脑板放在桌上。

周昌战懵懂:"这是干什么?"

"现在是信息时代,网络都普及到村里了,电子政务、电子商务是大方向。我发现,咱们村干部只有两个人会用电脑,这可不行。"

黄文秀把电脑板向周昌战近前推一推:"村干部带头学电脑,从支书做起。"

"秀儿,我这么大年纪了,还能学会吗?"周昌战有些犹豫。

"没问题,我来教你。"黄文秀笑着说,"学电脑可没有戒烟那么难。"

"好好,我学。"周昌战连连答应。

不久,几个村干部不仅学会了打字、绘制表格、打印图片,还能在电脑上看文件、查资料了。

一些村民反映:去村部办事,常常找不见人。

黄文秀和周昌战商量,实行村干部值班制度,每天都要有专人负责接待群众。

8、砂糖橘

经过调研,黄文秀进一步认识到:导致贫穷的最根本原因是没有特色产业。

百坭村冬暖夏凉、降水丰富,特别适合种植砂糖橘。

其实,前几年,政府曾经号召种植,村民们也种了500多亩,但由于缺乏技术,很多橘树遭受病虫害,果实大小不一,果肉含虫多。这样一来,导致果农丧失信心,放任生长。

怎么办?

必须选一个种植砂糖橘的"示范户"。

选谁呢?

班统茂!他年近五十、身体壮实,有30亩砂糖橘。更可贵的是,他爱动脑筋,摸索了一些种植经验。这两年,赚钱虽不多,但总比种粮食作物强一些。

黄文秀找到班统茂,可他坚决不答应。

的确,当"示范户",既没有经济补助,还要浪费自己时间。

她三番五次做工作:"班大哥,你扛起一面旗就行,其它问题由我们来解决!如果你赔钱,我用工资补你,我写保证书!"

面对黄文秀的真诚,班统茂终于答应了。

恢复种植、扩大规模,都需要启动资金。黄文秀想方设法,帮贫困户申请无息贷款。

看到秀儿这么尽心尽力,果农们都重振精神、行动起来。

经过多方询问,黄文秀还找到一家农林公司。这家公司在林果种植技术方面拥有丰富经验,并且还有畅通的销售渠道。

在黄文秀的邀请下,公司与百坭村共建"标准化果园"。公司派出四名技术员,手把手地教果农剪枝、疏果、保果、施肥、喷药……

经过科学管理,原本无精打采的橘树重新生机勃勃,枝干茁壮、果实累累。

进入十一月,砂糖橘陆陆续续成熟了。

看着红澄澄的果子,村民们喜忧参半:喜的是从来没见过砂糖橘长得这么好,忧的是果子能不能及时卖出去?

黄文秀笑而不语。

原来,她早已与云南、贵州、四川、海南等地的果商签订了销售协议。

黄文秀还摸索网上销售的路子,组织几个青年村民,建立了百坭村电商服务站。

2018年秋天,百坭村砂糖橘产量高达180万斤,全部销售出去,村民收入200多万元。

2019年春天,全村扩种砂糖橘1000亩、八角1200亩、油茶1000亩和优质枇杷500亩……

9、最后的晚霞

6月13日,黄文秀终于收到了北京同学寄来的特效药。

这天是周四,三天后的周日恰好是"父亲节"。于是,她决定,周末回家送药,好好陪一陪父亲。

入夏以来,雨水格外多,村里的水利设施多有毁坏。

14日全天,黄文秀和村干部们查看全村受灾情况,商量申请项目资金、制定维修方案。

在笔记本上,黄文秀认认真真地写出了几项清单:

1、百果屯和百爱屯,600米,预计9万元;

2、百布屯水利维修(建渡槽),20米,预计1万元;

3、百果屯、百坭屯水利维修(建渡槽),30米,预计1.14万无;

4、拟建20座垃圾池,预计10万元;

5、那用屯平板桥,预计8万元。

傍晚收工时,她对周昌战说:"我回家一趟。周一回来后,咱们就抓紧落实。"

回到宿舍,匆匆吃一包方便面。十分钟后,黄文秀驾驶那辆白色越野车,披着五彩晚霞,离开了百坭村……

10、水殇

一栋粗粗糙糙的两层砖混楼房,默默端坐在一座山脚下。

房子旁边几棵高大的木瓜树、芒果树,蓊蓊郁郁,蓬蓬勃勃。夏日的阳光,在叶片上闪闪烁烁地跳跃。微风吹过,繁叶飒飒作响,似乎在交头接耳地窃窃私语。

这里,是黄文秀父母居住的地方。

房子虽已建成三年,但由于经济拮据,至今还是毛坯,甚至连门窗也没有安装。屋内没有一件新家具,只有两把木椅、一张餐桌和些许杂物。靠墙的旧桌上,放着一台老式显像管电视机……

十几天前,父亲刚做过第二次手术,在家卧床静养。

前天晚上,黄文秀驾车3个多小时,穿越400里山路。回到家时,夜已深深。这两天,她每顿饭都要亲手喂父亲,吃些松软食物。

16日中午11点30分左右,黄文秀对母亲说:"我下午要到市委宣传部商量工作,然后赶回百坭村。"

父亲吃力地坐起来,担忧地说:"秀儿,天气预报说今晚有暴雨。400里山路,你一个女孩子开车,太不安全,明天再回村吧!"

黄文秀看着父亲:"阿爸,下暴雨,几个屯子很可能发生山洪,我更应该回去。"

16日下午,黄文秀在市委宣传部谈完工作时,暮色已浓,黑云滚滚。

同事劝她晚饭后出发,或干脆明天回去。

她说"不行呢,明天是周一,有任务。我今晚必须赶回去!"说着,匆匆下楼。

驾车出发不久,淅淅沥沥的小雨渐渐浓密。一道闪电划破漆黑,几声响雷滚过,大雨倾盆而降。

途中,黄文秀给周昌战打电话,提醒做好防洪准备。

驶进凌云县境内,暴雨更猛。

此时,夹在两山之间的公路,已经变成汹涌的河面。

23时43分,黄文秀用手机拍了一条11秒的洪水视频,发到"广西云平台",并配发声音:"好危险,有一辆车已经被水冲走了,我现在过不去了。"

市委宣传部工作群里,同事们纷纷留言:"注意安全!""太危险,快掉头!"

视频里,不时有兽爪状的闪电撕裂夜幕,呈现出鬼魅般的靛蓝……

2019年6月17日凌晨,灾难降临!……

11、她在丛中笑

乐业县,是一个奇特的地方。

由于特殊的喀斯特漏斗地貌,山高谷深、天坑密布。全世界13个超大型天坑,其中7个就在这里。因此,乐业县被誉为"世界天坑之都"和"世界天坑博物馆"。

这里,山水灵异,处处美景。瘦瘦弱弱的山路,白白胖胖的迷雾,迷迷幻幻的岩洞,幽幽深深的天坑。

……

2019年底,百坭村整体脱贫。

2020年11月20日,经广西壮族自治区人民政府批准,乐业县正式退出贫困县序列。

如今的百坭村,山上山下水泥路成网,处处是精致的小楼、鲜花盛开的庭院。一条条小河,绕村而流。一架架石桥,横跨两岸。

溪水潺潺,翠竹环绕,菜花粉蝶,白墙黛瓦。欢乐的广场上飘摇着五彩的音乐,幽静的小路上摇曳着浪漫的街灯……

一切,似乎安安静静、默默无语。

但是,只要你停下脚步,对视群山,就能听到一声声轻轻的呼唤:秀儿、秀儿……

(文章来源:《人民日报》2021年9月29日)

第八章 非虚构写作文体举隅

作为一种"文类"概念，非虚构是与虚构相对而言的，涵盖了新闻、通讯、调查报告、报告文学、传记文学、回忆录、纪实散文、行旅文学等以客观真实为基本特征的多种文体类型。本章主要选取报告文学、通讯、调查报告、传记文学、回忆录、行旅文学、纪录片七种运用广泛的非虚构文体，具体介绍每种文体的特征、功能和类型，并结合具体文本，重点分析每种文体的写作要求、写作要点和写作技巧与方法，并通过文本分析和写作实践训练，使学生熟练掌握常见非虚构文体的写作方法，提高非虚构写作的应用价值和现实意义。

第一节 报告文学

在"非虚构"大家族中，报告文学是影响最大、成果最为丰硕的一种文体，人们也因此容易混淆报告文学与非虚构写作，或者将报告文学等于非虚构，或者用非虚构取代报告文学。造成这种认知混乱的主要原因是混淆了"文类"与"文体"①在内涵与外延上的区别。非虚构是"文类"的概念，而报告文学是"文体"的概念，它们并不处在同一层级上，作为文类概念的非虚构可以涵盖报告文学，报告文学却不能涵盖非虚构，更不等同于"非虚构"。

---

①文艺理论家童庆炳认为：文体是指一定的话语秩序所形成的文本体式，它折射出作家、批评家独特的精神结构、体验方式、思维方式和其它社会历史、文化精神……从表层看，文体是作品的语言秩序、语言体式，从里层看，文体负载着社会的文化精神和作家、批评家的个体的人格内涵。（童庆炳：《文体与文体的创造》，云南人民出版社1994年出版，第1页）文类是文章的类属，强调的是文章类型属性，文类大于文体，一种文类可以包含多种文体（子类）。

一、中国报告文学发展脉络

报告文学(Reportage)是一个舶来的文体名称,从现见资料看,报告文学的汉语名称始见于1930年,来源于日文翻译,而这一文体发端于欧洲,是由新闻报道发展而来的一种重要的国际性写作方式。报告文学是与时代最同频共振的文体,近代以来中国社会风云激荡,报告文学这一发端于欧洲的文体形式亦在中国生根发芽直至枝繁叶茂。

20世纪30年代,中国翻译了不少国外研究报告文学的文章,如沈起予译法国马尔克斯著《报告文学的必要》、徐懋庸译法国梅林著《报告文学论》、周行译法国加博尔著《"报告文学"的本质与发展》、张元松译塞尔维亚巴克著《基希及其报告文学》等,这些理论建构对中国报告文学理论有重要启发意义。另外,翻译报告文学作品对中国报告文学创作也产生了积极影响和示范效应,其中,尤以胡仲持等翻译的美国记者、作家埃德加·斯诺的《西行漫记》、周立波独译的捷克德语作家埃贡·埃尔文·基希所著的《秘密的中国》影响最大。受到特定时代社会激变的激发和国际报告文学创作思潮影响,中国报告文学创作开始活跃,产生了夏衍的《包身工》这样的标志性作品,成为中国报告文学的经典之作。20世纪三四十年代,是中国报告文学的重要发展期,大后方报告文学和解放区报告文学是这一时期的两大创作板块,瞿秋白、茅盾、夏衍、萧乾、丁玲、周立波等著名作家都创作了大量优秀报告文学作品。

20世纪50年代的报告文学有两大主题:战争与建设。开国初年的抗美援朝、保家卫国,是新中国不期而遇的重大事件。对抗美援朝的书写和记录,成为其时报告文学写作的一大热潮,产生了魏巍的《谁是最可爱的人》、巴金的《我们会见了彭德怀司令员》等影响巨大的代表性报告文学,这些作品讴歌志愿军将士舍生忘死、保家卫国的高尚情怀。20世纪50年代人民共和国百废待兴,国家建设自然是时代重大使命。一大批作家奔赴生产建设一线,以极大的热情、多样的笔调,描写改天换地、日新月异的壮美的建设场景和各行各业拼搏奋进的劳动英模,构成新中国"创业史"的重要篇章,其中,影响最大的当推穆青等人采写的《县委书记的榜样——焦裕禄》，发表于 1966 年 2 月 7 日《人民日报》。作者将兰考已故县委书记焦裕禄置于人与自然、人与社会等多重矛盾中加以真实地叙写，充分表现焦裕禄"他心里装着全县人民，唯独没有他自己"的崇高精神品格，鲜活地塑造了"当群众最困难的时候，共产党员要出现在群众面前"真正的共产党人的感人形象。《县委书记的榜样——焦裕禄》以其叙事的真实和人物精神的开掘使其超越了具体的时代，成为影响一代又一代后来人的经典性作品。

新时期报告文学独树一帜，一方面巨大的社会变革，为报告文学写作供给了繁复多姿的题材资源；另一方面，改革开放、思想解放的社会氛围，为作家以报告文学的方式报告时代、介入时代、思考时代创设了可能与动能。相比"十七年"时期的报告文学，新时期报告文学除了继续发挥着文学"轻骑兵"真实快速反映现实的功能外，还在反映现实中能动地、直接地影响现实。产生了徐迟的《哥德巴赫猜想》、陈祖芬的《中国高于一切》、李延国的《中国农民大趋势》等一大批反响巨大的作品，以其对现实深度的介入和对思想解放进程的独特参与，在文坛和社会产生了重大的影响，成为新时期中国文学的主潮之一。其中，科技题材报告文学尤为引人注目，科学家、知识分子成为报告文学的主角，这是文学对"尊重知识、尊重人才"这一时代主题的积极呼应和生动表达，同时，也极大地推动了"科学技术是第一生产力"这一科学理论的社会认同。

新世纪以来，中国的改革经济社会发展波澜壮阔，报告文学与时代同向同行，陈锡添的《东方风来满眼春——邓小平同志在深圳纪实》、王宏甲的《中国新教育风暴》、黄传会的《托起明天的太阳——希望工程纪实》《中国新生代农民工》、李春雷的《木棉花开》、宁肯的《中关村笔记》、唐明华的《大风歌——中国民营企业四十年》、杨黎光的《横琴——对一个新三十年改革样本的五年观察与分析》、何建明的《根本利益》《落泪是金》《部长与国家》《浦东史诗》等一大批优秀的报告文学作品真实记录了中国这段大历史的诸多大事，更留存了大量具有传奇性的生动细节。这些作品汇聚成一部别样的波澜壮阔的当代中国改革开放史，在审美价值之外,更具有极其珍贵的文献价值和社会学价值。

从新时期到新时代,中国的改革开放和社会主义现代化建设取得了历史性成就,党和国家事业发生了历史性变革。报告文学作家为民族伟大复兴的成就所鼓舞,以作品宏大的国家叙事,大写细述具有标志性的国家建设工程和科技进展。李鸣生《飞向太空港》《中国"863"》、卢跃刚《长江三峡:中国的史诗》、徐剑《东方哈达》《大国重器》、梅洁《大江北去》、许晨《第四极》、王雄《中国速度——中国高速铁路发展纪实》、何建明《大桥》、长江《天开海岳》等,这些作品,分别报告了中国的航天事业、长江三峡工程建设、青藏铁路建设、导弹事业、南水北调工程、深海探潜、高铁发展和港珠澳大桥建设等。在一项项重大工程建设中,不仅体现了中华民族的智慧和力量,而且事在人为,通过工程中人物精彩故事的叙述,彰显了"中国创造"中伟大的民族精神。脱贫攻坚是全党全国各族人民的共同努力,区域性整体贫困得到解决,完成了消除绝对贫困的艰巨任务,创造了又一个彪炳史册的人间奇迹。对这一人间奇迹的热情记录和倾情书写是新时代报告文学的又一热点,产生了何建明的《诗在远方——"闽宁经验"记事》《德清清地流》、李迪的《十八洞村的十八个故事》、纪红建的《乡村国事》、李春雷的《金银滩》、任林举的《出泥淖记》等,这些作品真实生动地反映了脱贫攻坚工作的伟大成果,成为我国决胜全面小康、决战脱贫攻坚的一份重要文学纪录,也必将为后世留下一份珍贵的民族记忆、国家记忆、奋斗记忆、文学记忆。

从文体属性角度看,中国的报告文学,虽然在 20 世纪 30 年代已有夏衍的《包身工》、宋之的《一九三六年春在太原》等经典作品,但其实在很长一个时期报告文学并没有成为一个独立的文体。从 20 世纪五六十年代的作品名称就可知道这一点。现在我们称为报告文学的作品,如《谁是最可爱的人》《县委书记的榜样——焦裕禄》等作品,其时称作通讯报告。一度受到苏联特写的影响,写实类作品大多名之特写。而从作品的形态看,大多新闻性强、篇幅较短、写法单一,较多地近似通讯特写;有一些作品则抒情性较强,描写也多,偏向了散文一体。1963 年全国第一次报告文学座谈会上,与会者针对报告文学名称混乱的现状,提出为报告文学"正名","从全国解放以后,对报告文学的称法就很不一致了。有一个时期,'特写'这个名称很流行,它的性质近似报告文学,却又不能全包括报告文学的多种形式;而且这种'特写',同过去我国报纸上的特写,也不相同。此外,在有的报刊上,又称之为'文艺性通讯''文艺性速写',有的还称为'文艺性的调查报告'……等等,名目一多,就比较乱,容易混淆不清"[①]。一方面说明报告文学文体并没有自立,另一方面也表明它尚未取得公认的文体地位。中国报告文学真正取得独立的文体地位,是在改革开放的历史新时期。报告文学作家文体的自觉,报告文学文体的独立和与之相应的文体地位的提升,主要是由实际的创作成就和巨大的社会影响奠定的。当然也与文学评奖制度的助推有很大关系,1981年,中国作家协会设置了"报告文学奖"和1981年5月25日与中篇小说、诗歌同时召开三项评奖颁奖大会。到1996年中国作家协会设立"鲁迅文学奖",报告文学就顺理成章地列为七种奖项之一。评奖制度的确立,既是对报告文学创作实绩的肯定,也是对这一文体属性的强化。

二、报告文学的基本文体特征

报告文学到了新时期才有了真正的文体独立,逐步形成了某种范式化的写作形制和基本的文体特征,主要表现为三点:新闻性/时代性、文学性/艺术性、政论性/意识形态性。

报告文学的新闻性/时代性。报告文学是基于新闻传播而形成的新闻文学,从报告文学发生、发展的历史看,在相当长的一个时期,报告文学是新闻的衍生品,或者就是新闻的一种品类。传统的报告文学,是一种与时代关联很紧密的"时代文体",题材的新闻性某种程度上决定着作品的基本价值,新闻性是其文体的基本规定性。新闻性不仅表示着取材的时效性,还意指它非虚构的客观真实性和贴近时代的现实性。早在这一文体初现之时,茅盾先生分析其风靡的原因:"每一时代产生了它的特

[①] 袁鹰、朱宝蓁、吴培华:《报告文学座谈会纪要》,《新闻业务》,1963年第5、第6期合刊。

性的文学。'报告'是我们这匆忙而多变化的时代所产生的特性的文学样式。读者大众急不可耐地要求知道生活在昨天所起的变化,作家迫切地要将社会上最新发生的现象(而这是差不多天天有的)解剖给读者大众看,刊物要有敏锐的时代感——这都是'报告'所由产生而且风靡的根因。"①茅盾的阐释确认了报告文学与时代的特殊关系,"报告——记录"是这一文体的根本使命。迅速地,及时地"报告"现实生活中具有典型意义的真人真事,往往像新闻通讯一样,善于以最快的速度,把生活中刚发生的事件及时地传达给读者大众。题材即是发生的某一件事,所以"报告"有浓厚的新闻性/时代性。

  报告文学的文学性/艺术性。报告文学的"报告"绝不是新闻那样的简单、直白、单调,它必须充分地形象化。必须运用文学语言和多种艺术手法,通过生动的情节和典型的细节,将'事件'发生的环境和人物活生生地描写出来,带给读者身临其境的阅读体验,而且从这具体的生活图画中明白了作者所要表达的思想。"报告文学的文学性,因其不可虚构,自然不同于小说等文体的文学生成,在满足非虚构的客观真实的前提下,兼取小说、散文乃至电影等艺术手法为"我"所用。报告文学的文学性是一种整体性呈现,包括结构设计、语言表达、现场感体现、叙事节奏、人物再现等等"②。别林斯基说:"艺术必须首先是艺术,然后才能是社会精神和倾向在特定时期中的表现,不管一首诗充满着怎样美好的思想,不管它多么强烈地反映着现实问题,可是如果里面没有诗歌,那么,它就不能够包含美好的思想和任何问题,我们所能看到的充其量不过是执行得很坏的美好的企图而已。"③而当下一些报告文学不能成功的重要原因就是文学性匮乏,艺术感染力不足。何建明说:"我们不缺乏好的故事,而是缺乏讲故事的能力。而当下,概念化和简单化是讲中国故事不能成

---

  ① 茅盾:《关于"报告文学"》,《中流》1937年第11期。
  ② 丁晓原:《国家志·文体史:新中国70年报告文学论》,《福建论坛》(人文社会科学版)2019年第9期。
  ③ 别林斯基:《一八四七年俄国文学一瞥》,《别林斯基选集》(第2卷),满涛译,时代出版社,1953,第414—415页。

功的基本原因。"①如何生成报告文学的文学性？何建明将之归纳为"形式上的突破与创新""真挚的情感""生动的细节""逼真的现场感""合理的结构""优美的语言表达"，各种艺术手段不拘一格，其目的就是把中国故事讲到读者的心坎里，形成动人心魄的艺术感染力。评论家丁晓原强调"重构报告文学的叙事优势""要尊重生活本身的复杂性、多样性，挖掘蕴含其中的故事性。""需要明确故事的主体是人物，报告文学的人物叙写也要像小说的人物塑造一样，去'扁平人物'，求'圆形人物'，既写出人物性格主导的一面，也要写出其'多面的''变化的'特点，写出人物本有的故事性"②。

"报告文学的最大的力点，是在事实的报告。但是，这决不是和照相机摄取物象一样地，机械地将现实用文字来表现。这，必然的具有一定的目的和一定的倾向"③。只有兼具了新闻性与文学性，报告文学才拥有了其它文体不可比拟的优长——相对于新闻，它保留了与新闻同样真实可信的共性，又克服了新闻容量不足和浮于表象的弱点；相对于其它文体，保持了文学艺术固有的渗透力和感染力，但克服了语言和表现手法上的框范，可以天马行空、无所拘束，诗、散文、小说甚至戏剧、绘画、摄影等各种表现手法都可以自由运用。于是，它也就拥有了超强的力量，超强的表现功能，也有了超强的实用性。

报告文学的政论性/意识形态性。报告文学从其发生发展的历史看，是一种意识形态色彩显著的文体。英国学者伊格尔顿指出："在选取一种形式时，作家发现他的选择已经在意识形态上受到限制。他可以融合和改变文学传统中于他有用的形式，但是，这些形式本身以及他对它们的改造具有意识形态方面意义的。一个作家发现身边的语言和技巧

---

① 何建明、丁晓原：《何来今天的蔚为壮观——关于报告文学的对话》，《文艺报》2021年6月30日。
② 丁晓原：《重构报告文学的叙事优势》，《博览群书》2014年第6期。
③ 川口浩：《报告文学论》，沈端先译，《北斗》1932年第2卷第1期。

已经浸透一定的意识形态感知方式,即一些既定的解释现实的方式。"①报告文学更是这样。报告文学虽为客观的写实文体,但作为一种主体行为,它必然是客观性与主体性结合的生成。报告文学在中国化的过程中,逐渐形成了它的意识形态特质,政治性或者意识形态性是其基本特征,因而,有时被称为"政治的文学"。对世界和现实社会生活的密切关注、深度参与、介入与干预始终是报告文学的追求、使命和担当,也是报告文学具有强大生命力的根本原因。从中国早期出现的报告文学作品如瞿秋白的《饿乡纪程》、夏衍的《包身工》、萧乾的《流民图》,到后来魏巍的《谁是最可爱的人》、徐迟的《哥德巴赫猜想》、穆青的《县委书记的好榜样——焦裕禄》、何建明的《那山那水》等似乎都是带着某种使命而来。一方面,它们要承载当时的社会、人文信息,一方面也清晰地反映了作者以及大众的内心诉求和呼声。既是历史侧面的真实记录,也是当时主流价值观和精神状态的呈现。报告文学在人类社会的文化、文学生活中,始终保持着它的活力、热度,为社会生活的进步和人类精神境界的提升发挥了重要作用。"举精神之旗、立精神支柱、建精神家园,都离不开文艺。好的文艺作品就应该像蓝天上的阳光、春季里的清风一样,能够启迪思想、温润心灵、陶冶人生,能够扫除颓废萎靡之风。"②报告文学的生存和发展,决定了它始终要和不同历史时期的社会现实紧密地结合在一起,也始终要关注与表现现实社会生活中的重大冲突、重大矛盾、重大事件和重大成就,有一些虽然构不成重大,但却如实地反映当时社会的物质和精神,具有人文、社会和史学价值。

报告文学鲜明的政论性/意识形态性,要求报告文学作家要恪守文学本位,客观地面对、记录、反应、反思、感悟和参与现实。当然,"客观"并不是不顾实际地诋毁和抹黑,也不是没有原则地歌颂和粉饰。因为文

---

①伊格尔顿:《马克思主义与文学批评》,《西方马克思主义美学文选》,漓江出版社,1988,第686页。

②习近平:《在文艺工作座谈会上的讲话》,《习近平总书记在文艺座谈会上的重要讲话学习读本》,学习出版社,2015,第7页。

学的本意是要让生活和世界因为文学的参与变得更加美好,让人在黑暗里看到光明,在灼热中感到清凉,在寒冷中看到温暖,在绝望和失望中看到希望。事实上,敢于直面问题、揭示问题进而推动重大社会问题的解决始终是报告文学的重要价值维度。何建明的《落泪是金》关注中国贫困大学生问题,黄传会的《中国贫困警示录》关注八千万中国同胞的深度贫困问题,李燕燕的《我的声音,唤你回头》关注中国女性所遭遇的各种违法侵犯行为,丁一鹤的《绝对控制》聚焦网络诈骗问题,这些作品关注的都是重要乃至重大的社会课题。作家们的深度关注和真实书写,极大地推动了相关问题的正视与解决,体现了报告文学强大的社会介入功能,让人们看到美好、看到希望、看到梦想就在前方,使文学走出象牙塔,成为推动社会进步和人类文明发展的建设性力量。

  时代生活及其特定的社会存在不仅规制着文体的"兴"与"废",也影响它内在的"变"。相比其它文体,报告文学与时代的关联更为紧密,与时俱进、因时而变是报告文学的必然选择。同时,报告文学又是基于新闻传媒生成的文体,近代以来,新闻传播的载体和方式,发生了许多重大变化,这也直接导引着报告文学文体的转型开新。言及文体有所谓"大体须有、定体则无"之说,"大体须有"指每一种文体都有其相对稳定的特征,而"定体则无"意谓每一种文体的属性和特征都会随时代和社会生活的变化而变化,没有一成不变的文体定格。报告文学更是这样,如前所述的报告文学的基本文体特征(特征新闻性/时代性、文学性/艺术性、政论性/意识形态性)在"全媒体"时代必然会发生或隐或显的变化,这些变化表现在新闻性/时代性和政论性/意识形态性的弱化,文学性/艺术性的增强等方面,更表现在题材选择、叙事方式、话语模式、艺术技巧等层面。从20世纪二三十年代至今的百年间,中国的报告文学经过几代作家多向度的探索和多层次的实践,不断开拓、试错、脱轨、反思、调整,它在呼啸前行过程中不断地碰撞、冲击着自己的文体"红线",也破坏和拓展着自己的文学疆域,并日益彰显出蓬勃强大的生命力。

◎ 问题思考与写作训练

1. 结合具体作品,谈谈报告文学的基本文体特征。

2. 中国现当代文学史上的著名作家周立波,早期的文学活动集中在报告文学翻译、理论研究和创作方面,对中国报告文学发展有巨大贡献。阅读文学评论家丁晓原的文章《周立波:报告文学翻译、研究和创作》,了解周立波的报告文学理论要点和创作风格。

3. 认真阅读何建明的《永远的守望》,思考这篇报告文学在叙事方式、表达技巧等方面特点以及对你写作的启发。

阅读材料1:

周立波:报告文学翻译、研究和创作

丁晓原

小说家的周立波,在创作小说之前,曾经是一位多产的报告文学作家。在此之前,周立波又是以国际报告文学名著的译者与报告文学理论研究者的角色出现于文坛的。

一

我国现代报告文学,可以说是中外文化交流的产物。这种交流是双向的。一方面我国仁人志士和进步的文化人,远赴他国,撰写域外题材的报告文学,如梁启超的《新大陆游记》、周恩来的《旅欧通讯》、瞿秋白的《赤都心史》、邹韬奋的《萍踪》系列等;另一方面是国外的报告文学理论和作品被翻译介绍到国内。在被译介的国外报告文学中,有两部作品是颇为特殊的,也是最具影响的。一是胡仲持等翻译的美国埃德加·斯诺撰写的《西行漫记》,一是周立波独译的捷克德语作家埃贡·埃尔文·基希所著的《秘密的中国》。这是两部国际友人所作的关于中国题材的报告文学。就知名度而言,显然《西行漫记》要比《秘密的中国》大,这或许是由于《西行漫记》所报告的题材,对大众更富有新鲜感和刺激性。但如果从报告文学本体角度而言,则我以为《秘密的中国》对我国当时的报告文学更具影响力。这种影响力源于多个方面。一是基希是"现代最大的Reporter""创始了他独特的报告文学"。基希作为国际报告文学的开拓者,他有一种独特的"名人效应"。二是《秘密的中国》,它提供了报告文学的某种范式,具有独特的文体意义。三是《秘密的中国》典型地体现了报告文学的文体功能。作为"这匆忙而多变化的时代所产生的特性的文学样式"的报告文学,它一开始就以社会批判者的姿态出现于文坛和社会。对于有社会意识的报告文学作者来说,他肩负着斗争和艺术的双重任务。他要用"最轻便、最直接、最迅速"的报告文学这一形式去履行"把资本主义的腐败、军事的阴谋、法庭的明知故犯的罪恶、社会上的压迫和剥削……暴露了出来的所谓'逐臭之夫'"的社会职责。《秘密的中国》"这书里的二十三篇文章,描写了上海、北平、南京三处地方的社会状况。这中间有榨取中国的帝国主义者的丑态笑剧,有受难的中华民族的悲剧。"它所反映的是国际报告文学中的基本主题。

正是由于上述诸种原因,所以《秘密的中国》译介后,很快就赢得了很大的反响。有评论者称它"是一本惊人的书","像《秘密的中国》这样兴奋而有意义的书却很少见,基希的贡献无疑地是伟大的,值得我们的称颂。"这部作品直接影响了我国现代报告文学的创作。著名报告文学家黄钢在《我怎样写报告文学》中认为:"基希的冷静的风格及其对于旧中国旧社会辛辣的揭露和嘲讽,对于我那时的文学进修发生过深刻的影响。"据说,鲁艺文工团员在奔赴抗战前线时,许多人都带上手抄本《秘密的中国》,并在行军中竞相背诵《纱厂童工》《黄包车!黄包车》等篇章。这些具体的个例,生动地表明《秘密的中国》影响之甚了。

由此可见,周立波翻译《秘密的中国》其功卓然。这是他对现代报告文学最早也是最重要的贡献。翻译外国文学是周立波30年代文学活动中的主要工作之一。但真正给他带来盛誉的是翻译《秘密的中国》和肖洛霍夫的《被开垦的处女地》,而尤以前者为最。译介《秘密的中国》表明周立波对译作具有独具慧眼的见识。这种见识,体现为译者在择取译作时有一种独到的发现能力。《秘密的中国》原著成于1932年。到1936年4月5日始有周立波先以单篇的形式分别译发于《申报周刊》《通俗文化》《文学界》等报刊上。周立波译他人之所未译，用他自己的话说是因为基希"带着充分的理解，和炽热的同情，描写了我们的国家和人民。在我们的国家和人民正被人恣意宰割，放肆欺侮的时候，基希的这种同情和理解，使我们格外感动。他是中国的真挚的友人，是中华民族的亲切的知己"。可以说，周立波是怀有感激的心情翻译基希作品的。这种感激反映了被欺侮、被宰割的中华民族对于主持正义的国际友人的共同情感。同时，周立波翻译基希的作品，也是基于一个文学家对于报告文学家标高的指认和引导。

30年代中叶是现代报告文学创作的繁荣期。"小说的地位几乎被报告速写所代替"，"既成的作家（不论小说家或诗人或评论家）十分之八九都写过几篇报告"，"报告文学就成了中国文学的主流了"。但报告文学也面临着一个如何提高的问题。正如沈起予所指出的那样："在中国，从事报告文学写作的人一天天地加多，但许多人尚只作到'报告'而不曾作到'报告文学'"，报告文学还需要有"一个量与质的转换"，要实现这种转换，从主体角度而言："报告者除了一般的文学知识必须具备外，外国的报告文学家们的写作是值得我们用心观摩的。"对此，周立波是有认同的。他把基希作为"模范"，推荐给中国报告文学界。他认为基希"在轻快的笑谈间夹着逼人的严肃的风格，他渊博的知识和强烈的正义感，不负他的盛名，使他成为中国新起的报告文学者的良好的模范"。除了以上这两个原因外，周立波译介《秘密的中国》其深层的动因，还在于他作为无产阶级的文学家，对于国家民族的命运更负一种历史的责任感。

现代倡导、创作报告文学的作家，有许多是像茅盾、夏衍、范长江、丁玲、沙汀、曾克这样的共产党员作家。创作报告文学是他们参与社会、改造社会的一种特殊的方式。周立波于1934年由周扬介绍参加了左联，同年就加入了中国共产党。周立波这样的身份，又处于三十年代民族危亡之际，他自然更多地肩负起作为革命文学家的使命。他翻译《秘密的中国》,旨在将当时半封建半殖民地的悲剧形态的社会现实展示给国人,以唤醒民众,振作民气,抵御外侮。对此,译者在两篇附记中都有所表现。在《译后附记》中周立波写道:"校完这本书,正是北平、天津相继沦亡的时候,这真使人悲痛……这伤痛不会长久的。我们会赶走日寇,收复所有失地,重振基希所称谓的'鞑靼人的骄傲'。"《秘密的中国》原应于1937年在上海出版,但"描写了一二八初次淞沪战争时日军暴行的本书的铅版,在八一三再度淞沪战争时被日军的炮火毁去了。"这样只得推迟到次年于武汉出版。为此,译者作《再一个附记》,其间也强调指出:"本书是作者六年前的著作,有许多地方是不符合中国目前的形势的。但他反对日本法西斯,描写日寇暴行的每一个字,都将有永远的价值。"我以为这两段话,是我们理解译者意图和译作意义的"眼"。

二

周立波不仅翻译了报告文学名著,而且对基希及其《秘密的中国》作了精要的研究。他的研究成果反映在其《谈谈报告文学》的专论中。发表于1936年的这篇报告文学论文与胡风发表于1935年的《论速写》,是我国现代报告文学理论研究由以译介引进为主转向独立探索的重要标志。周立波在《谈谈报告文学》中论及三个问题,一是报告文学的意义,二是基希报告文学的特质,三是当时报告文学创作中的不足。主要论述的是第二个问题,周立波论述这一问题是以基希的《秘密的中国》为个例的。他从三个方面分析了基希作品的特色和价值。

其一,从作品反映的客体的这一视角作观照。周立波指出:"基希的报告,常常以一个事情或是一群人的整个,作为写作的对象。""整个",在这里不仅只是作为"共时"的一个平面,而是更强调展示客体"历时"的立体。论者以《黄包车!黄包车》为例,说明基希作品对于材料表现所显示的立体性特征:"他把事件的当前最重要的资料,它的发生和发展的历史,它的特征,它的各种光景的对照,它所表露所含有的矛盾,以及它的发展前途和社会意义,都加以明快的记述;要描写一个阶层,或是一群特定的人物的时候,他要把他们的生活职业的特征,他们的过去历史,他们的前途,以及他们现在的境况,内在的团结和冲突,都批判的记述着。"基希作品中客体所具有的立体性特征,就时态而言,就是对象的现在时和过去时与将来时的交织。周立波是很看重基希作品的这种特长的。他以此反观当时我国报告文学,认为缺点就在于"缺乏关于现实事件的立体的研究和分析——常常忽视了事件的历史动态。"

注重对客体的立体再现,是基于基希和周立波对报告文学"历史性"意义的认同。优秀的报告文学作品不仅是现实的,而且也是历史的,它当有"史"的品格。而"史"的品格,在报告文学中即可解为真实性的极致(生活真实与本质真实的一致)。周立波认为基希的"每一篇报告,就是在科学的意义上讲,也可以说是一种绵密的社会调查"。"绵密的社会调查",强调的即是对客体原真的传达,追求的是作品的文献意义。

其二,从作者主体这一角度分析。报告文学报告的对象虽然是实然存在的客体,但这决不意味着主体只是客体的役从,是客体的旁观者。相反,它要求作者报道对象是应具有自我的立场和评价,主体应当介入客体。周立波从《秘密的中国》中看到了基希具有作为优秀报告文学作家所禀持的素养。他指出基希"并不是事态的旁观者。根据确凿的事实,他表露出他的有着正确的世界观的批评意见,要是碰到颠倒、误错、不公、甚至残酷的事,他毫不掩饰地流露他的激越的正义感,他原是最有名的一位激烈的报告文学家"。报告文学是一种颇具刚性的文体。作者反映客观事物时其思想感情常常是外显的,他要直接地评说自己观照的对象。在评说时常激扬文字,体现出作者思想的深刻精警。这就需要作者有一种相应的心理品质。周立波所说的"激越""激烈"正是报告文学家基希心理表征的简言概括。而这种品格是有作为的报告文学作者都应具备的。但"激越"和"激烈"并不是盲目的、意气用事的,它应有理性为其导向。这样就要求作者具有"正义感",有"正确的世界观"。在周立波看来,正因为基希有"正义感",有"正确的世界观",所以"对于事件的前途,他常常登高瞭望,他全面地研究并调查了现实,取得现实中丰富的知识以后,于是站在现实的高处,架起他的望远镜。"基希这种安置于"现实高地"的望远镜,使其能高瞻远瞩,正确地观察现实,全景地观察现实,并能顾往之而能瞻来者,由此成就其作品立体性再现客体的特色景观。

其三,从作品载体作点评。语言文字为作品的载体。就通常而言,文学是语言的艺术。报告文学虽称名如此,但这种文体究竟是否为文学,却有着歧见。如果是文学,或者是特殊的文学,那么报告文学就还有一种文学的要求。周立波认为报告文学是"文学形式的一种"。他没有直接指认基希的作品是文学的,但他认为《秘密的中国》"有着抒情诗的幻想"。他对基希作品中的一段描写作了语言分析:

他在"一二八"战争以后不久的"吴淞尸体"之上,看见那××旗帜在风里飘动,他说:"旗上的太阳象一个圆圆的伤体,从它上面,鲜血的流,流向四周。"这不是战后吴淞最明白的容貌吗?这也是基希的诗的想象。

文学,诗为其典型。周立波认为基希作品的语言有诗的想象性,这也就点出了其作品有一种斐然的文学色彩的特征。

上述周立波从"正确的事实,锐利的眼光,抒情的幻想"这三个方面评析了基希的创作。但论者的评析并不是就基希论基希,他是将基希的作品作为一种范式推荐的。他强调:"基希的作品,无疑是报告文学的一种模范。"同时,我们还应该注意到,论者论析的对象虽是基希,但实际上其中正包括了周立波自己关于报告文学的理解,反映了他的报告文学观念。这种观念就是周立波在《谈谈报告文学》末尾所点明的:"用那由精密的科学的社会调查所获取的活生生的事实,同正确的世界观和抒情诗人的喜怒与力,结合起来,造成这种艺术文学的新的结晶。"在周立波看来,事实、思想和艺术是构成报告文学这种"结晶"体的要素。他的这种观点无疑是甚得报告文学其体的。

三

对报告文学名著的翻译和研究,激发了周立波创作报告文学的热情。就在《秘密的中国》中译单行本出版后两个月,周立波的报告文学集《战地日记》《晋察冀边区印象记》于1938年6月分别由设在汉口的上海杂志公司和读书生活出版社出版发行了。这两部报告文学集被认为"是反映解放区军民团结战斗的最初的篇章"。此后于1948年和1978年作者又先后出版发表了反映三五九旅南下支队开辟敌后抗日根据地英勇业绩的《南下记》和《万里征程》。

周立波的作品就题材而言,属军事报告文学。他的这一类报告文学直接真实地记录了抗战岁月中的多方面场景,具有历史文献意义。周立波作品的纪实性和历史性与其创作思想的求真务实有关。他认为,描写真人真事,"应该运用历史科学的笔墨,不能虚构,不宜空想,夸张添改也是不好。不用这些,真人真事本身就能够显出他们的绚烂的光彩"。周立波曾经是三五九旅南下支队司令部的秘书,他热爱火红的战斗生活,向往自己成为战斗的一兵。他在给周扬等的信中说:"我打算打游击去。烽火连天的华北,正待我们去创造新世界。我将抛弃了纸笔,去做一名游击队员……我要无挂无碍的生死于华北。我爱这种生活,战斗的而又是永远新鲜的。"周立波描写的正是自己所投身的火热的生活,加之对这种生活的正确态度,这样作者也就具有了真实地反映时代画卷的生活基础和思想基础。

周立波的作品从一个方面真实反映了50多年前中华民族伟大的抗日战争。作者怀着极大的民族义愤,实录了铁证如山的敌寇的暴行。这实录中既有血腥可怖的数字的列举:"唐城镇,原有五百户人家,现在只剩下四家破屋。""府城镇,原有一千二百户人家,现在被日寇烧得片瓦无存。一条大街和两条小巷长满了半人深的蒿草"。

在国破家亡之际,中华民族开始怒吼了!"抗日高于一切""还我山河"已成为时代的强音。周立波的作品以极大的热情和主要的篇幅叙写了中国共产党领导下的军民奋勇抗日的斗争事迹。作者在《晋察冀边区印象记》序言中写道:"把这本书献给晋察冀边区的战死者和负伤者。假使它有为读者一时喜悦的幸运,那是他们赋予的。他们的英灵和血,永远是中华民族的光华,和世人的骄傲。"他在《南下记》的后记中也说:"使我不甘沉默者,并不是由于我经历很多,而是由于我看见了和听见了这些。八年抗日战争中,八路军和新四军不屈不挠地坚持人民解放的战争。在这两支兄弟军队的战场之上,天天发生不平凡的事迹。这将是文艺写作取之不尽,用之不竭的源泉。"

周立波的这两段话告诉读者讴歌抗日军民是其作品的主旋律。这种主旋律体现的就是抵御外侮,英勇抗敌的爱国主义精神。演奏主旋律作品的主人公,即是那些精忠骁勇的抗日将士和同仇敌忾的民众。周立波报告文学的历史价值,我以为最主要的就是作者用生动真实的材料塑造了在历史大事件中中华好儿女可歌可泣可敬可爱的壮美形象。他们不仅缔造了历史,而且也从历史中走来,成为后人心中永远高耸的丰碑。

他笔下的人物是多样的,也具有代表性和典型性。这些人物中有少年,有老人,有妇女,有士兵,也有将领。比较多的是单个叙写,但也有的作整体观照,描画其群像。其中有的人物颇为特殊,令人难忘。像《白塔村的刘福娃》中主人公便是千万个抗日少年中的一个杰出的代表:"福娃已经十三岁,但发育得不好,看去只有八九岁模样,脸焦黄,人瘦小。"作者将这样的一个人物置于一个特殊的场景中加以展示。豺狼当前,孩童的天性当是羸弱的。但抗日的烽火已将人民(包括孩童)熔炼成坚强无比的钢铁。敌宪兵队长逼问福娃村里"有没有民兵?"福娃"他仰起头来回答道:'没啦'"。敌人恼羞成怒将他摔到山崖下:

加藤看见孩子还在酸枣刺丛里动弹,叫两个鬼子下去把他提上来。孩子的右臂已经被摔断,小脸被酸枣刺和尖石块扎得稀烂,血混着灰土,漫流在脸上。加藤拔出指挥刀,用刀尖指着他心窝问道:"民兵有没有?说。"孩子的声音已经十分的微弱,但是大家还是清楚地听见他的回答:"没啦。"敌人一刀把刘福娃杀了。

呈现在读着面前的是一幅壮士殉国图。主人公"威武不能屈"的忠勇和气节是何等的气贯长虹!让人特感惊奇的是作为壮士的只是一位少年。少年身体的羸弱与精神品格的刚强形成强烈的反差。这反差让人感到的不只是悲痛,而且也因人物形象之伟岸而令人感奋:"一个身体很差的孩子,却有着勇壮山河的气魄,伟大的中华民族的好孩子!"

在周立波的作品中不仅一般的民众积极抗日,就连平素只管诵经烧香不问尘俗之事的和尚也参与民族的解放斗争。《他们出了家,但并没有出国》叙写的就是一群抗日的特殊对象——五台山上的和尚和喇嘛。他们"执着枪刀在日夜放哨。为了抵御残暴的日本强盗,捍卫垂危的祖国。僧侣们暂时走出了经堂,破除了杀戒,用钢刀来保证'如来'的爱"。周立波的这篇作品有着重要的题材意义。他从一个特殊的侧面昭示人们,抗战御寇已成为每一个炎黄子孙的共同心声和行动。

周立波善于从不同的方面择取有代表性或有特殊意义的人物加以表现,通过他们展示抗日军民的精神品质和战斗风采。作者这样的设计,旨在强化一个意念:"民族的精神,我们英勇的中国的同志多年以来所号召的联合战线的精神,在侵略者之前突然奋张起来,成为一道新的、近代的中国长城。"因此,我以为周立波报告文学的主题,似可解为"新长城"颂。

在周立波作品的人物中,还有一类是特别引人注目的,这就是抗日武装的将领。他写到的这类人物有徐海东、田守尧、聂荣臻、王震、王首道、王恩茂、李先念、彭德怀、徐向前、陈赓等十数人。作者既注意描写这些职业革命家、军事家所共有的智勇武略和忠诚革命的品质风范,同时也善于凸现他们作为单个人所具有的性情气韵。在《徐海东将军》中作者突出地写了主人公的"愁"。作品用悬念式叙写,先作铺垫,后揭出人物的"愁"底:"悲悼战死者,悲悼那象一个家属的成员一样的他的同志,他无意中流露了忧伤。"作者用"家属"一语十分生活化地点出了将军与其部属间的独特关系。对于将领的描写,我以为最成功的要数关于王震的。作者对王震的描写用笔最多,以散点透视与集中展示相结合的方法来给人物造型。作者既对王震设专篇集中表现,同时又在别处随机地速写人物。作者还特别注意选用典型细节表现人物的声气态势和精神品格。《王震将军记》一篇就是用细节链构筑人物形象的。王震是一个喜欢在第一线指挥作战的首长。有一个细节就反映了他的这种特点:

王震同志也因为腰痛,躺在担架上,右边山上传来了枪声,他从担架上跳下,左手支着发痛的腰子,赤着脚板,从那布满石子和荆棘的山路上,一直向枪声稠密的地方跑去。

这里,作者用一连串的动词,十分具体而形象地再现了人物不畏艰险、忠于职守的感人情景。王震还是一个有名的尊重知识、尊重人才的军人。作品写道:"在山西文水的一座松林里,康白同志用他随身带的仪器,还在半山腰,就测出了山峰海拔的尺数。王震同志欢喜地叫道:'科学家万岁'。"把王震对科学真诚的崇尚之情写活了。作品就这样把人物写得有棱有角,使之卓然活动于字里行间。

周立波的报告文学,就其体式而言,可名之为随笔体。这种随笔体报告文学,从篇幅看多为短制。有的一部报告文学虽称为长篇,但其间是由若干短篇组成的。它们各自独立,又互有联系。周立波的几部报告文学,大都是属于短篇集合性质的。周立波的随笔体,与其写作的环境有关。作者随部队辗转千里,战斗的环境使其没有时间的余裕对作品精工细作,更不能结撰长篇。他写作时常"把两只脚泡在水里。凑在忽明忽暗的烛光下"。这样,以随笔之体写作报告文学就显得特别适宜了。同时,我们还可以发现,作者是受了基希的影响的。《秘密的中国》实际上并不是一体的长篇,而是由 23 篇各自独立的短章构成的。其写作风格也给人随笔样的感受。

随笔体,并不仅是篇幅短小之谓,而更多的是指它的内部构造简便随意。周立波的报告文学表现在章法上,常行于所当行,止于不可不止。作者无意于结构开合的谨严,唯求自然而已。这样就使作品显现出一种简单明快的态势。他曾说:"用怎样的简单、明了而有力的文学形式来反映并批判现实,是每一个作家应当考虑、而且也有人考虑了的事情。"他的创作还是实践他理论主张的结果。随笔体报告文学给作品材料的选择与组合以极大的便利,便于作者纵横交错地穿插材料,将有限的篇幅编织成立体状的载体,使作品增量扩容。基希的作品能将事件当前的最重要的状态与其发生发展的历史"焊接"起来。我们可以《万里征程》中的一则日记为例说明周立波作品中的这种特色。这则不足千字的日记,开篇由眼前景写起:"初雪,雪花无声地落着,屋瓦、草堆、墙头和井架都一片纯白。"由此起兴,写到边区民兵"头挽白羊肚毛巾"的装束。接着写王震开会结束后与人在屋里谈天的两段话,忽然插进肖林达所述的王震的故事,这里便由现时突入了历史。这样的写法就如电影中的"叠映",材料的组接十分灵便,给人多变感与丰富感。

周立波采用随笔体撰写报告文学,使其作品在表达方式的选用上也多了一种变化的自由。作为叙事文学样式的报告文学,当以叙述作为其主要表达方式,但同时也需有非叙事性话语的穿插。这一方面是为了对表达进行调节,另外一方面更多的是为了满足不同内容的表达需要。这样,作者在叙述的同时,也常常需要加入描写、抒情,或者是议论等,使表达显得摇曳多姿。周立波的作品在叙述中,常信手引入对场景的描写。他对自然景观的描写颇含散文的韵味。这是《南下记·平原上》的一段描写:

汾河平原非常的辽阔。夜深了,北斗七星差不多触到了地面。在我们前面忽然升起一盆火,压倒了星星的微弱的光辉。粗粗一看,好象是敌人碉堡上的火炬。聂洪钧同志以为是太阳出来了。他担心着还没有过汾河,天就亮了。但当那一团火光升得更高时,我们才知道,那是月亮。在这北方平野的深夜里,月亮出来是这样的红,象火海,象朝阳,真是奇景。

这里,作者写出了风景之奇丽,战地之情趣。用字可感,描写真切形象,给作品平添了郁然的文采。报告文学具有政论性的特征,因此作者在叙写过程中,也不时地咏怀述志,以议论的表达方式直接评述人事物景。

随笔体的运用,给周立波的写作带来许多便利,也产生了不少好的表达效果。但与之相伴也有一些不足。主要是随笔的立体穿插,有时不免显得有些零散;随笔体简装从略,但有些地方因过简而有匆匆粗疏的缺陷。周立波曾说:"用事实做指南的报告文学就有它存在的价值,而且,要是报告文学真正能够成为我们一代人的真实生活图画的时候,就是将来,也还有价值。"我想这话用之于评价他自己的作品也是合适的。

周立波的作品正是有着这样的价值,因为在他的随笔体报告文学中就活动着一种真实的历史状态。

(文章来源:中国作家网:http://www.chinawriter.com.cn,有删减)

阅读材料2:

永远的守望

何建明

天山之北,戈壁如海,一眼望不到边际。戈壁上的风沙很大,汽车奔驰其中,像一叶颠簸在海浪中的小舟……

那座山,叫北阳。在它山脚下那片光秃秃的乱石旁,我们举起右手,向对方敬礼,然后握手——这是战友间的"见面礼"。

"你也是76年兵?"

"不,77年的……"

哈哈……差不多,是真正的战友。差一年入伍。

他笑着说起了入伍时的经历:"我是陕西人,当时家里特别穷,我就像一根杨柳条似的蹿着往上长,个头够了,但体重不足……体检现场,我跑到一口井边咕咚咚地灌起了凉水。恰巧被接兵干部看到了,问我为啥喝那么多水?我实诚地回答:俺体重不够。他左看右看,然后拍拍我的肩膀,问:真想当兵?我立即回答:真想。为啥?他又问。我说:保家卫国。他点了点头。后来我就应征入伍了……"

1977年,他从陕西到了现在他家所在的地方——新疆边陲的沙湾,成了一名士兵。

6年后的1983年,他退伍回到老家。次年与本乡的一位姑娘结婚。蜜月刚满,他对新婚妻子说:我要回老部队那边去。

干啥去?妻子问。

他说:部队驻地附近的村上有一对无儿无女的老人,我在部队时经常带着学雷锋小组的人去照顾老人家,现在一离开心里不踏实。最主要的是,山弯弯里有7座烈士墓也缺人照看……

那你早去早回,我在家等你。妻子说。

他两眼盯着妻子,不说话。

咋了?是要去好些日子?妻子问。

他摇摇头,终于开了口:不是我一个人去,是带着你一起去。我们一起在那里住下,安个家……

妻子惊呆了,以为听错了:啥?把家安在那个地方?

他连连点头:是,是的。

她顿时瘫坐在炕头,眼泪掉下来……那儿是天堂还是花园?

是戈壁滩。他说。

没有出过远门的她不知戈壁滩啥样。只想着要真去了就该有个自己的院子、自己的地,好种田、好生娃……于是便说:那能不能有块地,稍大一点儿的?

听了这话,他高兴地说:有,我保证,很大很大。你要多大,俺就给你圈多大!

她脸一羞,破涕为笑,说:好,俺跟你去。

小夫妻俩就这样背着一床新婚棉被和4个装着生活用品的麻袋,从陕西老家来到天山北边的沙湾县卡子湾村。那天到的时候天已黑,他带着媳妇来到一个用土墙围着的小院子前停下说:到了,跟我进去见爹娘。

咋,你这里也有爹娘?小媳妇惊得不轻,忙问。

他笑了,解释:没跟你说清楚。这家的犹培科大伯和张秀珍大妈没有孩子,以前我在部队时经常利用星期天带着学雷锋小组到他们家做些事情,两位老人就认了我这个干儿子。现在你是我的媳妇,一起进去叫声"爹娘"吧!

在陌生又遥远的地方,能有一声"爹娘"叫,便体会到了一份家的温暖。

第二天一醒,她就扯着他的衣襟,轻声说:走,看看我们家的地去……

行。他领着媳妇就往后山走。

这山上不像咱们家的黄坡地,咋不生一根草苗苗、一根树枝枝?她奇怪地踢着地上绊脚的石子问。

他说,这就叫戈壁沙漠。风大的时候能把这些石子吹得飞起来,他捡了块拳头大的石块说。

不好,沙尘暴来了!突然,他看了看天边说。她顺着他指的方向看去,只见天边一片昏黄,正朝他们站的方向压过来……

"快跑!"他拉起她的手,飞步躲到一处山窝里。俩人的脚步刚刚落定,整个天空便像一口锅倒扣过来,飓风挟着地面上的沙石,恣意摧残着大地。

咋这么吓人?她躲在他的怀里瑟瑟发抖,连话都说不清。

没事,习惯了就好。他说。

这当儿,一块飞来的石头击中她的脚板,疼得她一下瘫坐在地上。我咋习惯?她哭了起来,眼泪如断了线的珠子落下来……

你不是要看咱家的"地"有多大吗?起来,我带你去看看。他连哄带骗地扶起她,朝已经平静了的戈壁深处走去。

他指指漫无边际的广袤大地,像个拥有万贯家产的人般自信地说:只要你不怕双脚累,凡能跑到的地方,都可以是你的地、你的田……

我不要,我只要一块能种菜养鸡的地。她说着,眼泪又落下来。

这回他的心软了,一把将她驮在背上,说:好好,依你,等我看完战友们就全都依你啊。他驮着她吃力地往北阳山的另一个坡走去……

她抹干泪,问他:你的战友在哪儿?为啥一定要去看他们?

他一边喘着粗气,一边细细道来:他们7个人都没结婚,一直"躺"在这么遥远偏僻的地方,平时只有我们一些战友来看看他们。如果我再不来守着他们,他们该多孤单啊……

她叹了口气,问:他们咋牺牲的?

他语气沉重地说:都是为了保家卫国守边疆而英勇献身的,都是革命烈士。

走着走着，他突然停住了脚步，怔怔地望向山脚下……他猛地将她一放，飞步奔向那片刚刚被风沙"扫荡"过的乱石滩。

她远远地看着，只见他疯了似的用手将几个被风暴吹得七零八落的坟茔重新垒起……"对不起啊战友，我来晚了。我向你们检讨！我保证，从现在起，我再也不离开你们，我保证不让你们再被风沙摧残……"

这是她第一次看到他流泪，她似乎有些明白他的心事了。

她走过去，蹲下身子，像丈夫一样用双手捧起一块块石子，轻轻垒在坟茔上……

慢慢地，他笑了，向她投来感激的目光；她也笑了，向他投去理解和幸福的目光。就这样，他们从此将小家留在了这片戈壁滩上，留在了这7位战友的身边……

我们现在应该知道他的名字了，他叫张秋良，一位为战友守墓近40年的老兵。

我见到张秋良的时候，除了家门口开设的"老兵驿站"和身上那套旧军装让他显得有些与众不同外，单从外表看，他完全彻底地成了一个"沙湾人"：黝黑的脸庞，已经明显驼塌的腰板，以及一口纯正的当地土话。犹培科大伯与张秀珍大妈由他赡养9年和13年后去世并得到妥善安葬。

"我来的那一年，我的老部队撤销了，这几座烈士墓也就没有部队的人看管了。我觉得应该承担起这份守护战友的责任，就从此开始做烈士墓地的义务守护人……"这一守就是近40年。

看着张秋良家简陋的陈设，我似乎能猜得出这几十年他们是如何过来的。

"这手指是咋受伤的？"因为坐得近，我看到张秋良的右手小拇指是残的。

他说："我当了14年村治安主任，这手是在一次押送不法分子时弄伤的……"张秋良满不在乎地说，这类事对他来说都是家常便饭。

在偏远的戈壁沙漠上建个家不易，而要义务管理一片烈士墓地，对张秋良一家来说，所遇的困难就更多了。

"收入靠什么呢?"这自然是我最关心的事。

张秋良向我伸出手,然后一展双掌,笑了:就靠它们。"我没有学过其他手艺,只会打土坯,就是家家户户垒墙的土坯砖……年轻时一天能打1300块左右,一天挣上五六块钱,现在年岁大了,不过也还能打1000块左右的土坯。"

听着他的话,我的眼前立即浮现出一位复员老兵挥汗打土坯的身影,从青春到老年,日复一日的劳顿,只为了完成心中那一份承诺。

风雪交加的春节,张秋良带着烟酒食品到战友墓前和他们一起过节;骄阳如火的"八一",他带着军旗来到墓前,为战友们唱起嘹亮的军歌;每逢清明节,他来到战友墓前,代他们的亲人祭扫,一一给他们祭酒、敬烟、烧纸。

这些事,是张秋良和家人年复一年必做的事。不论寒暑,无惧风雪,从未空缺。他外出不在家时,他的妻子和孩子也会按时去墓地替他完成。

从张秋良家到烈士墓地,需要翻越一段相当远的山坡与戈壁沙丘。几十年里,张秋良和妻子在途中不知摔倒过多少次。我的目光投向张秋良和他妻子的胳膊、双腿,看到的是一道道宛若老树皮的粗糙裂痕……

"有一次遇上大风雪,我走到半路,就被雪埋在一人深的雪窝里了。如果长时间出不来,就没命了。那一天,我是拼了命爬回家的……这样的事发生了多少回,我都记不清了。但最苦的还不是这个,是战友的坟茔一次次被沙尘暴袭击后'搬'了家,坟头被夷为平地,至少有数十次吧。"他说。

"夷平一次,你就再垒一次?"

"可不。"张秋良说。"主要是戈壁滩上铲土垒石困难,垒一个坟茔没有一天半宿搞不成……"张秋良的老伴在一旁撇了撇嘴说:"有一回还差点把自己一起埋在坑里,要不是我把你刨出来,你能见到今天的作家?"

"哪有这事?"张秋良觉得自己的老伴在揭他的短,有点不自在。

他不好意思地一笑,转移了话题:"我守护的这几位烈士,都是牺牲在我入伍前后的时间里,全都是20岁左右。其中有陕西的,也有从四川、江苏、山东和河南入伍的,他们都没成家。与其他6位并没有安葬在一起的谷克让烈士,是位班长,1976年入伍,牺牲时只有20岁。他用生命保护了其他8名战友。谷克让的事迹在我跨进军营时就知道,而且被深深地感动。日久天长,我一直有个愿望:去看望一下烈士的亲人。"

一次回老家陕西探亲,张秋良通过战友提供的地址,找到了陕西籍烈士胡咸真的家,见到了烈士的母亲。当时胡咸真的母亲已经70多岁,因为儿子的牺牲,她的双眼早已哭瞎。当张秋良坐到烈士母亲面前时,双目失明的老人用颤巍巍的双手不停地抚摸他的脸:"儿子你总算回来了,娘想你啊!"说着,老人便号啕大哭起来。

"娘,您就把我当儿子吧!"张秋良"扑通"一下,跪在烈士母亲的面前。

"好儿啊……"双目失明的母亲轻轻地拉起张秋良说:"你比咸真小几岁,娘托你每年给你咸真哥上坟烧点纸,娘就这点心愿了……"

"一定!娘放心吧。"张秋良说。

"克让娃啊,娘来看你了……"2019年9月8日,西北边陲的戈壁上秋风瑟瑟,谷克让烈士89岁的母亲由张秋良和几位沙湾人抬着来到儿子的墓地。那场景至今让张秋良难忘:"满头白发的老人家把脸久久贴在儿子的墓碑上,喃喃地说'娘死了就来陪你',现场的人没有一个不掉眼泪的……"

"孩子,我给你磕个头……"祭奠完,谷克让的母亲一边抹泪,一边感激地拉住张秋良夫妻的手就往下跪。

"使不得!大娘您快起来……克让班长是我的战友,更是我的哥哥,我们一家人不说两家人的话啊!"张秋良赶紧扶起老人家。那一刻,他和烈士的母亲及其他亲人们,成了真正的一家人。

如今张秋良的家,已经是个远近闻名的"老兵驿站",他不仅负责义务接待7位烈士的亲人,更多的是接待那些认识和不认识的来自全国各地的战友、朋友。近些年来,当地的退役军人事务部门在关爱烈士方面发挥了越来越重要的作用。守护那个烈士墓地的人也不再是张秋良一个人,他的大儿子如今成了第二代守墓人……

"但逢年过节去为烈士战友扫墓的事,我还必须去。"采访他的那一天,他带着我这位老兵,再一次徒步来到烈士墓前,我们一起向安息在此的烈士敬献了鲜花并三鞠躬。

转过身,我见张秋良跪在地上,虔诚地整理着每座烈士墓……近40年了,他仍像第一次做这件事时那样毕恭毕敬、一丝不苟。

我的双眼不由自主地模糊起来。

(文章来源:《解放军报》,2022年7月11日)

第二节 通讯

一、通讯的特征

无论是纸媒时代还是当今融媒体时代,通讯都是一种使用广泛、相当重要的新闻文体。在高校新闻写作教学指导中,通讯写作的地位和作用举足轻重。何谓通讯?与消息相比,通讯有哪些特征?

通讯是一种比消息详细生动地报道客观事物或典型人物的新闻体裁,是一种综合运用记叙、描写、抒情、议论等多种手法,具体、生动、形象地反映新闻事件或典型人物的一种新闻报道形式。"相对于同题材的消息,通讯无疑是一种体现出延展性的报道。"[①]通讯文体的延展性表现在内容的延展、时间的延展、空间的延展以及背景的延展。通讯能够比消息更为详细、深入、生动地报道新闻信息的来龙去脉,反映事物的全过程;它可以机动灵活,运用多种写作手法写人记事,也可以刻画新闻人物,描述新闻事件;既可以鸟瞰全局,也可以聚焦一点,一滴水见太阳;可以表彰先进、歌颂英雄,也可以批评落后、鞭挞丑恶。从信息分析的视角来看,通讯的写作特点有四:一是通讯的时效性不如消息强,是后续报道或深度报道,详尽地报道事件发生的来龙去脉;二是构成主要信息的新

[①] 丁柏铨:《新闻采访与写作》,高等教育出版社,2014,第287页。

闻事实应当相应复杂一些,其内容丰富:或弥补消息未报道过的新闻,或充实与深化消息已报道过的新闻,或扩大新闻传播面,让受众获得更多的新闻信息;三是通讯要详细地介绍背景材料和生动有特色的细节,给受众以整体印象和直观感受;四是通讯要深入回答"怎么样""为什么",深刻地揭示新闻信息的实质与规律。

但通讯绝不是消息的"扩展板""详细版",通讯写作首先要有鲜明、深刻的主题。消息特别是一些短消息,通常只是客观地传递一条相对简单的事实或信息,未必表现或隐含什么主题。而通讯则必须有主题,否则就会带来两个后果:一是文本失之松散,二是立意失之肤浅。通讯的深刻的主题,不停留于事物的表层,而每每揭示了事物的本质,因而具有穿透力和启发性。通讯的主题要符合马克思主义新闻观,符合社会主义核心价值观,要弘扬主旋律,传播正能量。通讯写作其次要有真挚深切的情感。"感人心者,莫先乎情"。但凡成功的作品都是饱含深情的,饱蘸浓墨的,读这些文字,你能感觉到作者的心跳,能够触摸到这些文字的温度,它们都是活的、生动的,有血有肉的。我们写一个英雄人物,如果连自己都不能被自己的文字打动,那么我们又怎么能打动别人呢?新华社著名记者穆青采写《县委书记的榜样焦裕禄》先后采访一年半,三易其稿。文章写成后,穆青说,这篇文章他是一边流泪一边写的。后来《人民日报》刊登了这篇文章,许多读者写信说,我们是一边流着泪一边读完这篇文章的。作者能让自己流泪的感情投入才是这篇文章成功的关键。如何表现鲜明深刻的主题和真挚深切的情感?只能也必须通过详实新鲜的材料、生动逼真的细节、严谨周密的结构、灵活精巧的构思、准确生动的语言以及富有表现力的艺术手法等艺术手段和叙事策略来表现。

概而言之,客观真实的新闻性、韵味隽永的文学性、含蕴丰厚的思想性,三者的有机统一,是一切优秀通讯作品的共有品质。

二、通讯的类型

通讯是与现实社会生活同频共振的新闻体裁,关注的是社会的热点、痛点、难点、亮点问题,演绎世态的酸甜苦辣,触动社会最敏感的神经。因而,通讯的类型也多种多样。

按内容分,可分为人物通讯、事件通讯(包括工作通讯、风貌通讯)。这里简要介绍工作通讯和风貌通讯,后面将详细讲述人物通讯和事件通讯写作。

工作通讯,又称经验通讯,是以报道先进工作经验或某项工作的成就和存在的问题为主要内容的通讯。写工作通讯首先要有明确的针对性,抓住当前带有普遍性的、又需要解决的问题,具体、透彻地阐述问题和经验,夹叙夹议、有理有据。其次要有可借鉴性。工作通讯的目的是总结成功经验、反思失败教训,要善于举一反三、推己及人、由此及彼,由个别到一般,总结成功经验都要实事求是,要以坚实的事实材料、充分调查研究和严谨的分析探究为基础,不能主观臆断、以偏概全,也不能无中生有、罔顾事实。反思教训要深入剖析,认真查找问题,要追根溯源,直面问题、直面矛盾。

风貌通讯,也称概貌通讯。它是一种反映某一个地区、战线、系统部门所发生的日新月异的新气象、新风貌,以及对祖国风光、社会风尚、风土人情、地方风物等为主的通讯报道。这类通讯取材广泛,形式灵活,融知识性、趣味性、可读性于一体。风貌通讯写作要注重抓住特点、重点突出"新"和"变"。

按形式分,有纪实、专访、小故事、巡礼、纪实、见闻、特写、速写、侧记、散记、采访札记(记者手记)等等,不一而足。这里简要介绍侧记、特写、专访、小故事、采访札记五种。

侧记 从一个侧面反映新闻事件或新闻人物的通讯。取材自由,不求反映事件全貌、全过程,但求抓住特点,扣紧受众的兴趣点、回答受众普遍关心的问题。写作时往往夹叙夹议,兼谈感受。侧记是对重要会议、重大行动、活动,在常规的消息报道之外,专门撰写的记事性通讯。它要充分展开重要情节和细节,详述有价值的重要现场镜头。要具有很强的现场感,能给读者留下更为具体、鲜活、深刻的印象。侧记往往会体现一种选择的倾向,是特定角度的选择,而非全面详尽的记述。采写者要具有了解全局的眼界,有较高的思想水平,有较强的表现能力。

特写 用类似电影"特写镜头"的手法,抓住富有典型意义的某个空间和时间,通过一个片断、一个场面、一个镜头,对事件或人物、景物做出形象化的报道的一种有现场感的生动活泼的新闻体裁。其写作特点是以描写为主要表现手段,截取新闻事实中某个最能反映其特点或本质的片段、剖面或细节,做形象化的再现与放大的一种新闻体裁。以回答受众关心和感兴趣的某些方面的问题。

专访 也称访问记。是通讯运用较早较多的一种表现形式。由记者事先带着一个明确的目的,针对特定人物和具体事件深入新闻现场,以采访活动的过程为主要线索来结构和组织材料。写作时有问有答,现场感较强,而且可以穿插各种背景材料,使通讯有一定深度。访问对象一般是人物,内容或记人物或记人物介绍的事件。

小故事(小通讯) 是反映现实生活中的一个片断,通常表现一人一事,线索单一而有故事情节,短小精悍,生动活泼。不能写得人物繁多,场面太大,枝节横生,否则就失去"小"的特点。思想上注意以小见大,形式上讲究别致精巧。

采访札记(记者手记) 札记,即读书时摘记的要点和心得。采访札记是一种可以公诸于众的小型"情况反馈",往往是记者完成新闻报道任务同时的副产品,着眼点在于交流信息、推动工作。它的题材范围较小,也不像通讯那样强调指导性,然而某些新发生、新发现的情况和问题,却又是为社会公众所关注的。记者用短小精悍的札记形式,把所见所闻所感如实记录下来,可起到阐明新情况、新问题以及匡正视听、明辨是非和提醒注意等作用。札,原指我国古代写字用的小而薄的木片,札记是求知的人读书时信手摘记的要点与心得,是一种随笔记下来,加以公开报道的一种新闻样式。报纸上出现的采访笔记、采访日记、采访手记、采访杂感、采访随感、采访见闻、记者手记等均属这一类。写作要求:有为而发,针对性强;事实典型,说服力强;自由灵活,生动活泼。

我国的新闻通讯文体是随着近代中文报刊的出现才逐渐发展起来

的。经过一个多世纪的发展,新闻通讯无论体裁、内容还是表达方式等都经历持续的演进变化。在新的媒介环境中,不断突破传统通讯形态,融合创制新的通讯形态。调查性通讯、述评性通讯、思辨性的通讯、解释性通讯等新的通讯延伸文体形态大放异彩,成为媒介中具有重要地位的通讯文体。新世纪以来,形成了集文字、图片、视频、网络链接等多种媒介于一体的新型通讯形态。借助现代信息技术,通讯的表现手段、表达方式更加灵活多样,表现社会生活的广度、深度不断拓展、深化,其媒体传播力、社会影响力不断提升。

三、如何写好人物通讯

人物通讯是以记人为主的通讯,报道在现实生活中涌现出来的先进人物、英雄模范的感人事迹,集中反映先进、模范人物的崇高思想和精神风貌,为社会树立学习的楷模,成为推动时代前进的一种精神力量。人物通讯对人物的报道并不是局限于某一特定的行业或领域,而是涉及到中国特色社会主义建设伟大事业中的各行各业、各条战线,是通过平凡却又特殊的人物报道来展现社会发展过程中全体人民群众努力奋斗的实际情况。那些被报道的人物所代表的不仅仅是自身,更代表了其所在的领域、地区,是脊梁式、标兵式的人物。近年来,人物通讯越来越关注各行各业中的普通人,通过普通人的真实生活、喜怒哀乐来表现时代风貌和社会发展。如《60年,和国家主席的两次握手》《10年徒步巡线6万里 守护雪域高原幸福路》《"见字如面"23年》《"时光切片"见证一个家庭40年巨变》等时间跨度比较大的作品就是通过时代发展节点中人物身上所发生的明显变化来展现时代发展的规律、趋势和成果,从而引领社会的新发展。

人物通讯的核心是"写人",写出血肉丰满、生动鲜活、有筋骨、有个性的"人"。一篇成功的人物通讯,因其深刻的思想、感人的事迹及文学化的写作手法,给予读者震撼与启迪的同时,也给人以美的享受。但人物通讯想要写好却并不容易。同样的人、同样的事,在不同的笔下,呈现出的是不一样的面貌。有的人物刻画因没有深入挖掘、细节匮乏、语言刻板而显得苍白、扁平,缺乏感染力和说服力;有的人物因过分"高大"而显得不近人情甚至浮夸失真,缺乏可信度。好的人物通讯,无一不是感情真挚、细节丰满,以事实说话,用人物的思想和行动打动人心。

  写人物不能面面俱到,更不能记流水账,首先要围绕主旨表达的需要,选择最能表现人物精神品格、个性特点的事件和材料,集中反映人物的某一思想品质,展示人物的人格力量。如第二十七届中国新闻奖人物通讯一等奖作品《老郭脱贫记》中,作者在对普通贫困户——郭祖彬努力脱贫的故事进行介绍的同时,写出了政策扶持、支部引导、合作社引领和因地制宜的产业支撑,使得作品除了突出主人公踏实肯干、自强不息的精神以外,还突出了精准扶贫路上国家、社会、党支部等主体在脱贫方面的政策、路径支持,以"老郭"一人的脱贫故事来展现贫困群众整体脱贫的决心和毅力。第二十七届中国新闻奖三等奖作品《两份账单记录的坚守与感动》中,作者以两份分别由穆娟和其丈夫保存的"账单"衬托了穆娟这个关中农家妇女艰辛劳作和诚实守信的精神品质。

  其次,要善于通过人物的行动、语言、心理活动及典型细节等来表现人物。在人物通讯作品中,动作描写作为常用的人物描写方法之一,在人物形象、情感表达方面具有十分积极生动的作用。动作描写赋予了人物鲜活的生命力,使静态的文字产生了动态的感染力,使受众能够更为直观地感受到人物的魅力。如第二十六届中国新闻奖二等奖获奖作品《武汉清洁工在桥头守望生命6年拽回5名轻生者》中,写环卫工人涂晓珍看到一名轻生者时,"她丢下扫把,冲了上去,一把抱住张华的腰往回拽",这简单的四十多个文字描述中,先后用了"察觉""丢下""冲""抱""拽"5个动作性词语,将涂晓华敏锐察觉、迅速行动的救人行为描写的淋漓尽致,使读者的脑海中浮现出一幅涂晓华救人的惊心动魄的场面,增强了人物形象的动态感。"言为心声",人物语言是表现人物思想情感、精神品质的有效手段。善于选择典型性、代表性的人物语言来塑造人物是人物通讯写好人物的重要手段之一。如在第二十八届中国新闻奖人物通讯作品三等奖作品《把一切献给你 我的祖国》中,多次引用黄大年本人的话来表现黄大年的精神品质,如:"我是国家培养出来的,从来没觉得我和祖国分开过,我的归宿在中国。""如今,中国正努力从科技大国向科技强国迈进,而这段并不平坦的进程需要几代人去完成。如何培养更优秀的人才,让文化与智慧长久地传承下去,值得每个人思考。""从国家需要和世界一流看,我们虽然努力了,但还很不够,还有距离。"在《县委书记的榜样——焦裕禄》反复引用焦裕禄的话:"见到沙丘,他说:'栽上树,岂不是成了一片好绿林!'见到涝洼窝,他说:'这里可以栽苇、种蒲、养鱼。'见到碱地,他说:'治住它,把一片白变成一片青!'""共产党员应该在群众最困难的时候,出现在群众的面前,在群众最需要帮助的时候,去关心群众,帮助群众。"这些发自人物内心的肺腑之言令人感动、启人思考,对于塑造人物起到事半功倍的效果。人是一个具有思维意识的实体,人的行为正是受思想、观念、意识、动机等导向驱使。把人物的心理活动渗透到外在活动去描写,可以使人的心理活动形象化,让读者对人物的行为更能理解,从而使得人物更加血肉丰满、富有立体感,增强人物的可信度。这是塑造人物形象、使人物"复活""再现"的有效手段。在《县委书记的榜样——焦裕禄》中,通过心理活动反映焦裕禄来到兰考后的工作思路,真实感人:"群众在灾难中两眼望着县委,县委挺不起腰杆,群众就不能充分发动起来。'干部不领,水牛掉井',要想改变兰考的面貌,必须首先改变县委的精神状态。"

著名作家孙犁在《澹定集·与友人论传记》中说:"古代史家,写一个人物,并不只记述他的成败,还记述他日常生活的细节。"细节决定一部作品或一个人物塑造的成败。文学作品如此,新闻作品也是同样的道理。曾获得过两次普利策新闻奖的美联社特派记者莫林说过,"一篇理想的新闻报道应该把读者带到现场,使他能看到、感受到,甚至闻到当时所发生的一切。要做到这一点,你就得收集有关细节,如面部表情、音调、**姿势**等"[①]。一滴水可见太阳,一个细节可见人生。形象、真实、可信

[①] 查尔斯·A 格拉米奇:《美国名记者谈采访工作经验》,新华出版社,1981,第64页。

地表现人物,就是要让细节说话。要不断浓缩、提取精华,深挖细节,将能够凸显人物特质的细节充分展现出来。恰到好处的细节描写不仅能够让人物"立起来",有时还会起到"四两拨千斤"的作用,一下子就让人物有血有肉起来,而且能够在人物与受众之间搭建一座沟通的桥梁,使人物更加深入人心。如第27届中国新闻奖一等奖作品《折翼海天,用生命为航母事业铺路》,通过生动的细节表现海军歼—15舰载机飞行员张超烈士,用生命为航母事业铺路的英雄壮举:"4.4秒,生死一瞬,他毅然选择"推杆"挽救飞机,放弃了第一时间跳伞。"通过细节表现英雄的音容笑貌:"篮球场上,满场飞奔、笑声爽朗的是他;饭桌上,讲笑话逗大家乐的是他;训练中,面对风险笑容依旧的是他。最后一次飞行,他还是微笑着登上战机……。"结尾更是抓住英雄骨灰回家的诸多现场细节,如文中写的:妻子张亚喃喃道:"超,醒一醒,你给我买的新裙子,我还没穿给你看呢。"女儿的哭声,让送行的人们泪流满面,却没能唤醒"睡着了的爸爸"。看完飞行事故视频,老父亲抹抹眼泪:"崽,你尽力了,跟爸回家吧。"这些细节,读起来催人泪下,那个以"国为重、己为轻"的英雄形象使人心灵受到震撼、思想受到洗礼,并久久留驻心间。

四、如何写好事件通讯

事件通讯是述写新近发生、受到人们普遍关注、具有新闻价值和典型意义事件的新闻体裁。事件通讯题材来源广泛,既包括政治、经济、文化生活中每天的新变化,又可以是我们身边经常发生的大小新鲜事。它既可以反映现实生活中新近发生的重大事件和突出事件,也可以从某新闻事件中截取一个或若干个片断,进行细致详尽的描述,揭示事件的深刻含义,还可以是若干相关新闻事件的综述。

事件通讯关键是叙事,要真实、详尽地报道事件的发生、发展、结果全过程,叙事完整、条理清晰、详略得当是事件通讯写作的基本要求。写好事件通讯要特别注意两点:一是深入挖掘,提炼鲜明、深刻、正确的主题。事件通讯不仅仅是向读者介绍事情的发生、发展过程,更重要的是通过向读者讲述事情的来龙去脉,彰显事件所蕴含和体现的现实意义与时代精神。事件通讯的主题要符合党的路线方针政策,符合时代精神,弘扬真善美、抨击假丑恶,有利于弘扬社会正气和推动经济社会高质量发展。因此,写好事件通讯,首先要通过对事件所蕴含和体现的现实意义与时代精神进行深度挖掘,提炼出一个鲜明、深刻、正确的主题。主题鲜明、集中、深刻,可以起到纲举目张的作用,便于作者写作时抓住主要环节,并通过主要环节带动次要环节,从而使文章思路清晰、脉络分明、情感充沛,让读者心灵上受到震撼,精神上得到激励。二是围绕具体事件进行叙述,一般要有一个中心事件,其它人物或事件都围绕这一中心事件展开。要通过真实、生动的细节、紧张的情节或截取事件中重要断面呈现事实、揭示意义、感人读者,要写好高潮,高潮是矛盾之焦点,是人的思想和行为的"闪光"之处,故应调动多种手法,不惜笔墨,写活写好。另外,事情都是人做出来的。因此写事必然要写到人,但事件通讯不像人物通讯那样着力刻划人,而是以叙事为中心,围绕"事"来写人,写人的目的是为了更好地写事。如第 28 届中国新闻奖获奖作品《甘肃祁连山:问责风暴下的生态突围》,叙述的核心事件是"问责风暴下甘肃祁连山的生态环境治理问题"。两千多年来,祁连山给我国辽阔的西部带来了生存与繁衍,更带来了富庶与繁荣。然而,大规模采矿逐渐侵蚀了这座"母亲山",以致植被破坏、水土流失、地表塌陷。2017 年 7 月 20 日,中办、国办对外公布《甘肃祁连山国家级自然保护区生态环境问题的通报》,直指祁连山存在违法违规开矿、整改不力等问题,上百人被严肃问责。这场振聋发聩的问责风暴,揭开了祁连山生态环境遭破坏的盖子,也打响的一场祁连山生态保卫战。8 月底,在中央问责风暴"满月"之际,记者来到"旋涡"中的甘肃祁连山国家级自然保护区所在的张掖市和肃南县,深入采访了甘肃省市国土资源部门、驻甘国有矿企、国有地勘单位、私人矿企负责人以及业内专家学者、当地群众等,并连续 4 天行程数百公里深入祁连山腹地探访了受到社会广泛关注的大海铜矿、麒麟矿业、马蹄煤矿等,采撷到大量独家素材和鲜活事例,在报道当地积极开展恢复治理工作,重塑转型发展的信心的同时,还从国土资源专业角度反映出当下做好祁连山生态环境整治面临的突出矛盾和问题。与其他媒体对祁连山生态环境问题所作报道不同的是，该篇作者在对祁连山生态环境问题进行了深入调查的基础上，以翔实的采访材料、统计资料和鲜明事例展现了问责风暴背后的故事，特别是基层国土资源工作者对生态环境问题的反思、做法以及目前的生存状态、压力状态等，同时引出了如何完善矿业权退出补偿政策、怎样实现地质勘察和环境保护双赢等诸多问题让人们思考，形成了独特的写作方式和深度报道视角。报道刊出后，国土资源部官网、中国国土资源报网、中国国土资源报微信公众号等主流媒体网站迅速转载，引发了社会舆论的广泛关注，网络点击量迅速攀升，引发了一系列关于生态环保和地质勘察的大讨论。报道中涉及甘肃省市国土资源部门、驻甘国有矿企、国有地勘单位、私人矿企负责人以及业内专家学者、当地群众等很多人，这些人都与问责风暴下的生态环境治理有关，但都不是报道的焦点。

◎ 问题思考与写作训练

1. 如何写好人物通讯？

2. 写好事件通讯需要注意哪些问题？

3. 阅读以下两篇文章《真理的力量》《英雄无言——95岁老党员张富清的本色人生》。这两篇文章均是中国新闻奖的获奖作品，分析它们获奖的原因。并以这两篇文章为例，分析事件通讯和人物通讯在写作重点、方法、技巧等方面的异同。

4. 为身边的典型人物或典型事件写一篇人物通讯或事件通讯。

阅读材料1：

真理的力量

余孝忠、潘林青、萧海川

"老远老远的外国啊，一个姓马的老汉啊。长着一把大胡子啊，说出了咱心里话啊……"在山东省广饶县大王镇,一首以当地特有的曲艺形式——枣木杠子乱弹创作的民歌,已在百姓口中传唱多年。

人们以这种方式歌颂铭记马克思。今年是马克思诞辰200周年,也是《共产党宣言》发表170周年。因经济富裕被称作"山东第一镇"的大王镇,更因保存有《共产党宣言》中文首译本、建立了山东最早的农村党支部而闻名。

从较早传播红色火种到率先建成富裕乡村,大王镇在革命、建设、改革过程中始终走在当地前列,成为马克思主义真理力量最生动的实践样本。

"听'大胡子'的话,就有饭吃、有田种"

在5月5日马克思诞辰200周年前夕,记者来到大王镇,听到当地党员群众对他的称呼既亲切又特别——"马大胡子"或"大胡子"。

"是因为《共产党宣言》中文首译本封皮印有一幅满脸络腮胡的马克思肖像,这本书也被叫作'大胡子的话',本名倒少有提及。"对当地历史颇有研究的东营科技职业学院原院长李剑童说。

《共产党宣言》中文首译本来到这里并保存至今,过程充满曲折艰辛。据党史研究者考证,1921年,中共一大代表王尽美、邓恩铭将陈望道翻译的首译本带回山东。1926年,在济南工作的女共产党员刘雨辉回大王镇刘集村探亲,将这本书交给族中的共产党员刘良才。

"听'大胡子'的话,就有饭吃、有田种。"刘良才的孙子、76岁的刘奎湘告诉记者,爷爷把书中晦涩难懂的道理,转换成乡亲们易于接受的语言,并结合当地实际进行传播,让更多的人明白"大胡子"说的道理。

大革命失败后,国民党当局公布了600余种书刊的"禁书名单",《共产党宣言》排在首位。许多仁人志士因持有此书惨遭横祸。大王镇刘集村的《共产党宣言》首译本,辗转于刘良才、刘考文、刘世厚之手。

直到1975年,文物工作者前来征集文物,刘世厚捐出了用生命和鲜血保护并珍藏了40多年的《共产党宣言》首译本。

李剑童说,在血与火的考验中,这部产生于西方资本主义条件下的经典著作,在鲁北这片热土上落地生根。中国北方农民革命斗争,从此有了科学的指导思想,真理的力量喷薄而出。

马克思主义博大精深,归根到底就是一句话——为人类求解放。在党的领导下,当地干部群众陆续开展了"觅汉增资""砸木行"运动、博兴暴动、红盆庄子战斗、军屯伏击战等不计其数的斗争和战斗。经过长期奋斗,红色中国挺立世界东方,亿万百姓翻身过上"有饭吃、有田种"的新生活。

"说了算,定了干,干就干好"

2000年,在马克思的家乡德国,几十名来自大王镇的工人正夜以继日地研习新闻纸制造技术。

白天,他们在车间认真学习现场操作、微机控制;晚上,他们召开例会,交流心得、共同研究。遇到搞不懂的问题,在工作现场攻关,一待就是几个小时。为确保万无一失,他们用照相机、摄像机录下生产线的每个部件,用油漆给每个位置编上号码。

彼时,中国虽大,新闻纸却基本依赖进口。1999年,位于大王镇的造纸企业华泰集团,决定引进德国公司的16万吨新闻纸生产线。

于是,这些中国工人漂洋过海来到马克思故乡,不仅要跟着德国专家学技术、学操作,更要把买到的生产线拆散、运回国内重组开工。2001年10月,这条远渡重洋的生产线在大王镇开始运转。如今,这家企业拥有全球最大的新闻纸生产基地。

"这样艰苦奋斗、奋力拼搏的故事,在华泰集团不是新闻,而是常态。"华泰集团有限公司董事局主席李建华现身说法,参加工作以来,他把绝大部分的时间和精力都用在企业发展和职工生活改善上。

1976年刚建厂时,华泰集团的前身仅有资产56万元、职工35人;现在,华泰集团的总资产已超过300亿元,吸纳就业1.5万余人,涉足造纸、化工、印刷等十多个产业。

马克思主义不是书斋里的学问,而是在人民求解放的实践中形成的,也是在人民求解放的实践中丰富和发展的。在大王镇,像华泰集团这样的企业、像李建华这样的党员还有许多。地方与企业的跨越发展、居民和职工的美好生活，离不开共产党员带领群众积年累月的不懈奋斗。

大王镇党委书记邢少鹏说，"说了算，定了干，干就干好"是改革开放以后形成的"大王作风"。这里缺资源优势、缺区位优势、缺交通优势、缺人才优势，但不缺真理、不缺精神、更不缺奋斗。实践是检验真理的唯一标准，在努力奋斗中，真理焕发雄浑力量，变成老百姓看得见摸得着的小康生活。

1986年，大王镇成为鲁北地区第一个"亿元镇"，2003年成为鲁北第一个"百亿镇"，2011年成为山东第一个"千亿镇"。2017年，大王镇全年实现工业主营业务收入1513亿元，一般公共预算收入11.2亿元，在全国综合实力百强镇排名中位列第63位，并蝉联山东第1位。目前，广饶县的2家境内主板上市企业，均位于大王镇。

明确奋斗方向，奋力拼搏实现目标

4月底，行走在大王镇街头，新景象、新气象扑面而来：高质量发展意识深入人心，企业新旧动能转换时不我待；山东第一批新生小城镇试点已颇具规模，群众在农村就能享受城市生活；投资数亿元建设的幼儿园、小学、中学，是当地最好的建筑；镇村环境改善如火如荼进行，山水林田湖草相映成趣……

当中国迈入新时代，大王镇何以继续领先？刘集村的乡亲说，紧跟共产党走，就会有好日子过；大王镇的企业家说，"说了算，定了干，干就干好"，幸福生活还是要靠艰苦奋斗；党员干部说，时刻践行"实干就是能力，落实就是水平"信条，让老百姓过上更好的日子。

"首先要掌握马克思主义这一真理，再通过奋斗践行真理，在新时代为中国人民谋幸福、为中华民族谋复兴，这就是真理的力量"。广饶县委书记梁润生说，落实到地方上，就是一要听党话跟党走，二是继续发扬"大王作风"，撸起袖子一任接着一任加油干，把党中央的各项决策部署真正落到实处。

历史只会眷顾坚定者、奋进者、搏击者,而不会等待犹豫者、懈怠者、畏难者。改革开放40年来,大王镇的干部换了一茬茬,但干事创业的优良传统被传承至今。比如,根据每年中央一号文件精神,大王镇坚持制定自己的"一号文件",因地制宜来落实。

"八五超十亿,齐心奔小康""赶超五十亿,争创一流镇""全民齐奋进,争创百亿镇""实现新跨越,建设新大王""争创山东第一镇,进军全国百强镇"……在不同的发展阶段,大王镇"听党话跟党走",细化明确奋斗方向,用奋力拼搏来实现目标。

马克思诞辰200周年之际,在刘集村,刘奎湘看着爷爷刘良才的塑像,喃喃自语:"爷爷,你们所为之奋斗的新时代,已在眼前了,你看到了吗……"

(文章来源:新华网2018年5月7日。该文为第29届中国新闻奖获奖作品)

阅读材料2:

英雄无言——95岁老党员张富清的本色人生

唐卫彬、杨依军、谭元斌

71年前,他是西北野战军的突击队员,冒着枪林弹雨,炸掉敌人四个碉堡,战功卓著,是董存瑞式的战斗英雄。

64年前,他退役转业,主动选择到湖北省最偏远的来凤县工作,为贫穷山区奉献一生。从此,赫赫战功被他埋在心底,只字不提。

(一)

2018年12月3日,来凤县城。

来凤县委政法委干部张健全,小心翼翼地怀揣着一个包裹来到县人社局。彼时,县里正在按照上级统一安排,开展退役军人信息采集工作。

张健全带来的东西,是父亲张富清一生珍藏的宝贝。

"那是下午5点20分,我正准备下班。看到闪耀着光芒的勋章,我一下就被吸引住了。"对那天的情景,来凤县退役军人信息采集工作专班信息采集员聂海波记忆犹新。

在聂海波注视下,张健全郑重地一一取出包裹里的物品——

一本立功证书,记录着张富清在解放战争时立下的战功:立军一等功一次,师一等功、二等功各一次,团一等功一次,两次获"战斗英雄"称号。

一份西北野战军的报功书,讲述着张富清"因在陕西永丰城战斗中勇敢杀敌",荣获特等功。

一枚西北军政委员会颁发的奖章,镌刻着"人民功臣"四个大字……

激动地看完张健全带来的材料,聂海波深感震撼:"没想到我们来凤还隐藏着这样一位战功赫赫的大英雄!"

(二)

"永丰战役带突击组,夜间上城,夺取敌人碉堡两个,缴机枪两挺,打退敌人数次反扑,坚持到天明。我军进城消灭了敌人。"

这是立功证书对张富清1948年11月参加永丰战役的记载。

发生在陕西蒲城的永丰之战,是配合淮海战役的一次重要战役。战况异常惨烈,"一夜之间换了八个连长"。

对那场艰苦卓绝的战斗,95岁的张富清仍历历在目。

张富清所在的连是永丰战役突击连。张富清又是突击连的突击班成员。27日夜,他和两名战友匍匐前进,扒着墙砖缝隙攀上城墙。张富清第一个跳下城墙,与围上来的敌人激战。

"我一转身,看见敌人将我围住了,就端起冲锋枪扫射,一下子打死七八个。"张富清说,交火的时候,他感觉到自己的头被猛砸了一下,消灭眼前的敌人后,手一摸,发现满脸都是血。原来,子弹擦着头顶飞过,把一块头皮掀了起来……

"打死七八个敌人后,我逼近碉堡,用刺刀在城墙底下刨了个洞,把我带的八颗手榴弹和一个炸药包码在一起,拉着了手榴弹,炸毁了碉堡……"

那一夜,张富清接连炸毁两座碉堡,缴获两挺机枪、数箱弹药。战斗中,他幸存下来,两个战友却从此杳无音讯……

因在战斗中表现英勇,张富清获得军甲等"战斗英雄"荣誉称号。

1948年3月参军,8月入党,在壶梯山、东马村、临皋、永丰城等战斗中都冲锋在前——这位陕西汉中小伙子历尽了九死一生。

(三)

陕西、新疆、北京、南昌、武汉……

几经辗转,1955年初,已是连职军官的张富清面临退役转业的人生转折。听说湖北西部恩施条件艰苦,急缺干部,他二话不说:"我可以去!"

听说来凤县在恩施最偏远、最困难,没有丝毫犹豫,他又一口答应:"那我就去来凤。"

那是一个寒冷的冬天。从武汉动身,一路向西,再向西。恩施是湖北西部边陲,来凤更是边陲的边陲,怀着投身社会主义建设的憧憬,张富清来了。

"这里苦,这里累,这里条件差,共产党员不来,哪个来啊!"——带着一个共产党员的赤诚,张富清来了。

此后几十年,"人民功臣"张富清勤劳的身影,先后出现在粮食局、三胡区、卯洞公社、外贸局、建设银行……双脚却很少再迈出来凤。母亲去世,他也没能见上最后一面……

工作挑最苦最难的干,从不争名争利。张富清把余生献给了来凤,献给了这片曾经毫无关联的大山。

浴血奋战,战功卓著……自从到了来凤,过去的一切,都被张富清刻意尘封起来。

60多年,无论顺境逆境,张富清从不提自己的战斗功绩。证书和军功章被他藏在一个随身几十年的皮箱里,连儿女也不知情。

(四)

瞒得再紧,瞒不过最亲的人。

妻子孙玉兰最清楚丈夫身上有多少伤。右身腋下,战争中被燃烧弹灼烧,黑乎乎一大片;头顶的伤疤至今依稀可见……

孙玉兰和张富清是同乡。战争期间及之后的几年,村里人都以为张富清已经不在人世了。1954年,张富清回了趟家乡,大家才知道,他还活着。

共青团员、妇女主任孙玉兰,和长自己11岁的张富清一见钟情。不久后,被爱情召唤的孙玉兰,追随张富清到了来凤。

这一来,就是一辈子。

上世纪60年代,为给国家减轻负担,担任三胡区副区长的张富清率先动员妻子从供销社的铁饭碗"下岗"。他的理由很简单:"国家困难,我首先要看看自己有没有占群众、公家的好处……要精简人员,首先从我自己脑壳开刀……"

同挚爱的人在一起,多苦都是甜。

夫妻俩生养了四个孩子。大女儿患病,至今未婚,常年在家靠母亲看护;小女儿是卫生院普通职员;两个儿子凭自己的本事上学、工作,从基层教师干起,一步步成长为县里的干部。

几个子女,没有一个在张富清曾经任职的单位上班。

如今,最小的儿子也快到退休年龄。形容自己眼中的父亲,张健全用了一个词:"平凡"。

从转业到离休,数十年如一日,张富清像一块砖头,哪里需要就往哪里搬。乐观、朴实、真诚……在大家的印象中,他就是这样一个平凡的人,和普通老百姓没什么差别。

（五）

张富清是"战斗英雄"的消息,在来凤迅速传开了。

不少人感到震惊。"只知道他当过兵,没想到他是那么大的英雄。"

有人感到不解。"别人没他那么大的功劳,还整天问组织要这要那。他老婆没有工作,大女儿又残疾,也没见他提什么要求。"

有人感到惋惜。"那么大的战功,如果当初留在武汉,早就成了高级干部。"

更多的人深受教育和感动。

去年,张富清做眼部手术。术前,中国建设银行来凤支行行长李甘霖特意叮嘱,张老是离休干部,医药费全额报销,可以选好一些的晶体。但张富清听说同病房的农民病友用的是最便宜的,也选了最便宜的。

"我已经离休了,不能再为国家做什么,能节约一点是一点。"

衣服的袖口都烂了,还在穿;儿子给他买的新衣服,他叠得整整齐齐放在箱子里。

张富清的心里,几乎没有他自己。

"以前,只不过觉得他大我们一些,工作在我们前头;现在他从我面前过,我都要在心里默默向他致敬!"72岁的来凤县关心下一代工作委员会副主任张昌恩说。

(六)

在张富清简陋的家中,珍藏着一个打满了补丁的搪瓷缸。

一面是熠熠生辉的天安门、展翅飞翔的和平鸽;一面写着:赠给英勇的中国人民解放军——保卫祖国、保卫和平。孙玉兰说,这是丈夫最心爱的物件。

从1954年起,这个搪瓷缸就是张富清生活的一部分。如今,补了又补,不能再用,张富清就把它认真保存了起来。

上世纪80年代初,张富清一家搬到现在仍居住的建行宿舍。30多年过去,楼上楼下、左邻右舍都已翻修一新,老两口的家还是老样子。

斑驳的墙壁,褪色的家具……虽然朴素,这个家整洁而充满生气。阳台上整齐地养着一排绿植,像是一队整装待发的战士。

面色红润,声音洪亮,精神矍铄——我们面前的张富清,仿佛不是一位90多岁的老人。近几年,他仍然坚持自己下楼买菜,有时还下厨给老伴炒几个菜。透过窗户,常常听到他爽朗的笑声……

1985年离休后,张富清一直保持着读书看报的习惯。他特别爱看《半月谈》。

卧室的写字台上,一本2016年版的《习近平总书记系列重要讲话读本》，被他翻阅得封皮泛白。

第 110 页的一段文字旁，做着标记——

"要不断改造主观世界、加强党性修养、加强品格陶冶，老老实实做人，踏踏实实干事，清清白白为官，始终做到对党忠诚、个人干净、敢于担当。"

这不正是共产党员张富清一生的写照吗？

（七）

战争年代不怕牺牲、出生入死，张富清靠的是一个党员的信仰——

"我一直按我入党宣誓的去做……满脑子都是要消灭敌人，要完成任务……所以也就不怕死了。"

和平时期淡泊名利、扎根大山，张富清为的是不负入党的誓言——

"和我并肩作战的战士，有几多（好多）都不在了。比起他们来，我有什么资格拿出立功证件去摆自己啊？！我有什么功劳啊？！"

讲起这些，这位 95 岁的老人声音颤抖，泪水溢满了眼眶。

英雄事迹传出后，有媒体闻讯而来。张富清拒绝接受采访。记者越来越多，没有办法，张健全只好骗父亲："这是组织的要求！"张富清这才答应——身为一名共产党员，必须服从组织的安排。

张富清最欣慰的，是一家四代有六个党员。

考虑再三，让子女拿着立功证书去登记，出发点也是对党忠诚——

"党和国家开展退役军人信息采集工作，是一件大好事。如果我不如实向党报告，那就是对党不老实……"

（八）

时光回溯到 2018 年 3 月 17 日。

北京人民大会堂。十三届全国人大一次会议表决通过关于国务院机构改革方案的决定。

近一个月后，退役军人事务部正式挂牌。

组建退役军人事务部，是以习近平同志为核心的党中央着眼党和国家事业全局作出的重大战略决策。

"军人是最可爱的人""不能让英雄流血又流泪"……随着退役军人管理保障工作有序开展,许多英雄事迹,陆续被发掘出来。

九旬老兵张富清,不想给党、给国家、给军队添任何麻烦。不久前,在给曾经战斗部队的一封答谢信中,他情真意切地写道:

"希望你们坚决听党的话,坚决听从习主席指挥""心往一处想,劲往一处使,拧成一股绳……"

(九)

新疆军区某红军团,张富清当年战斗的英雄部队。年轻的官兵,正紧紧围绕听党指挥、能打胜仗、作风优良强军目标,学习老前辈张富清英雄事迹,立志做新时代革命军人。

3月2日,部队派员专程到来凤,探望老战士张富清。

是夜,平素内敛沉默的张健全抑制不住内心激动。眼含热泪,他写下深情的记录——

部队来人了

老兵心中掀起波澜

面对军装上的军徽

老兵用一条独腿坚强站立

缓缓举起右手

庄严地行上军礼

(文章来源:新华网,http://www.xinhuanet.com/,该文为第30届中国新闻奖获奖作品)

第三节 调查报告

日常生活中,我们常常能在各类报纸、期刊,以及网络上看到调查报告。这其中可能有关于各类事故的调查报告,或者关于一些社会焦点问题的调查报告等。但是对于调查报告,我们更多的是在关注调查的对象,而非调查报告这一文体。什么是调查报告?调查报告有什么特点?

通过本节内容,我们能够对调查报告有所了解。

一、调查报告的定义

提到调查报告,我们通常会认为是某一个人或者某一个群体、某一个单位对某一事物或问题进行调查后,形成的报告。但是这一理解并不能完整、全面地阐述调查报告的特点,体现出撰写调查报告的目的。调查报告是对人们普遍关心的情况、事件,或者有待解决的问题,进行深入细致的调查研究之后,形成的有说明、有分析,能揭示出本质,寻找出规律或总结出经验的书面报告。且报告的内容必须是真实的、客观的,具有逻辑性、针对性的。

调查报告是一种记叙性、说明性和议论性相结合的文体。它的适用范围广,使用频率高。可以介绍经验、揭露问题、反映社会情况,揭示事物发展的规律和特点,向人们提供经验教训和改进办法,给相关部门提供决策依据和工作思路,为科学研究提供详实资料和准确信息。可见,无论是党政机关、企事业单位,还是社会团体都会用到调查报告。并且,随着各学校对学生实践能力的重视,调查报告也成为了在校学生学习生活中常接触到的一种文体。学生在实践过程中,对某些问题进行调查,形成报告,有助于提升学生的收集、整合能力;有助于培养学生的逻辑思维;有助于提高学生思考问题的全面性。

我们需要明确的是,想要撰写调查报告,就必然不能回避调查这一环节。关于调查,词典中对该词的解释是"为了了解情况进行考察(多指到现场)"。可见,首先要深入实地,再通过调查获取详细的信息与资料,经过综合分析,形成书面报告,才是认识事物、研究问题、做好工作的有效方法。只有做到周密的调查、深入的研究,才能获得一篇让人信服的调查报告。正如《论衡·卷二十三·薄葬篇》所说:"事莫明於有效,论莫定於有证。空言虚语,虽得道心,人犹不信。"

二、调查报告的结构

调查报告,一般是由标题、前言、主体、结尾四个部分组成。

（一）标题

1. 单标题。可以以调查对象直接命名。例如，复旦大学文物与博物馆学系的考古调查报告《丽水保定窑址》。还可以以××调查报告或××调查的形式命名，例如《新疆库车苏巴什佛寺遗址石窟调查报告》《公众室内空气质量认知现状调查》。

2. 双标题。双标题的主标题常用来解释调查报告的主旨，副标题则是说明调查对象及调查内容等。例如《一个村庄的人口变迁及村庄共同体构建——基于××省××县××镇××村的调查报告》《破解农村养老难题——××农村居民养老情况调查报告》

3. 疑问式标题。疑问式标题可以是正问，也可以是反问。疑问句式比陈述句式更具有吸引力，观点也体现的更加明确，还带有较为强烈的感情色彩。例如《工作为什么这么难找？——××城市应届大学毕业生就业情况调查》《为什么留学中国？——以××大学留学生调查为例》。

（二）前言

前言首先会明确调查的对象，例如《天津港"8·12"瑞海公司危险品仓库特别重大火灾爆炸事故调查报告》中第一句话是"2015年8月12日，位于天津市滨海新区天津港的瑞海国际物流有限公司（以下简称瑞海公司）危险品仓库发生特别重大火灾爆炸事故"。接着写道"党中央、国务院高度重视，习近平总书记两次作出重要批示，并主持召开中央政治局常委会会议，专题听取事故抢险救援和应急处置情况汇报，要求全力搜救人员，千方百计救治伤员，有序进行现场清理，加强环境监测，做好善后处置工作，彻查事故原因并严肃追责，坚决落实安全生产责任制，有效化解各类安全生产风险，保障人民群众生命财产安全"。说明调查这个事件的原因，以及该调查由谁负责，"事故调查组由杨焕宁同志（时任公安部常务副部长，现任安全监管总局局长）任组长，公安部、安全监管总局、监察部、交通运输部、环境保护部、全国总工会和天津市人民政府为成员单位，全面负责事故调查工作。同时，邀请最高人民检察院派员参加，并聘请爆炸、消防、刑侦、化工、环保等方面的专家参与事故调查工作"。调查采用了哪些方法,"反复的现场勘验、检测鉴定、调查取证、模拟实验、专家论证,查明了事故经过、原因、人员伤亡和直接经济损失,认定了事故性质和责任"。调查报告的前言部分不仅要真实、客观地说明调查的对象、调查的人员和调查的方法等信息,做到直切主题,还要起到引领全文的作用。其语言表达也要准确、精练。

调查报告的前言部分还可以以提出问题的方式来呈现,而调查报告的主体部分就是围绕着前言部分提出的问题来展开的。例如,由中共湖南省委讲师团课题组撰写的调查报告《猎豹奔腾展雄风——长丰集团弘扬和培育企业精神的调查》的前言这样写道:"作为湖南省推进工业化进程的十大标志性企业之一,长丰"猎豹"以其强大的活力赋予了企业无限的生机,同时也给人们留下了许多想象空间和耐人寻味的思考话题。一家曾经烙有浓厚计划经济色彩的国有企业,为什么能在日趋激烈的市场竞争中脱颖而出?一个昔日名不见经传的军械修理小厂,何以一跃成为拥有总资产37亿多元的国家大型企业?是什么使它迅速崛起为中国越野汽车市场的一颗最耀眼的明星,而且自2000年以来连续三年进入全国工业企业500强之列?为此,我们走进长丰(集团)有限责任公司,领略到了一种独特的精神气质,感受到了一种浓郁的精神氛围,触摸到了一种律动的精神脉搏。"①这样的撰写方式,可以给人以悬念感,更加吸引人的关注。

(三) 主体

调查报告的主体部分通常会按照事物的逻辑顺序,把调查的基本内容呈现出来,为后续获得结论奠定基础。调查报告的主体根据事件发展过程的先后次序列出几个小标题,每个小标题是在表明事物发展的不同阶段。例如《关于"丰县生育八孩女子"事件调查处理情况的通报》中,先说明"丰县生育八孩女子"身份认定情况(调查报告的第一部分)。再按照时间线索,阐述小花梅从云南省福贡县到江苏省丰县过程(调查报告

---

① 中共湖南省委讲师团课题组:《猎豹奔腾展雄风——长丰集团弘扬和培育企业精神的调查》,《求是》2004年第3期。

的第二部分)。后根据事件的发展过程,还原出杨某侠(小花梅)患精神疾病的过程,同时明确杨某侠当下的身体状况(调查报告的第三部分)。最后回到杨某侠(小花梅)生育八孩的情况说明(调查报告的第四部分)。

调查报告的主体部分要对事实进行严密的逻辑论证,探明事物发展变化的原因及规律,要做到条理清晰、层次分明、结构合理、重点突出。

(四)结尾

调查报告的结尾会说明处理意见。例如,《郑州"7·20"特大暴雨灾害调查报告》在结尾部分就阐明了"相关地方党委政府及其部门单位责任问题"。《关于"丰县生育八孩女子"事件调查处理情况的通报》中说明了"董某民等人涉嫌犯罪的情况",杨某侠及其儿女的"医治救助情况"和"有关党员干部和公职人员失职渎职行为处理情况"。调查报告的结尾还可以进一步说明改进措施。例如,《郑州"7·20"特大暴雨灾害调查报告》的第五部分就是"改进措施建议"。同时也可以在调查报告的结尾处表明作者的立场和态度。

调查报告的结尾部分的篇幅并不一定很长,但也能起到进一步深化主题的作用。

三、调查报告的特点

调查报告作为反映现实的一种文体,具有其自身的特点,主要体现在以下四个方面。

(一)真实性

真实是调查报告的前提,不具备真实性的调查报告无法让人信服。真实,就是要求所提供的信息不虚假、不失真、不以偏概全。例如,《中国国家形象全球调查报告2018》中显示,该调查选取了全球22个国家,涵盖了亚洲(中国、日本、韩国、印度、印度尼西亚、沙特阿拉伯、土耳其)、欧洲(英国、法国、德国、意大利、俄罗斯、西班牙、荷兰)、北美洲(美国、加拿大、墨西哥)、南美洲(巴西、阿根廷、智利)、大洋洲(澳大利亚)、非洲(南非)等不同区域的公民。访问样本共计11000个,每个国家500个样本,覆盖当地18~65岁居民。调查采用定量研究方法,通过凯度集团的全球样本库进行抽样和数据收集,严格执行在线调查的国际标准完成在线问卷填答,调查方法和设计保证数据代表性并支持数据对比的连续性。可见,这份关于"中国国家形象全球调查"的调查报告,做到了调查的覆盖面广,调查的方法科学合理,因而获得的数据也就更加的真实可信。

真实的数据和材料,是需要亲自动手才能得来的。例如,在《关于"丰县生育八孩女子"事件调查处理情况的通报》中可以看到,为明确杨某侠的身份,"公安机关在河南省项城市找到小花梅同母异父妹妹光某英(原名花某英)。2月9日,经公安部物证鉴定中心对杨某侠、光某英血液样本与普某玛(小花梅母亲,2018年去世)遗物上提取的生物检材进行DNA检验比对,结果为普某玛与杨某侠、光某英均符合生物学亲子关系。2月13日,公安部物证鉴定中心又对桑某罗(小花梅大舅)、李某元(小花梅小舅)、沙某付(小花梅大姨)、李某梅(小花梅小姨)血液样本进行DNA检验比对,与杨某侠均符合亲缘关系。2月20日,公安部物证鉴定中心对上述检验对象的检材再次进行检验比对,检验结果与之前一致。综合DNA检验比对、查阅小花梅云南户籍底册和调查走访,认定杨某侠即小花梅(户籍登记姓名为小花梅,出生日期为1977年5月13日,云南省福贡县亚谷村人)"。由此可见,真实的材料还需要通过多次地核查才能获得。

(二)客观性

客观,是不凭主观臆测、不带有色眼镜、不先入为主,是如实地反映客观事物的本来面貌。所以,在做调查报告时,不能先凭主观臆测下定结论后,再去搜集调查材料对此结论加以印证。例如,当需要对某高中高一学生对某一学科的兴趣程度进行调查时,就不能因为自身对某一学科的喜好,来主观判定他人对于这一学科的认知与情感。以主观感情代替客观现实的做法,会导致事物的真相被掩盖,从而得不出符合实际的结论。因此,围绕着调查的主题,对所取得的材料要采取去粗取精、去伪存真、由此及彼、由表及里的办法进行筛选,加以综合分析,保留能够反映客观现实,具有价值的典型材料,将其分类归纳。

(三)针对性

进行调查研究,撰写调查报告,是为了解决实际问题。因此,针对性越强,调查的效果也越好,调查报告的作用也就越大。例如,在对××流行病学进行调查时,可以选取某一个省市区域,甚至某一个年龄段(较为容易出现××问题的年龄段)的人群,对他们的日常卫生行为和不良习惯进行调查,就可以更加具有针对性的寻找到导致××问题产生的原因。但是,调查的过程依旧要做到全方位、多视角,要做到全面地观照,辩证地分析。这样得出的调查结论才真实有效,才能令人信服。

(四)逻辑性

调查报告的篇幅一般较长,内容较为丰富。因此,想要使报告内容具有逻辑性,就要处理好主旨和材料之间的关系、整体与局部之间的关系、材料与材料之间的关系。例如,《郑州"7·20"特大暴雨灾害调查报告》中,第一部分全面地陈述了灾害的整体情况及主要特点,第二部分就围绕着整体情况,从不同方面说明了灾害应对处置的情况,以及具体体现在哪些事件上,并造成了什么样的后果。第三部分详细列出了对该事件负有责任的相关地方党委政府及其部门单位的责任问题。第四部分总结主要教训,并在第五部分中提出改进措施建议。整篇报告合理地借助了结构序码,大、小标题,来保证报告的层次分明、条理清晰。

四、调查报告的分类

调查报告按照不同的标准、不同的角度,可进行多种不同的分类。从内容和功能的角度进行分类,调查报告可以分为:新生事物的调查报告、典型经验的调查报告、揭露问题的调查报告、历史事实的调查报告、科学研究的调查报告等。从涉及范围和层次的角度进行分类,调查报告可以分为宏观问题的调查报告、中观问题的调查报告和微观问题的调查报告。从调查的侧重点上进行分类,调查报告可以分为澄清事实型调查报告、思路启发型调查报告、可行对策型调查报告。

这里,我们主要是从内容和功能的角度对五种调查报告类型进行介绍。

（一）新生事物的调查报告。该类报告会比较全面、完整地反映新生事物的产生、发展过程，以及现实意义和发展方向。调查报告的内容一般会涉及到新生事物产生的背景、发展的经过、特点和意义。

（二）典型经验的调查报告。该类调查报告一般会先从成绩效果入手，把经验做法进行归纳，再从理性思考上提出带规律性的认识。从典型经验性的调查报告的目的性来看，其需要具有普遍意义。

（三）揭露问题的调查报告。该类报告的主要任务是通报情况、揭露问题。相关部门根据上级的指示精神和要求，通过调查核实，写明问题发生的过程、形成的原因、造成的危害以及应汲取的教训，以帮助更多的人提高认识、改进工作。

（四）历史事实的调查报告。该类报告通过对历史事件、历史文物或者历史遗址进行调查，真实地反映历史本来的面目，并得出正确的结论。在调查中不仅要说明真实的情况，还要对错误的认知进行更正。

（五）科学研究的调查报告。该类报告不仅要对调查对象进行客观地反映，还需要对调查内容进行深度的思考和探索。所以，科学研究调查报告富有较强的理论色彩。

无论是哪种类型的调查报告，都要做到真实地反映事物，抓住事物的本质特征。

◎ 问题思考与写作训练

1. 认真阅读由农业部原副部长万宝瑞撰写的《摆脱靠天种地 粮食可以再增产——关于甘肃等省区发展旱作农业的调查》，分析该调查报告的标题形式、主旨内容、结构安排以及语言表达方式。

2. 围绕"三农"问题、乡村振兴、基础教育、生态环保以及其它你感兴趣的问题，选准聚焦对象和切入点，开展调查研究，撰写调查报告。要求：观点明确、实事求是、材料充实、结构完整，表达清晰准确，不少于3000字。

阅读材料1：

摆脱靠天种地 粮食可以再增产

——关于甘肃等省区发展旱作农业的调查

万宝瑞

长期以来,我国粮食主产区主要分布在灌区,粮食增产主要依靠提高单产。据调查,2012年单产对粮食总产的贡献率已达80%左右,灌区粮食增产潜力已发挥至较高水平,未来仅靠提高单产大幅度增产的难度很大。而我国有近一半的耕地在非灌区,特别是北方旱作农业区,若综合施策,可以打造粮食增产的新天地。

一、发展旱作农业的战略意义

我国旱作耕地近10亿亩,占全国耕地面积一半以上,主要集中在西北、华北、东北和西南,这些区域资源性缺水严重,年均降水量300~700毫米,70%~80%的降雨集中在7~9月,农作物产量低而不稳。但这一区域光热充足,昼夜温差大,对提高农作物产量和品质较为有利。农业部示范推广旱作农业技术的实践表明,发展旱作农业不仅能够促进本地区农民增收,关键是可以为我国粮食安全提供新的保障。

发展旱作农业,有利于保障国家粮食安全。全国大约85%的小麦和90%以上的玉米和薯类种植在旱地上。由于缺乏灌溉条件又加上降水少,旱作农田多为"望天田",产量较低,其光、热、水、土资源远未释放出应有的增产潜力。以玉米为例,我国北方旱作玉米面积2.26亿亩,如果采用全膜双垄沟播技术,使现有种植的3900万亩半膜玉米每亩可增产200公斤、4000万亩露地玉米每亩可增产400公斤,粮食增产总量可达476亿斤,占2020年我国粮食发展纲要增产1000亿斤指标的一半左右。

发展旱作农业,有利于优化区域种植结构。例如,甘肃省通过推广全膜双垄沟播技术,大力发展玉米和马铃薯等高产耐旱作物,玉米种植面积由2006年的777万亩扩大到2012年的1387万亩,马铃薯种植面积由870万亩扩大到1045万亩,初步形成了玉米优势产业带和马铃薯生产、加工、流通产业聚集区。

发展旱作农业,有利于农民增产增收。推广旱作农业技术有较高的比较效益。据测算,在灌区平均每增加1斤粮食生产能力需投入4~6元,而在旱区推广旱作农业技术,只需投入2元左右。2012年,甘肃省将冬小麦改种玉米,亩均增产439公斤,亩均增收965元。目前,甘肃的马铃薯、陕西的苹果、宁夏的压砂瓜等已成为西北旱作农业区增长最活跃、产业化程度最高、农民增收最明显的支柱产业。

发展旱作农业,有利于生态环境的改善。我国旱作农业区大多生态脆弱。如甘肃省的山旱地,绝大多数分布在黄土高原区,沟壑纵横,土地坡大,不下雨寸草难生,下雨山洪肆虐,水土流失严重,导致土地越来越贫瘠,产出越来越低。近年来,甘肃一方面开展大规模梯田建设,2012年梯田面积达2817万亩,占旱地面积的75%;另一方面,通过农田防护林建设等措施,加大中低产田改造力度,改善了耕地质量和农田生态环境。在此基础上,各地进一步开展小流域综合治理,把种草种树、兴修梯田和修建淤地坝结合起来,创造了"山顶戴帽子、山腰缠带子、山脚穿靴子"的治理模式,有效地遏制了水土流失,改善了农业生产条件。

二、发展旱作农业要把握好的关键问题

发展旱作农业的关键是水。为解决缺水问题,甘肃等省区的农业科技人员和农民咬定青山不放松,经过多年探索,走出了一条依靠科技发展现代农业的路子。

立足当前、着眼长远,确立科学的发展思路。以甘肃省为例,围绕蓄住天上水、保住土壤水、用好地表水,创立了用水、保水、蓄水、拦水、截水五大技术体系,总结出了"梯田、水窖、地膜、调整"的发展路子,形成了雨水拦蓄入渗、覆盖抑蒸、雨水富集叠加的旱作农业技术路线,初步实现了由被动抗旱向主动抗旱、由单一措施抗旱向综合措施抗旱、由传统抗旱向科学抗旱的转变,实行农艺与农机相结合,生物与工程措施相配套,提高了旱作农业的可控性。

以科技进步为支撑,不断推进农业技术创新。科技进步是旱作农业发展的动力,旱作农业的发展必须把科技摆在首要位置,坚持以科技为支撑,加大技术创新力度,集成抗旱技术,开展技术推广。全膜双垄沟播技术的成功实践证明,只要不断推进技术进步,善于把各种抗旱技术和措施进行组装配套,开展集成创新,发展旱作农业才有广阔前景。

着眼于可持续发展,不断恢复和优化生态环境。重点是扩大能够保土保水的基本农田面积,着力提高耕地质量,改善农田生态环境。同时,要加强小流域综合治理,大力发展草食畜牧业,促进旱作农业逐步向生态农业的转化。只有将生态环境放在优先位置,才能有效促进旱作农业的持续发展。

着力构建现代产业体系。加快区域性特色优势产业的培育进程,大力发展农产品精深加工业,积极培育新型农业专业合作组织,逐步形成产加销、贸工农一体化的发展格局。只有把旱作农业建设成为一定规模的产业体系,才能大幅度提高农业比较效益,使农业真正成为富民产业。

三、发展旱作农业的基本做法

发展旱作农业,仅凭美好的愿望和决心是无法奏效的。只能脚踏实地,大胆探索。甘肃等省区农技人员和农民不怕失败,发掘了旱作农业的多种实用技术。其中效果最好的是全膜双垄沟播技术。这项技术改写了高海拔区不能种植玉米的历史,旱作区由亩产200公斤小麦转换为亩产700公斤玉米,使甘肃等省区粮食产量大幅提升。

全膜覆盖,降低水分蒸发,保温保墒。甘肃省旱作农业区年均降水量约300毫米,蒸发量达到1500~1600毫米。为解决这个问题,在秋季和早春将耕地进行全覆膜,使土壤保持较高水分,满足了早春干旱条件下作物出苗和前期生长对水分的要求,实现了秋雨春用。据测算,全膜覆盖使土壤水分蒸发减少80%左右。同时,还起到增温效果,使海拔2200米以上不能种植玉米的农田变成玉米等高产作物的区域,使海拔1700~2200米低产的中早熟品种改种为高产的中晚熟品种,粮食产量大幅增长。农民形象地唱道:"天上的雨水跑不了,地下的水分蒸发少;全膜覆盖地温保,增加热量催苗早;庄稼有了保护伞,农民端了个铁饭碗。"

双垄沟播,实现雨水富集利用,显著提高降水利用效率。双垄,就是在田间起大小相间的垄,通过这个微工程,田间形成了沟垄相间的集流场,使春季无效降雨富集利用,变为有效降雨,使每100毫米降雨可增加1000株玉米种植。沟播,就是沟内播种,使有限的降雨供作物生长利用,有效解决了因干旱无法播种出苗的问题。据测算,双垄沟播使降水利用率平均达到70%以上,在年降雨400毫米的条件下,玉米亩产平均可达到700公斤以上。

调整种植结构,发展循环经济。通过压缩小麦面积扩大玉米等种植结构调整,不仅增加了粮食产量,同时也增加了玉米秸秆,为发展养殖业和农产品加工业提供了条件。甘肃广河县种植结构调整后,积极发展畜牧业,全县畜牧业产值达到2.3亿元,牛羊存栏量103万只羊单位,建成联户养殖小区169个,人均养殖业收入达1200元,走出了"旱作农业—玉米秸秆—养殖牛羊—能源沼气—有机肥料—粮食增产"的农业循环发展新路。

旧膜回收利用,降低环境污染。在旱作农业区,地膜残留污染是个大问题。为解决这一问题,甘肃省采取了两项措施:一是地膜加厚,政府统一采购。政府要求地膜加厚为0.01毫米,薄膜变厚膜,地膜不仅不易破碎,还能延长使用时间,减少了地膜投入和机器作业费用,促使玉米根茬腐烂还田,增加土壤有机质。二是政府补贴回收旧膜。旱作农业区每个乡镇设置1个旧膜回收点,政府对旧膜回收进行补贴,加工厂按每公斤1.2元收购废旧地膜,用其生产新地膜、塑料制品等,形成循环经济。

四、经验与启示

甘肃等省区的探索与成功,对全国旱作农业区具有普遍的借鉴意义。在调查中,我们得到了宝贵的启示。

首先,对旱作农业要进行再认识。旱作农业将是今后我国粮食增产的重要途径。实践证明,旱作农业区玉米采用半膜栽培技术,每亩可增产200公斤以上,采用全膜双垄沟播技术,每亩可增产400公斤以上;小麦生产采用镇压方式,每亩可增产100~150公斤;全膜种植马铃薯不但比露地种植每亩可增产30%以上,而且品质有了明显提高。我国旱作耕地近10亿亩,如果能因地制宜推广旱作增产技术,我国粮食增产必将再上新台阶。

其次,我国粮食综合生产能力需要重新定位。我国粮食生产实现九连增,早已突破过去论证的1万亿斤总体目标。据水利部农水司调查估算,2012年我国农田有效灌溉面积达9.25亿亩,约占全国耕地的50%,生产了全国总产量75%的粮食和90%的棉花、蔬菜等经济作物;非灌区耕地占我国耕地总面积的50%左右,而粮食产量仅占全国总产量的25%,增产潜力还是很大的。从农业部门在甘肃、陕西、宁夏等地示范推广旱作农业技术情况看,粮食亩均增产在150公斤以上。如在全国范围内推广,预计旱作农田粮食亩均增产可达100公斤,我国10亿亩旱作农田可增产粮食2000亿斤,我国粮食生产能力应在12000亿斤左右。

再次,农业技术变革改变了"缺水就缺粮"的绝对论断。水是制约旱作区农业发展最关键的因素。一般认为,缺水地区一定缺粮。然而,通过农业科技人员和农民对旱作农业技术不断总结、创新和推广,优化了种植结构,玉米和马铃薯等产量稳定增加,使粮食产量低且不稳的旱作农业区转变为稳定高产区,使易灾农业转变为"大旱不减产,小旱大丰收"的现代农业。"缺水就缺粮"的传统观点不再适用于现代农业生产。

最后,探索了一条干旱地区农民脱贫致富的路子。旱区大多是民族聚居区、陆地边境区、革命老区和贫困地区,集"老、少、边、穷、山、旱"为一体。大力发展旱作农业,不仅增加粮食产量,也促进了畜牧业发展,带动了旱区农民致富。甘肃广河县是典型的少数民族居住区,全县98%以上人口是回族和东乡族。近年来,广河县全力打造以旱作农业、草食畜牧业和转移就业为重点的富民产业,连续5年实现两位数增长。据统计,广河县农民人均纯收入近5年增长速度分别为19.15%、13.4%、15.5%、13.8%、19.56%,绝对值由2007年的1629元增长到2012年的3459元,累计增长123.3%。实践证明,大力发展旱作农业符合我国北方农业生产实际,是北方边疆少数民族地区和谐稳定、贫困地区脱贫致富、革命老区加快发展的有效途径。

(文章来源:《求是》,2013年第19期)

第四节 传记文学

一、传记文学概念

最早使用"传记文学"这一概念的中国学者是胡适。1914年,胡适在名为《传记文学》的札记中提到了"传记"一词。1930年,在给《书舶庸谭》写序的时候,他又正式提出了"传记文学"的概念。继胡适之后,郁达夫和茅盾将"传记文学"这一概念继续推广深化,分别撰写了《什么是传记文学》和《传记文学》等多篇文章探讨传记文学。至此,"传记文学"这一概念逐步进入学术界,并被广泛运用。

那么,何谓传记文学?著名学者蔡仪认为:"传记文学是形象地描写自己或他人的比较完整的或某一阶段的生活历程,它只是在实际情况的基础上作适当的艺术加工,既有艺术性又有历史资料的价值。传记文学是以人物为中心对象的,特别着重刻画人物的性格和形成的环境。"[1]陈兰村认为,传记文学"是艺术地再现真实人物生平及个性的一种文学样式"[2]。赵白生则一方面肯定"事实"的真实性对传记的重要作用,另一方面十分重视传记的文学虚构属性。[3] 根据以上学者的意见,我们认为,传记文学是一种基于历史事实的文学叙述。它既有历史的真实性,又有文学的审美性;它要求忠实于传主的人生历史,却不拒绝在历史真实的基础上,进行细节的虚构和想象。

一般来说,传记文学具有两种主要属性。首先是它的历史属性。学者朱文华坚持认为:"传记作品的本质属性应当也只能归入史学范畴,而

---

[1] 蔡仪:《文学概论》,甘肃人民出版社,1984,第202页。
[2] 陈兰村:《中国传记文学发展史》,语文出版社,2012,第4页。
[3] 赵白生:《传记文学理论》,北京大学出版社,2003,第42-43页。

不应划为文学范畴。"①也就是说,传记文学必须忠实于传主的人生历史,不允许进行主观的歪曲或改造。其次是它的审美属性。学者李祥年在其《传记文学概论》一书中详细论述了传记文学的艺术范畴,多方位呈现了传记文学在古今中外历史版图中学术地位的不断变化,从而得出:传记文学是"属于文学的一个分支"②。在李祥年这里,审美属性被认为是传记文学的第一属性。但也有学者指出,传记文学属于文学还是史学,应该放到具体的历史时空中进行考察。在中国古代,一般把传记归入历史,中国古代的人物传记大多列在"史部"之下,只有文学家创作的单篇散传,如韩愈、柳宗元、欧阳修、苏轼等人的传记文,才列入他们各自的文集,属于文学。但是,当传记发展到现代,其文学性的一面得到了加强,把文学性较强的传记称为传记文学,把它作为文学的一个门类似乎更为合适。③

二、传记文学的特征

关于传记文学的基本特征,学术界的认识大体一致,即认为应具备严格的历史真实性,再现传主生平经历的相对完整性,着意表现其个性并具有艺术性。这里我们将传记文学的特征归结为两点:历史的真实性、文学的审美性。

(一)历史的真实性。这是传记文学的第一要义,也是它的一个根本特征。传记文学脱胎于历史著作,而中国史学的优秀传统一贯追求"求实"精神,"在齐太史简,在晋董狐笔",就是这种精神的写照。汉代史学家班彪、班固父子虽对司马迁的《史记》有激烈的批评,但依然肯定《史记》"文直、事核"的"实录"精神。受这一优秀传统的影响,中国历来的优秀传记文学作品大都忠于事实,忠于历史,是非分明。现代以来的许多传记文学作家也无不强调传记的真实性。

史学家被要求以一种严肃的态度去尽可能地搜集可靠性较高的历

---

① 朱文华:《传记通论》,复旦大学出版社,1993,第14页。
② 李祥年:《传记文学概论》,安徽文艺出版社,1993,第39页。
③ 陈兰村:《中国传记文学:一个发展着的文类》,《浙江师范大学学报》1998年第6期。

史材料，以客观事实为基石，真实地再现历史，只有在这个原则下历史真相才能得以揭示。但要把这项原则变为实际，并不是一件简单的事。必须从两个方面作出努力，一在"文直"，一在"事核"。所谓"文直"，是说传记文学必须忠于史实。无可否认，中国传统传记文学中固然有忠于事实的佳作，但也有相当数量的隐恶扬善的文字。表现在中国现当代传记文学中就是对正面人物极尽美化，对反面人物则完全丑化。这样的传记文学作品，当然无真实性可言。今天的传记文学需要我们采取客观的态度，秉承着对历史负责的精神和立场，对传主和历史事件做出客观的判断和评价。"事核"要求传记文学必须事出有因、严谨周密。传记文学固然是文学，但它是一种特殊的文学，它的创作仍然是植根于历史的土壤，凭借的是过去的记载、历史的文本。由于各种各样错综复杂的原因，许多历史材料，包括第一手的材料，往往是不准确，甚至是失真的。所以在搜集的同时，还需要对史料进行选择和甄别，不能在完全脱离历史根据的情况下主观臆断，要以严谨的态度审视前人留下的传记史料，选择更具有可信度的史料。

（二）文学的审美性。传记文学是文学中的一个门类，尽管它是一个特殊的门类，但这丝毫也不影响它与文学的紧密联系。因此，学者们一致公认，审美属性是传记文学的一个显著特征。传记文学正是以这一显著特征区别于一般的历史著作、历史记录，并由此而产生生动感人的艺术魅力。如同没有真实性便不配称为传记文学一样，没有审美属性，同样也就没有传记文学。

传记文学的审美属性主要有以下几点表现。首先，传记文学在充分尊重史实、深刻理解传主的基础上，要用充满感情的笔触去叙述史实、刻画传主。在史实的基础上，加入传记家的主观意志和情感，只有这样，两者的融合才会生发出审美意味。其次，传记文学的审美属性表现在对题材的选择与剪裁上。传记文学需要详尽而全面地占有材料，这是写好传记文学的基本条件，但有了全面详尽的材料，并不意味着就能写出优秀的传记文学作品。要想取得文学的美感效果，传记文学必须注重有目的地选择题材并精心剪裁。再次,传记文学的审美属性还表现在充分调动文学的表现方法上。从总体上说,传记文学除了基本的史实不能虚构以外,其它文学表现方法都可以运用。尤其是艺术氛围的渲染、具体细节的描写、传神对话的记述更是不可缺少。通过这些艺术手法,不但能造成浓郁强烈的文学色彩,更为重要的是还能够进入人物的内心,成为表现人物个性的有效途径。

三、传记文学的类型

由于古代的传记文学与现当代传记文学之间存在很大不同,所以,在给传记文学进行分类时,我们先将传记文学按照时间顺序分为古代传记文学和现当代传记文学,然后在这两个时段内根据文体和内容再进行细分。

古代传记文学可以分为五类:史传、杂传、散传、别传、专传。

史传,主要指纪传体正史中的人物传记,尤其是文学性较强的前四史《史记》《汉书》《后汉书》《三国志》中的传记。杂传,主要指单独成书的类传,它起源于汉代,兴盛于魏晋南北朝,如西汉刘向的《列女传》、南朝梁代慧皎的《高僧传》。散传,指一人一传,但不单独成书,而是以单篇流行,或散见于各家文集中的个人传记,包括传状、碑铭、自序等作品。此类传记产生于汉代,兴盛于魏晋南北朝,唐宋以后历代都有大量创作,成为古代传记文学创作的主要体裁。魏晋南北朝时期的散传以"别传"居多。别传,指正史和家谱以外的单篇个人传记。专传,指一人一传,单独成书的中篇以上单人传记。"专传"之名,始见于梁启超《中国历史研究法补编》。

现当代传记文学,按其内容的偏重,可以分为历史性传记、评论性传记和文学性传记。历史性传记偏重于传主的历史书写,评论性传记倾向于对传主的评价,文学性传记则往往显示出较为浓厚的文学色彩。按作者与传主的关系,传记文学作品可以分为他传(作者为别人作的传)和自传(作者为自己作的传)两大类。他传中又可按上述三类再进行区分。分类的目的是为更好地把握作品,所以最终要结合实际作品而定。

四、传记文学的发展

（一）中国传记文学的发展

先秦传记文学是我国古代传记文学产生、发展的最初阶段。最早的传记文学萌芽出现于《诗经》，以屈原作品为代表的楚辞和先秦诸子散文中出现了更多的传记文学因素，《左传》《国语》《战国策》《晏子春秋》等书中已具备了传记文学雏形。因此，先秦传记文学是从萌芽状态逐步发展到雏形状态。

汉代诞生了不朽巨著《史记》，《史记》既是伟大的历史著作，也是一部伟大的文学作品，标志着人物传记的诞生，也代表传记文学首次登上文学舞台。继《史记》后，班固的《汉书》再造辉煌，其他史传、杂传也相继产生，其成就虽不及《史记》，但使传记文学，尤其是其中的史传在中国"正史"中站稳了脚跟。因此，可以说，汉代是我国传记文学史上的一个辉煌时代。

魏晋南北朝时期，传记文学呈现出杂传起而史传落的态势，并具有深深的时代特点。第一，史传的数量激增，但文学价值却呈现下降趋势，出现了《三国志》《后汉书》《宋书》《南齐书》等史传著作，但在写人艺术上远不及《史记》《汉书》。第二，杂传在这一时期渐盛，杂传比正史具有更大的自由度，如《高士传》《文士传》。第三，传记文学理论与批评在这一时期也有了较大的发展。

唐朝国力强盛，重视编修纪传体史书，唐代八史有《晋书》《梁书》《陈书》《北齐书》《周书》《隋书》《南史》《北史》。此时具有宗教色彩的传记文学也得到了发展，例如佛教传记《慈恩传》。中唐时期的古文运动促进了传记文学的发展，其中韩愈、柳宗元是最为杰出的传记家。韩愈写有《张中丞传后叙》《太学生何蕃传》《柳子厚墓志铭》，柳宗元则写有《段太尉逸事传》《宋清传》等。除韩、柳二人之外，其他的文人散传也得到了发展，例如杜牧歌颂良吏的《唐故江西观察使武阳公韦公遗爱碑》，颜真卿为表彰英烈而作的《颜杲卿碑》，范转正为李白所立之传《李公新墓碑》。唐朝自传文学也有较高的史料价值，如王绩的《自撰墓志铭》，刘充分体现了文艺复兴的时代精神。英国传记有些作品也达到了较高的水平,主要是为政治家画像。文艺复兴时期英国第一部重要历史传记是托马斯·莫尔的《理查三世史》,英国最早的、真正独立的传记则是托马斯·莫尔的女婿罗勃尔创作的《莫尔爵士传》。英国文艺复兴时期的传记文学到凯文迪希的《沃塞尔红衣教主传》达到了最高水平。

18世纪,启蒙思潮对西方国家的传记文学产生了重大影响,此时传记创作的对象不再是封建君王与贵族,普通人开始成为传记文学的主体,写作的真实性也大大增强,总体文学水平有很大提高。在英国,约翰生写有《诗人传》,这是英国传记文学发展的里程碑。鲍斯威尔发表了传记名著《约翰生传》,它作为举世公认的第一部近代传记,在西方传记发展史上具有划时代意义。在法国出现了几百种回忆录,远超过去任何时代。多数作家出身贵族,这类作品仍然主要描写上层社会生活,以圣西门的《回忆录》最具代表性。50年代后,平民知识分子也开始加入创作队伍,这类作品反映了更加明显的启蒙精神,卢梭的《忏悔录》就是那个时期传记文学的杰出代表。

19世纪,法国传记打破了回忆录的单一模式,进入多样化时期,浪漫自传(龚斯当《阿道尔夫》)、回忆录(夏多布里昂《墓外回忆录》)、作家评传(圣勃夫《当代人物肖像》)等共同构成了法国传记的新局面。英国的传记文学则进入了一个所谓的"维多利亚时期"。在这一阶段,许多传记作家不同程度地依据鲍斯威尔的"公式"对有关史实和材料作任意删节改动,这是一个曲折时期,直到弗劳德等传记家的出现才逐步扭转局面。弗劳德的《卡莱尔传》是向维多利亚风气发起冲击的第一部作品,另一位向维多利亚风气发起冲击的是特瑞维林,《麦考利传》是他对传记文学的重要贡献。缺乏历史义化传统的美国在19世纪也出现了一批优秀的传记,其中职业传记作家詹姆士·帕顿的《阿伦伯尔传》《安德鲁杰克逊传》较为著名。德国也开始有了自己民族特色的传记文学。在德国,写作自传成为一种风气,歌德写出了德国最伟大的传记作品,《诗与真》是他的经典自传。在俄国,有关作家的传记是19世纪传记的主要成就,例如托尔斯泰的《忏悔录》、赫尔岑的《往事与随想》、阿克萨科夫的《家庭记事》等。

20世纪，传记作品不但达到空前的数量而且各国都出现了职业的传记大师，他们大多有自己擅长描述的人物和解释传主的方法，在传记作品文学性和科学性的结合上达到了新的水平，并形成了自己的创作个性和风格，这是传记文学成熟的标志。在英国，特斯拉齐彻底打破了维多利亚风气，成为英国传记革命的开创者，以他为代表产生了一批英国"新传记"。他的主要作品是《维多利亚的名人》《维多利亚女王》《伊丽莎白与埃塞克斯》。在美国，"新传记"的第一位也是最重要的作家是布拉德福德，他创作了114种人物传记。二战后最重要的传记家是艾德尔，他的代表作是《詹姆斯传》。在法国，第一位重要的传记家是罗曼·罗兰，他创作的传记文学名著包括《贝多芬传》《米开朗基罗传》《托尔斯泰传》。莫洛亚是个跨时代的人物，也是传记文学史上最卓越的作家之一。他的理论著作《传记面面观》整理了传记文学的诸多理论问题。他创作的《雪莱传》《狄斯莱里传》《狄更斯传》都是很成功的作品。第三位重要的传记家是特罗亚，他的《托尔斯泰》《果戈里》产生了很大影响。这一时期，德国出现了一部具有世界影响的传记作品：弗洛伊德的《达芬奇》。在弗洛伊德以后，另一位具有世界意义的传记家是茨威格，他的成名作是《三位大师》《同精灵的争斗》《三个描绘自己生活的诗人》。在苏联，传记文学相当繁荣，具有强烈的政治色彩。高尔基的自传三部曲《童年》《在人间》《我的大学》为我们展现了一幅幅俄国社会的风俗画。

◎ 问题思考与写作训练

1. 阅读明代作家袁宏道的人物传记《徐文长传》，分析作品的主旨内涵和艺术特色。

2. 尝试为自己或自己熟悉的人写一篇不少于1000字的人物传记。

阅读材料：

徐文长传

（明）袁宏道

　　余一夕坐陶太史楼，随意抽架上书，得《阙编》诗一帙，恶楮毛书，烟煤败黑，微有字形。稍就灯间读之，读未数首，不觉惊跃，急呼周望："《阙编》何人作者，今邪古邪？"周望曰："此余乡徐文长先生书也。"两人跃起，灯影下读复叫，叫复读，僮仆睡者皆惊起。盖不佞生三十年，而始知海内有文长先生，噫，是何相识之晚也！因以所闻于越人士者，略为次第，为《徐文长传》。

　　徐渭，字文长，为山阴诸生，声名藉甚。薛公蕙校越时，奇其才，有国士之目。然数奇，屡试辄蹶。中丞胡公宗宪闻之，客诸幕。文长每见，则葛衣乌巾，纵谈天下事，胡公大喜。是时公督数边兵，威镇东南，介胄之士，膝语蛇行，不敢举头，而文长以部下一诸生傲之，议者方之刘真长、杜少陵云。会得白鹿，属文长作表，表上，永陵喜。公以是益奇之，一切疏计，皆出其手。文长自负才略，好奇计，谈兵多中，视一世士无可当意者。然竟不偶。

　　文长既已不得志于有司，遂乃放浪曲蘖，恣情山水，走齐、鲁、燕、赵之地，穷览朔漠。其所见山奔海立、沙起云行、雨鸣树偃、幽谷大都、人物鱼鸟，一切可惊可愕之状，一一皆达之于诗。其胸中又有勃然不可磨灭之气，英雄失路、托足无门之悲，故其为诗，如嗔如笑，如水鸣峡，如种出土，如寡妇之夜哭，羁人之寒起。虽其体格时有卑者，然匠心独出，有王者气，非彼巾帼而事人者所敢望也。文有卓识，气沉而法严，不以摸拟损才，不以议论伤格，韩、曾之流亚也。文长既雅不与时调合，当时所谓骚坛主盟者，文长皆叱而奴之，故其名不出于越，悲夫！喜作书，笔意奔放如其诗，苍劲中姿媚跃出，欧阳公所谓"妖韶女老，自有余态"者也。间以其余，旁溢为花鸟，皆超逸有致。

　　卒以疑杀其继室，下狱论死。张太史元汴力解，乃得出。晚年愤益深,佯狂益甚,显者至门,或拒不纳。时携钱至酒肆,呼下隶与饮。或自持斧击破其头,血流被面,头骨皆折,揉之有声。或以利锥锥其两耳,深入寸余,竟不得死。周望言:"晚岁诗文益奇,无刻本,集藏于家。"余同年有官越者,托以抄录,今未至。余所见者,《徐文长集》《阙编》二种而已。然文长竟以不得志于时,抱愤而卒。

石公曰:"先生数奇不已,遂为狂疾;狂疾不已,遂为囹圄。古今文人牢骚困苦,未有若先生者也。虽然,胡公间世豪杰,永陵英主,幕中礼数异等,是胡公知有先生矣;表上,人主悦,是人主知有先生矣,独身未贵耳。先生诗文崛起,一扫近代芜秽之习,百世而下,自有定论,胡为不遇哉?"

梅客生尝寄予书曰:"文长吾老友,病奇于人,人奇于诗。"余谓文长无之而不奇者也。无之而不奇,斯无之而不奇也。悲夫!

(文章来源:古诗文网 https://www.gushiwen.cn/GuShiWen_)

第五节 回忆录

一、回忆录的概念

回顾梳理新时期以来中国回忆录的理论探索可以发现,学术界在这一方面的研究基本上还处于起步阶段,关注这一问题的学者还很少,理论探讨不仅尚未深入,而且存在不小的歧义。刘耿生认为,"回忆录是当事者将自己或与自己有关的历史,以大脑为载体,形成记忆,再转录成文字等材料的一种文献形式"[①]。在李良玉那里,"回忆录就是记录当事人回顾自身经历所形成的文字或音像资料"[②]。陈墨提出,回忆录的内容是"回忆并叙述某一段历史故事、某些社会事件以及某些公众人物或一般人物"[③]。廖明久认为,"回忆录是以亲历、亲见、亲闻、亲感的名义回忆的

[①]刘耿生:《试论回忆录和口述档案》,《档案学研究》2001年第2期。
[②]李良玉:《回忆录及其对于史学研究的价值》,《社会科学研究》2004年第1期。
[③]陈墨:《自传、回忆录与口述历史》,《粤海风》2014年第3期。

(包括写作、口述等方式),让他人相信回忆内容在过去确实发生过的作品"①。这些定义共同指出了回忆录的核心内容——当事人对历史的记忆与叙述,但也各有侧重。在记述的内容上,有学者只强调了对自身经历的回忆,有学者则相反,认为回忆录的内容是对别人或历史事件的回忆,比较全面的定义则强调了三个方面的内容:本人的生命经历、别人的生活片断或叙事人见证了的历史事件。在保存的形式上,大多数学者都没有特别强调,李良玉则特别指出它可以是文字也可以是音像资料。

上述对回忆录的定义,不仅在表述上不尽相同,更为关键的是,它们在叙事人的身份界定、回忆内容的边界范畴、叙述姿态的明确表述以及保存形式的媒体选择上,要么歧义互现、要么严重缺失、要么含糊不清。回忆录的叙事人到底是回忆内容的当事人还是见证人?回忆的内容是不是必须限定在叙事人自身的经历上面?叙事人在回首往事时的那种回顾性叙述姿态是否需要着意强调?回忆录存在的媒体方式会不会出现更多的可能?这些问题不厘定清楚,不仅影响我们进一步阐释回忆录的理论内涵、文本解读,而且影响我们理解回忆录的外在边界,难以搞清到底哪些文本可以算作回忆录。

所谓回忆录,就是当事人以一种回顾性的姿态对自己参与的历史进行真实记录的文字或音像资料。回忆的内容可以以自己为主(自传性回忆录),也可以以他人为主(他传性回忆录),还可以以某一历史事件为主(事件性回忆录);回忆的方式可以是自己亲自撰写,也可以是自己口述他人代为记录整理。要准确深入地阐释回忆录的这一定义,以下几组概念之间的关系需要加以说明。

二、回忆录与传记

回忆录的作者必须是当事人(为了叙述的方便,见证人也归入当事人)。在自传性回忆录中这是一个不言自明的问题,自然不用赘言。但是,在考虑一些带有回忆性质的传记作品能否界定为回忆录时,这一点

---

① 廖久明:《回忆录的定义、价值及使用态度与方法》,《当代文坛》2018年第1期。

就显得特别重要。传记的材料来源大体上来自于传主的作品和相关的史料,还可能包括对传主或其亲友的访谈。就访谈这一部分来说,它自然是被访谈者的回忆录,但是,如果因此而将整部传记都看作回忆录则是不恰当的。

在传记创作史上,一些传主的亲属也为传主撰写了不少传记,例如梅志的《胡风传》,舒乙的《我的父亲老舍》《老舍正传》,蒋祖林的《丁玲传》,李岫的《岁月、命运、人:李广田传》以及"亲情思忆——中国著名作家纪传丛书""父辈丛书——文化名人系列"等。这些传记由于是作家的直系亲属撰写的,其中包含了很多回忆的成分,它们能否因此而被归入到回忆录的范畴呢?这里面有两种情况。第一种,作为亲属,作者虽然见证了传主的很多人生经历,但是,总有相当一部分历史他们无法参与其中,因而无法成为历史的当事人。在书写这些内容的时候,他们或者对传主进行访谈,或者采用其它史料。在此意义上,这一部分内容也就无法视为回忆录。第二种,有一部分内容是作者与传主共同经历了的,也就是说作者是这段历史的当事人。这些内容是否可以看作回忆录呢?依然不行。虽然作者也是一段历史的当事人,但是在回忆录中,作者叙事的基础主要是靠回忆,带有很浓厚的主观色彩。而在传记中,作者虽然是当事人,但是,他叙事的基础主要不应该是回忆,而是对相关史料的调查考证,而后结合自己的回忆展开尽可能客观的叙述。这种情况下的传记与回忆录,区别主要是两点,叙事的基础(史料/回忆)与叙事的姿态(最大限度的客观叙事与浓厚的主观色彩)。

通过以上分析大体上可以判定,回忆录与他传性的传记作品基本上是两种完全不同的文体。但这并不是说回忆录与传记作品之间就完全没有关系。"回忆录对传记写作的重要性是人所共知的:它为后者提供了第一手资料,而第一手资料是一部传记能否取得成功的关键因素之一"[①]。这是一个十分浅显的道理,却也是传记与回忆录之间最主要的

[①] 桑逢康:《必用之,慎用之——怎样对待回忆录》,《荆楚理工学院学报》2015年第3期。

关系。

三、回忆录与日记、游记、书信

定义还强调了回忆录作者在叙事时的回顾性姿态,这种回顾性姿态是回忆录与其它回忆性文章的一个很重要的区别。在《外国传记鉴赏辞典》的《前言》中,杨正润、刘佳林认为,"自传除了正式的自传以外,还有言行录、回忆录等形式,此外书信、日记、游记等私人文献也属于广义的自传范畴"①。其实,书信、日记、游记不仅不应该归入自传,甚至不能归入回忆录。

从历史上看,日记、游记和书信在中国都是很早就已经成熟了的文体,而回忆录作为一种文体在中国的出现则是现代以来的事情,而且到现在学术界对它的理解还有很多分歧。如果把一些已经相当成熟的文体归入一个现在还没有达成共识的文体之中,不仅难以被学术界所接受,而且还会进一步加剧学术界对回忆录这种文体理解的分歧。

更为关键的是,与回忆录相比,日记、游记和书信都缺少一种回顾性的叙述姿态。在谈到自传与日记的区别时,勒热讷认为,"自传首先是一种趋于总结的回顾性和全面的叙事,而日记是一种没有任何固定形式的和片段式的写作方式"②。这种区分同样可以运用到回忆录与日记、游记、书信的区别上。回忆录的作者在进行回忆录书写时,往往会有一种穿越时空、回望历史的姿态,而日记、游记、书信的作者却往往因为叙事时间与故事时间距离太近而无法形成这样一种回顾性的叙述姿态。

对于回忆录而言,这种回顾性叙述姿态的重要性在什么地方呢?首先,它为我们提供了一种浓厚的历史感。这种历史感不仅来自于回忆录的内容本身,同时还来自于作者的回顾性姿态。"历史感要求人们对历史必须有所洞见、关注和凝视。在历史感的这种洞见、关注和凝视中,历

---

① 杨正润、刘佳林:《前言》,载杨正润主编《外国传记鉴赏辞典》,上海辞书出版社,2009,第1页。

② 菲利普·勒热讷:《自传契约》,杨国政译,生活·读书·新知三联书店,2001,第25页。

史便内在于人的生命、内化为人的本质。不管是几千年前的事情,还是几万里外的事情,在历史感的洞见、关注和凝视中,便统统成为一种熟悉、亲切并能够加以理解的东西"①。通过作者这种带有历史感的叙事,我们对作者所属的历史才能够以一种审视的态度进行关注、凝视和思考,也是在这一过程中,历史才不仅具有了认识价值,同时也具有了审美色彩。其次,这种回顾性的姿态还带来了作者对自己生命历程及其所属历史的一种总结和反思。很多回忆录都是作者在人生的晚年对自己一生的经历或者某一段历史进行的回忆与书写。这种书写往往因为作者长期的总结和思考而具有一种历史的深度和人生的高度。如茅盾的《我走过的道路》、周作人的《知堂回想录》、巴金的《随想录》、夏衍的《懒寻旧梦录》等。虽然说在日记和书信中作者同样可以进行总结和反思,但是,无论是反思的深度还是历史的宽度,日记与书信都难以与回忆录相提并论。最后,这种回顾性的姿态还往往能够给我们带来一种怀旧的审美意味,而这种怀旧的色彩在日记、游记和书信中却是难以寻觅的。作家回忆录之所以很难得到文学史研究者的重视,一个很重要的原因就在于,它们往往被认为缺乏文学性。这种文学性的缺失一方面是因为回忆录的作者在写作过程中往往更为重视关注回忆录的内容,相对忽略了它的形式;但是另一方面,这大概也与我们对回忆录的这种回顾性叙述姿态以及由之产生的怀旧审美趣味缺乏深入的研究有关。

四、回忆录与自传

定义还强调了回忆录的内容必须是作者自己参与的历史。这里的重点不在于"作者自己"——这一点第一部分已经讨论过了,而在于其"参与的历史"。也就是说,回忆录的内容不仅可以以作者自己为主,也可以以他人或者某一历史事件为主。这也是回忆录与自传的一个很重要的区别。

无论是研究西欧自传文学的法国学者菲力浦·勒热讷,还是回忆录

---

① 雷戈:《历史感思辨》,《晋阳学刊》2007年第4期。

写作的热心提倡者美国学者朱迪思·巴林顿,他们对自传和回忆录都有着严格的区分。由于受到西欧基督教传统的强大影响,勒热讷认为,"在自传中,话语的对象就是个人本身"①。"自传不仅仅是一种内心回忆占绝对优势的叙事,它还意味着一种把这些回忆加以组织、使之成为一部作者个性历史的努力"②。它"不能只是由讲得很好的往事构成的一种愉快的叙事:它首先应试图表达一种生活的深刻的统一性,它应表达一种意义。"③所以,在勒热讷这里,自传写作可以被视为一种自我救赎的手段,是一种"神圣的写作",是"对上帝的发现和皈依"④。而"在回忆录中,作者表现得像是一个证人,他所特有的,是他的个人视角,而话语的对象则大大超出了个人的范围,它是个人所隶属的社会和历史团体的历史"⑤。与勒热讷相比,提倡回忆录写作的巴林顿似乎显得更为开放,她认为"自传是关于一生的故事:'自传'这个词本身就意味着作者会设法捕捉一生中所有的重要因素"⑥。与之相比,回忆录"并不复述生活的全部。回忆录写作的一个重要技巧就是选择能将整部作品紧密联系起来的一个或多个主题",它带有"明显的主题限定"。"大多数人一辈子只写一部自传,但是随着时间推移,你可能会写很多回忆录"⑦。在两位西方学者这里,回忆录与自传的区别主要有两点:自传是面向作者内心的写作,是对作者个性历史的建构;回忆录是对个人所属的社会历史的个人见证。自传是关于一生的故事;回忆录是一种阶段性的主题写作。

关于自传与回忆录的区别,其实郁达夫早有论述:"传记是一人的一生大事记,自传是己身的经验尤其是本人内心的起伏变革的记录,回忆

---

① 菲利普·勒热讷:《自传契约》,杨国政译,生活·读书·新知三联书店,2001,第5页。
② 菲利普·勒热讷:《自传契约》,杨国政译,生活·读书·新知三联书店,2001,第8页。
③ 菲利普·勒热讷:《自传契约》,杨国政译,生活·读书·新知三联书店,2001,第10—11页。
④ 菲利普·勒热讷:《自传契约》,杨国政译,生活·读书·新知三联书店,2001,第8页。
⑤ 菲利普·勒热讷:《自传契约》,杨国政译,生活·读书·新知三联书店,2001,第4页。
⑥ 朱迪思·巴林顿:《回忆录写作》,杨书泳译,中国人民大学出版社,2014,第5页。
⑦ 朱迪思·巴林顿:《回忆录写作》,杨书泳译,中国人民大学出版社,2014,第6页。

记却只是一时一事或一特殊方面的片断回忆而已。"①对照两位西方学者对自传、回忆录所作的区分,除了基督教思想的背景之外,郁达夫的观点与他们基本一致。也就是说现代中国学者对自传与回忆录的区别很早就有了这种较为清晰的认识。但是,跟郁达夫的学理分析不同,更多的中国学者从创作实际出发,认为在中国,自传与回忆录之间并没有特别明晰的界限。台湾学者张瑞德在谈及自传与回忆录之间的关系时说:"一般说来,自传和回忆录在中国的分别并不太大,通常用'自传'这个名称的较少,而用'回忆录'的较多。"②具体实践中似乎也的确如此。在很多地方,自传都被包括在回忆录这样一个似乎更大的范畴之内。比如,1987年人民日报出版社出版的《回忆录写作》这本以指导老同志撰写革命回忆录为目的著作中,就把"传记文学体回忆录"作为回忆录的重要类型之一。在《新文学史料》中,"回忆录"这个栏目之下就连载过不少带有自传性质的回忆录文章,这些回忆录往往并没有设定什么明显的主题,或者原来有一定的主题后来在写作过程中又不自觉地变成了自传性的叙事。比如夏衍的《懒寻旧梦录》、臧克家的《诗与生活》、徐懋庸的《徐懋庸回忆录》、姚雪垠的《学习追求五十年》等都是从自己的出生甚至自己的家世、故乡开始写起,这明显是自传的写法。而茅盾的《我走过的道路》、胡风的《胡风回忆录》、阳翰笙的《风雨五十年》等回忆录虽然开始考虑的时候有一定的主题,比如胡风交代他写回忆录的原因时说,"关于左联,大家提供的情况需要补充和相互校正。我是一段时间的当事人,得提供我所经历的情况"③。但是后来在写作过程中,叙事的范围远远超出了原来设定的主题,又变成了自传性的文字。

中国学者不对回忆录和自传做西方式的严格区分,一个原因大概是我们没有西方式的基督教忏悔传统,也就不会通过自传的写作探索自己

---

① 郁达夫:《什么是传记文学?》,载《郁达夫文集》(第6卷),花城出版社,1983,第284页。
② 张瑞德:《自传与历史:代序》,转引自韩彬《现代中国作家自传研究》,中国社会科学出版社,2015,第3页。
③ 胡风:《回忆参加左联前后(一)》,《新文学史料》1984年第1期。

个性形成的过程,达到自我救赎的目的。比如郭沫若在他的自传《少年时代》的《序》中就言之凿凿地说"我没有什么忏悔,少年人的生活自己是不能负责的。"①如此以来,勒热讷所谓的自传与回忆录的区分基本上也就没有了考虑的必要。第二个原因大概与我们对自传文体的认识有关。虽然中国自传文学的出现要比西欧早很多,②但是,"如果对人生的整体,或人生主要经历的回顾才能算作自传,那么完全合格的中国自传就极为罕见"③。经常被视为中国自传文学例证的《五柳先生传》也不过是对生活某一片断的描写。所以,从中国的自传书写传统来看,我们既不要求在自传中探索自身个性形成的过程,也不要求对自我人生作整体性描述。这样一来,在中国作家这里,自传与回忆录中间的区分就不像西方那样严格了。

通过以上论述我们可以较为清晰地看到,在中国的文化语境中,自传与回忆录并没有严格的文体区分,而且,由于回忆录不仅包括自传性回忆录,还包括他传性回忆录和事件性回忆录,因而具有更大的外延,所以,自传也就很自然地应该被包含在回忆录之内。

五、回忆录与虚构/小说

一提到回忆录,很多人马上就会对其真实性提出警惕,很多回忆录也的确因为真实性的问题受到诟病。在不少人看来,真实性是回忆录应有的基本品质,绝不允许虚构。当不少学者指出一些回忆录的歪曲事实时,他们是把真实性看做回忆录理所当然的内在要求的。学者们的这种研究甚至指摘批评当然没有问题,我们很难理解一部歪曲事实的回忆录能够被大家广泛认可。所以,在回忆录的定义中,必须特别强调其内容的真实性问题。

---

① 郭沫若:《少年时代·序》,《郭沫若全集》(第11卷),人民文学出版社,1992,第3页。
② "与autobiography构词、语义全然一致的中国'自传'一词,却在早于西欧千年的公元800年前后的所谓中唐时期,就已经出现。而在这以前乃至在这以后,一般称自述己事之文为'自叙''自序'或者'自述'。"[日]合川康三《中国的自传文学》,蔡毅译,北京:中央编译出版社,1999,第2页。
③ 川合康三:《中国的自传文学》,蔡毅译,中央编译出版社,1998,第9页。

但是,如果上升到理论的高度来探讨回忆录是否允许虚构,问题似乎就没有这么简单了。在中国古代的作家自传中,虚构性的内容就占很大一部分。在《中国的自传文学》中,川合康三用一节的篇幅专门讨论了陶渊明的《五柳先生传》、欧阳修的《六一居士传》等中国古代的自传作品。但是,"《五柳先生传》所描写的人物对象,既是现实的,又是虚构的;既是作者对自身的叙写,又是从第三者角度的旁观;既是自己生活的真实写照,又是内心理想的热烈追求"①。如果从真实性的角度对它们进行评判,它们很难称得上是现代意义上的自传,但是,"如果把这种类型的作品逐出门外,中国自传文学的殿堂就会变得一贫如洗"②。所以,川合康三还是把它们都归入了自传文学的行列。由此可见,在中国的自传传统中,虚构从来就不是一个问题。关键是作者有没有一个"重新领会和理解自己的生活的真诚的计划",③也即是说,在回忆录的书写中,虚构并非完全不被允许,但是,虚构的目的必须是为了以一种真诚的态度来领会和理解自己的生活。

从一般意义上来讲,如果我们不允许回忆录使用虚构和想象,那么,作者如何"还原"他几十年前的生活场景?在进行回忆录的创作时,作者"在时间轴上来回跳跃、再现可信的对话、在场景描写和概述中不停穿梭、控制故事的节奏和张力——通过这些,回忆录作者成了娴熟的故事作者,让读者全神贯注"④。在此意义上,美国学者朱迪思·巴林顿认为"回忆录是一种混合的形式,兼具小说和散文的要素。"⑤因此,如果我们不分青红皂白地就批评回忆录对几十年前的历史场景作小说式的精描细画是一种不真诚,那并不能说明作家的道德存在问题,而只能说明我

---

① 川合康三:《中国的自传文学》,蔡毅译,中央编译出版社,1998,第56页。
② 川合康三:《中国的自传文学》,蔡毅译,中央编译出版社,1998,第48页。
③ 菲利普·勒热讷:《自传契约》,杨国政译,生活·读书·新知三联书店,2001,第18页。
④ 菲利普·勒热讷:《自传契约》,杨国政译,生活·读书·新知三联书店,2001,第4页。
⑤ 朱迪思·巴林顿:《回忆录写作》,杨书泳译,中国人民大学出版社,2014,第4页。

们对回忆录的理解还存在偏狭。①

但问题的另一面是,允许在回忆录中进行虚构和想象,并不意味着我们就容忍对历史进行故意的歪曲。虚构和想象是为了更好地理解和塑造历史上曾经存在过的真实的自我,而并非允许通过歪曲事实来掩盖历史的真实。在回忆录中,虚构和想象在发挥其作用时要受到历史真实的限制。也就是说,我们所能接受的虚构和想象是为了更加接近真实,而我们所反对的历史的歪曲其目的则是为了掩盖真实。二者之间具有本质的区别。

与虚构相关的另一个问题是,如果允许在回忆录撰写过程中使用虚构的手法,那么,自传性小说可否视为回忆录?这一问题需要辩证分析。在塑造某位作家的历史形象时可以参考其自传性小说,借以考察他的个性,但是最好不要将自传性小说视为回忆录。因为小说与回忆录之间毕竟存在着重大的区别。回忆录虽然在具体生活场景的"还原"上可以使用虚构,但那毕竟是以作者的主要生活经历为基础,而且是为了最大限度地接近作者主观记忆中的"真实"。自传性小说可以说带有作者的"影子",但是小说的本质毕竟是虚构,我们很难就自传性小说的内容认定作者的生平经历。

六、回忆录与散文

讨论回忆录与散文之间的关系,主要是考虑到与回忆录相关的三个问题以及由这些问题引发出来的对回忆录范畴的考量。这三个问题是:回顾性的叙述姿态、文学性以及篇幅的长短。

从广义上看,所有的回忆录都可以视为散文。但是并非所有的散文都可以视为回忆录。抒情散文自不必说,即便是叙事散文,很多也应该被排除在回忆录之外。划分一般的叙事散文与回忆录之间界限的基础

---

① 其实,不仅回忆录存在虚构,就是其它传记文学作品也不同程度地存在着虚构的成分。关于这一点,可以参考赵白生的《传记里的故事——试论传记的虚构性》(《国外文学》1997年第2期)《传记虚构成因论》(《四川外语学院学报》2002年第5期),郭久麟的《论传记文学的想像、夸张与虚构》(《南昌大学学》2004年第1期)等。

就是回忆录的回顾性叙述姿态。也就是说,能够成为回忆录的叙事散文,其叙事时间与故事时间之间应该存在一定的历史时光,这段时光能够给读者带来一种较为浓厚的历史感甚至怀旧的审美体验。基于这样一种理解,鲁迅的《朝花夕拾》、朱自清的《背影》、萧红的《回忆鲁迅先生》、丁玲的《风雨中忆萧红》、巴金的《忆萧珊》、季羡林的《站在胡适之先生墓前》等经典散文都可以视为回忆录,而鲁迅的《记念刘和珍君》、朱自清的《桨声灯影里的秦淮河》、李健吾的《雨中登泰山》、王西彦的《十月十九日长沙》、刘白羽的《长江三日》等却难以归入回忆录的范畴。

与上面一个问题紧密相关的是回忆录的文学性问题。在很多人的印象中,回忆录的文学性都不太高,甚至是一些枯燥无味的历史材料的堆积。这实在是对回忆录的一种误解。产生这种误解的原因,一方面是因为我们前面所说的,研究者没有对回忆录的回顾性叙述姿态以及由之产生的怀旧性审美色彩进行深入研究,另一方面是因为,原本可以归入回忆录的很多叙事散文都被排除在回忆录之外。通过我们上面的论述,如果承认自传和一部分叙事散文的回忆录性质,那么,回忆录的文学性也就有了很大的改观。在回忆录中,既有主要以保存史料为目的、相对缺少文学性的篇章,也同样有充满个性、富有文采的著作。承认了回忆录文学性的多样差别以后,我们就有可能不仅把它们视为研究传主的佐证材料,还可以把它们作为文学作品,进行文学文本的解读。

最后需要讨论的是回忆录的篇幅问题。在一些学者看来,这个问题似乎没有讨论的必要,而实际上它关系到有些内容是否可以归入到回忆录的范畴。那么,回忆录的篇幅有没有长短的限制呢?从理论上来讲,应该没有。在我们比较熟悉的回忆录中,既有像周作人的《知堂回想录》、茅盾的《我走过的道路》等这样的长篇巨制,也有像朱自清的《背影》、巴金的《忆萧珊》等这样的单篇文章。讨论到这里似乎一切都没有问题,但是,以注释的形式出现的片段式回忆文字算不算回忆录呢?比如,萧军辑存注释的《萧红书简辑存注释录》,里面包含着大量萧军在上个世纪70年代末回忆他与萧红交往的文字。这些文字都不太长,更没有形成特定的篇章,但是,我们是否就能够因此而否定它们的回忆录性质呢?我们且来看萧军注释这批书简的初衷:"一九七七年八月间,当我移居于京城东郊东坝河村居住时,于故纸堆中才偶尔捡出了这批书简。"①于是"决定把这批书简也用毛笔抄录一份,加以适当的注释,我以为它们将来对于有志于研究这位短命作家的生平、思想、感情、生活……等等各方面,会有一定的参考用处的"②。在决定发表这批书简时,萧军似乎鼓足了很大的勇气。"一个真正的唯物主义者不是无所畏惧的么?因此,我要把全部书简——包括我自己的——全部发表在这里;要'注释'的也就如此注释了。要'借箭'的也尽可以挑选自己所需要的'借'了去,然后再'射'回来就是"③。面对这些回忆文字的史料价值、回顾性叙述姿态以及萧军的真诚情怀,我们难道仅仅因为它们篇幅太短而且是以注释的形式出现的就否定它们的回忆录性质吗?那显然是一个不够明智的选择。

总之,回忆录是当事人以一种回顾性的姿态对自己参与的历史进行真实记录的文字。回忆录的叙事人就是回忆内容的当事人,借此,回忆录得以与传记相区别。回忆录的叙事时间与故事时间要有一定的时间差,借助于这一时间差,回忆录形成了一种特有的历史感甚至是一种怀旧的审美风格,基于这样一种特质,回忆录与日记、游记、书信等文体区别开来。回忆录的内容必须是叙事人参与了的历史过往,却不限于叙事人自己的历史,因此,自传应该被包括在回忆录的范畴之内。回忆录的撰写过程不拒绝虚构和想象,但是,这种虚构和想象必须以最大限度地"还原"叙事人记忆中的"真实"为目的,这不仅是对回忆录真实性的要求,也是回忆录与自传性小说的重要区别。所有的回忆录都可以被视为叙事性散文,但是并不是所有的叙事散文都可以被纳入到回忆录的范畴,其中的区别不在于文学性的强弱与篇幅的长短,而在于有没有一种

---

① 萧军:《萧红书简辑存注释录:前言》,黑龙江人民出版社,1981,第 3 页。
② 萧军:《萧红书简辑存注释录:前言》,黑龙江人民出版社,1981,第 4 页。
③ 萧军:《萧红书简辑存注释录:后记》,黑龙江人民出版社,1981,第 130 页。

特定的回顾性叙述姿态。

◎ 问题思考与写作训练

1. 阅读萧红的文章《回忆鲁迅先生》，思考该文的写作手法与艺术特色，对你的写作有何启示？

2. 写一篇关于自己或他人的回忆性文章，要求主旨明确、语言流畅，不少于2000字。

阅读材料：

回忆鲁迅先生

萧红

鲁迅先生的笑声是明朗的，是从心里的欢喜。若有人说了什么可笑的话，鲁迅先生笑的连烟卷都拿不住了，常常是笑的咳嗽起来。

鲁迅先生走路很轻捷，尤其他人记得清楚的，是他刚抓起帽子来往头上一扣，同时左腿就伸出去了，仿佛不顾一切地走去。

鲁迅先生很喜欢北方饭，还喜欢吃油炸的东西喜欢吃硬的东西，就是后来生病的时候，也不大吃牛奶。鸡汤端到旁边用调羹舀了一二下就算了事。有一天约好我去包饺子吃，那还是住在法租界，所以带了外国酸菜和用绞肉机绞成的牛肉，就和许先生站在客厅后边的方桌边包起来。海婴公子围着闹的起劲，一会按成圆饼的面拿去了，他说做了一只船来，送在我们的眼前，我们不看他，转身他又做了一只小鸡。许先生和我都不去看他，对他竭力避免加以赞美，若一赞美起来，怕他更做的起劲。

客厅后边没到黄昏就先黑了，背上感到些微微的寒凉，知道衣裳不够了，但为着忙，没有加衣裳去。等把饺子包完了看看那数目并不多，这才知道许先生我们谈话谈得太多，误了工作。许先生怎样离开家的，怎样到天津读书的，在女师大读书时怎样做了家庭教师。她去考家庭教师的那一段描写,非常有趣,只取一名,可是考了好几十名,她之能够当选算是难的了。指望对于学费有点补助,冬天来了,北平又冷,那家离学校又远,每月除了车子钱之外,若伤风感冒还得自己拿出买阿司匹林的钱来,每月薪金十元要从西城跑到东城……

饺子煮好,一上楼梯,就听到楼上明朗的鲁迅先生的笑声冲下楼梯来,原来有几个朋友在楼上也正谈得热闹。那一天吃得是很好的。

以后我们又做过韭菜合子,又做过荷叶饼,我一提议鲁迅先生必然赞成,而我做的又不好,可是鲁迅还是在桌上举着筷子问许先生:"我再吃几个吗?"

因为鲁迅先生胃不大好,每饭后必吃"脾自美"药丸一二粒。

有一天下午鲁迅先生正在校对着瞿秋白的《海上述林》,我一走进卧室去,从那圆转椅上鲁迅先生转过来了,向着我,还微微站起了一点。

"好久不见,好久不见。"一边说着一边向我点头。

刚刚我不是来过了吗?怎么会好久不见?就是上午我来的那次周先生忘记了,可是我也每天来呀……怎么都忘记了吗?

周先生转身坐在躺椅上才自己笑起来,他是在开着玩笑。

梅雨季,很少有晴天,一天的上午刚一放晴,我高兴极了,就到鲁迅先生家去了,跑得上楼还喘着。鲁迅先生说:"来啦!"我说:"来啦!"

我喘着连茶也喝不下。

鲁迅先生就问我:

"有什么事吗?"

我说:"天晴啦,太阳出来啦。"

许先生和鲁迅先生都笑着,一种对于冲破忧郁心境的崭然的会心的笑。

海婴一看到我非拉我到院子里和他一道玩不可,拉我的头发或拉我的衣裳。

为什么他不拉别人呢?据周先生说:"他看你梳着辫子,和他差不多,别人在他眼里都是大人,就看你小。"

许先生问着海婴:"你为什么喜欢她呢?不喜欢别人?"

"她有小辫子。"说着就来拉我的头发。

青年人写信,写得太草率,鲁迅先生是深恶痛绝之的。

"字不一定要写得好,但必须得使人一看了就认识,年青人现在都太忙了……他自己赶快胡乱写完了事,别人看了三遍五遍看不明白,这费了多少工夫,他不管。反正这费了工夫不是他的。这存心是不太好的。"

但他还是展读着每封由不同角落里投来的青年的信,眼睛不济时,便戴起眼镜来看,常常看到夜里很深的时光。

鲁迅先生不游公园,住在上海十年,兆丰公园没有进过。虹口公园这么近也没有进过。春天一到了,我常告诉周先生,我说公园里的土松软了,公园里的风多么柔和。周先生答应选个晴好的天气,选个礼拜日,海婴休假日,好一道去,坐一乘小汽车一直开到兆丰公园,也算是短途旅行。但这只是想着而未有做到,并且把公园给下了定义。鲁迅先生说:"公园的样子我知道的……一进门分做两条路,一条通左边,一条通右边,沿着路种着点柳树什么树的,树下摆着几张长椅子,再远一点有个水池子。"

我是去过兆丰公园的,也去过虹口公园或是法国公园的,仿佛这个定义适用在任何国度的公园设计者。

鲁迅先生不戴手套,不围围巾,冬天穿着黑土蓝的棉布袍子,头上戴着灰色毡帽,脚穿黑帆布胶皮底鞋。

胶皮底鞋夏天特别热,冬天又凉又湿,鲁迅先生的身体不算好,大家都提议把这鞋子换掉。鲁迅先生不肯,他说胶皮底鞋子走路方便。

"周先生一天走多少路呢?也不就一转弯到×××书店走一趟吗?"

鲁迅先生笑而不答。

"周先生不是很好伤风吗?不围巾子,风一吹不就伤风了吗?"

鲁迅先生这些个都不习惯,他说:

"从小就没戴过手套围巾,戴不惯。"

鲁迅先生一推开门从家里出来时,两只手露在外边,很宽的袖口冲着风就向前走,腋下夹着个黑绸子印花的包袱,里边包着书或者是信,到老靶子路书店去了。

那包袱每天出去必带出去,回来必带回来。出去时带着给青年们的信,回来又从书店带来新的信和青年请鲁迅先生看的稿子。

鲁迅先生抱着印花包袱从外边回来,还提着一把伞,一进门客厅早坐着客人,把伞挂在衣架上就陪客人谈起话来。谈了很久了,伞上的水滴顺着伞杆在地板上已经聚了一堆水。

鲁迅先生上楼去拿香烟,抱着印花包袱,而那把伞也没有忘记,顺手也带到楼上去。

鲁迅先生的记忆力非常之强,他的东西从不随便散置在任何地方。鲁迅先生很喜欢北方口味。许先生想请一个北方厨子,鲁迅先生以为开销太大,请不得的,男佣人,至少要十五元钱的工钱。

所以买米买炭都是许先生下手。我问许先生为什么用两个女佣人都是年老的,都是六七十岁的?许先生说她们做惯了,海婴的保姆,海婴几个月时就在这里。

正说着那矮胖胖的保姆走下楼梯来了,和我们打了个迎面。

"先生,没吃茶吗?"她赶快拿了杯子去倒茶,那刚刚下楼时气喘的声音还在喉管里咕噜咕噜的,她确实年老了。

来了客人,许先生没有不下厨房的,菜食很丰富,鱼,肉……都是用大碗装着,起码四五碗,多则七八碗。可是平常就只三碗菜:一碗素炒豌豆苗,一碗笋炒咸菜,再一碗黄花鱼。

这菜简单到极点。

鲁迅先生的原稿,在拉都路一家炸油条的那里用着包油条,我得到了一张,是译《死魂灵》的原稿,写信告诉了鲁迅先生。鲁迅先生不以为希奇,许先生倒很生气。

鲁迅先生出书的校样,都用来揩桌,或做什么的。请客人在家里吃饭,吃到半道,鲁迅先生回身去拿来校样给大家分着。客人接到手里一看,这怎么可以?鲁迅先生说:

"擦一擦,拿着鸡吃,手是腻的。"

到洗澡间去,那边也摆着校样纸。

鲁迅先生的休息,不听留声机,不出去散步,也不倒在床上睡觉,鲁迅先生自己说:

"坐在椅子上翻一翻书就是休息了。"

鲁迅先生从下午二三点钟起就陪客人,陪到五点钟,陪到六点钟,客人若在家吃饭,吃完饭又必要在一起喝茶,或者刚刚吃完茶走了,或者还没走又来了客人,于是又陪下去,陪到八点钟,十点钟,常常陪到十二点钟。从下午三点钟起,陪到夜里十二点,这么长的时间,鲁迅先生都是坐在藤躺椅上,不断地吸着烟。

客人一走,已经是下半夜了,本来已经是睡觉的时候了,可是鲁迅先生正要开始工作。

在工作之前,他稍微阖一阖眼睛,燃起一支烟来,躺在床边上,这一支烟还没有吸完,许先生差不多就在床里边睡着了(许先生为什么睡得这样快?因为第二天早晨六七点钟就要来管理家务)。海婴这时在三楼和保姆一道睡着了。

全楼都寂静下去,窗外也一点声音没有了,鲁迅先生站起来,坐到书桌边,在那绿色的台灯下开始写文章了。许先生说鸡鸣的时候,鲁迅先生还是坐着,街上的汽车嘟嘟地叫起来了,鲁迅先生还是坐着。

有时许先生醒了,看着玻璃窗白萨萨的了,灯光也不显得怎么亮了,鲁迅先生的背影不像夜里那样高大。

鲁迅先生的背影是灰黑色的,仍旧坐在那里。

人家都起来了,鲁迅先生才睡下。

海婴从三楼下来了,背着书包,保姆送他到学校去,经过鲁迅先生的门前,保姆总是吩咐他说:

"轻一点走,轻一点走。"

鲁迅先生刚一睡下,太阳就高起来了,太阳照着隔院子的人家,明亮亮的,照着鲁迅先生花园的夹竹桃,明亮亮的。

鲁迅先生的书桌整整齐齐的，写好的文章压在书下边，毛笔在烧瓷的小龟背上站着。

一双拖鞋停在床下，鲁迅先生在枕头上边睡着了。

鲁迅先生喜欢吃一点酒，但是不多吃，吃半小碗或一碗。

鲁迅先生吃的是中国酒，多半是花雕。

一九三六年三月里鲁迅先生病了，靠在二楼的躺椅上，心脏跳动得比平日厉害，脸色微灰了一点。

许先生正相反的，脸色是红的，眼睛显得大了，讲话的声音是平静的，态度并没有比平日慌张。在楼下一走进客厅来许先生就告诉说：

"周先生病了，气喘……喘得厉害，在楼上靠在躺椅上。"

鲁迅先生呼喘的声音，不用走到他的旁边，一进了卧室就听得到的。鼻子和胡须在扇着，胸部一起一落。眼睛闭着，差不多永久不离开手的纸烟，也放弃了。藤椅后边靠着枕头，鲁迅先生的头有些向后，两只手空闲地垂着。眉头仍和平日一样没有聚皱，脸上是平静的，舒展的，似乎并没有任何痛苦加在身上。

"来了吧？"鲁迅先生睁一睁眼睛，"不小心，着了凉呼吸困难……到藏书的房子去翻一翻书……那房子因为没有人住，特别凉……回来就……"

许先生看周先生说话吃力，赶紧接着说周先生是怎样气喘的。

医生看过了，吃了药，但喘并未停。下午医生又来过，刚刚走。

卧室在黄昏里边一点一点地暗下去，外边起了一点小风，隔院的树被风摇着发响。

别人家的窗子有的被风打着发出自动关开的响声，家家的流水道都是哗啦哗啦的响着水声，一定是晚餐之后洗着杯盘的剩水。晚餐后该散步的散步去了，该会朋友的会友去了，弄堂里来去的稀疏不断地走着人，而娘姨们还没有解掉围裙呢，就依着后门彼此搭讪起来。小孩子们三五一伙前门后门地跑着，弄堂外汽车穿来穿去。

鲁迅先生坐在躺椅上，沉静地，不动地阖着眼睛，略微灰了的脸色被炉里的火染红了一点。纸烟听子蹲在书桌上,盖着盖子,茶杯也蹲在桌子上。

许先生轻轻地在楼梯上走着,许先生一到楼下去,二楼就只剩了鲁迅先生一个人坐在椅子上,呼喘把鲁迅先生的胸部有规律性的抬得高高的。

"鲁迅先生必得休息的,"须藤医生这样说的。可是鲁迅先生从此不但没有休息,并且脑子里所想的更多了,要做的事情都像非立刻就做不可,校《海上述林》的校样,印珂勒惠支的画,翻译《死魂灵》下部,刚好了,这些就都一起开始了,还计算着出三十年集。

鲁迅先生感到自己的身体不好,就更没有时间注意身体,所以要多作,赶快作。当时大家不解其中的意思,都以为鲁迅先生不加以休息不以为然,后来读了鲁迅先生《死》的那篇文章才了然了。

鲁迅先生知道自己的健康不成了,工作的时间没有几年了,死了是不要紧的,只要留给人类更多,鲁迅先生就是这样。

不久书桌上德文字典和日文字典都摆起来了,果戈里的《死魂灵》,又开始翻译了。

鲁迅先生的身体不大好,容易伤风,伤风之后,照常要陪客人,回信,校稿子。所以伤风之后总要拖下去一个月或半个月的。

瞿秋白的《海上述林》校样,一九三五年冬,一九三六年的春天,鲁迅先生不断地校着,几十万字的校样,要看三遍,而印刷所送校样来总是十页八页的,并不是统统一道地送来,所以鲁迅先生不断地被这校样催索着,鲁迅先生竟说:

"看吧,一边陪着你们谈话,一边看校样,眼睛可以看,耳朵可以听……"

有时客人来了,一边说着笑话,鲁迅先生一边放下了笔。有的时候也说:"几个字了……请坐一坐……"

一九三五年冬天许先生说:

"周先生的身体是不如从前了。"

有一次鲁迅先生到饭馆里去请客,来的时候兴致很好,还记得那次吃了一只烤鸭子,整个的鸭子用大钢叉子叉上来时,大家看这鸭子烤的又油又亮的,鲁迅先生也笑了。

　　菜刚上满了,鲁迅先生就到躺椅上吸一支烟,并且阖一阖眼睛。一吃完了饭,有的喝了酒的,大家都闹乱了起来,彼此抢着苹果,彼此讽刺着玩,说着一些人可笑的话。而鲁迅先生这时候,坐在躺椅上,阖着眼睛,很庄严地在沉默着,让拿在手上纸烟的烟丝,袅袅地上升着。

　　别人以为鲁迅先生也是喝多了酒吧!

　　许先生说,并不的。

　　"周先生的身体是不如从前了,吃过了饭总要闭一闭眼睛稍微休息一下,从前一向没有这习惯。"

　　海婴每晚临睡时必向爸爸妈妈说:"明朝会!"

　　有一天他站在上三楼去的楼梯口上喊着:

　　"爸爸,明朝会!"

　　鲁迅先生那时正病的沉重,喉咙里边似乎有痰,那回答的声音很小,海婴没有听到,于是他又喊:

　　"爸爸,明朝会!"他等一等,听不到回答的声音,他就大声地连串地喊起来:

　　"爸爸,明朝会,爸爸,明朝会,……爸爸,明朝会……"

　　他的保姆在前边往楼上拖他,说是爸爸睡下了,不要喊了。可是他怎么能够听呢,仍旧喊。

　　这时鲁迅先生说"明朝会",还没有说出来喉咙里边就像有东西在那里堵塞着,声音无论如何放不大。到后来,鲁迅先生挣扎着把头抬起来才很大声地说出:

　　"明朝会,明朝会。"

　　说完了就咳嗽起来。

　　许先生被惊动得从楼下跑来了,不住地训斥着海婴。

　　海婴一边哭着一边上楼去了,嘴里唠叨着:

　　"爸爸是个聋人哪!"

鲁迅先生没有听到海婴的话,还在那里咳嗽着。

从七月以后鲁迅先生一天天地好起来了,牛奶,鸡汤之类,为了医生所嘱也隔三差五地吃着,人虽是瘦了,但精神是好的。

鲁迅先生说自己体质的本质是好的,若差一点的,就让病打倒了。

这一次鲁迅先生保持了很长时间,没有下楼更没有到外边去过。

有人来问他这样那样的,他说:

"你们自己学着做,若没有我呢!"

这一次鲁迅先生好了。

还有一样不同的,觉得做事要多做……

鲁迅先生以为自己好了,别人也以为鲁迅先生好了。

准备冬天要庆祝鲁迅先生工作三十年。

又过了三个月。

一九三六年十月十七日,鲁迅先生病又发了,又是气喘。

十七日,一夜未眠。

十八日,终日喘着。

十九日的下半夜,人衰弱到极点了。天将发白时,鲁迅先生就象他平日一样,工作完了,他休息了。

1939 年 10 月

(文章来源:选自《萧红散文》,人民文学出版社 2020 年版)

第六节　行旅文学

一、行旅文学的概念与发展

(一)何谓行旅文学?

近年来,行旅文学作为一种亚文类浮出文学创作和研究的历史地表。所谓行旅文学,是指以行旅生活为对象,叙写行旅过程中的见闻感想的一种纪实性散文类别。

说到行旅文学,大家会很自然地想到当下比较流行的旅游文学,也会想到更为传统更为熟悉的游记,那么它们三者是什么样的关系呢?简单来说,行旅文学包含游记和旅游文学。

游记是行旅文学的早期样式。所谓游记是对一次出行、游览、参观等的记录。游记之"游",主要是游览之意,更多地含有审美的意味。就其所指的活动范围而言,路程可远可近,时间可长可短。用现在的话来说,可以是本地游、周边游、国内游、国外游,可以是半日游、一日游、二日游、多日游。但往往记载短时间小范围内的游览游历居多,所以文章篇幅也相对短小。比如柳宗元《小石潭记》约莫半天时间,姚鼐《登泰山记》估计为两个半天,刘白羽《长江三日》也不过三日而已,因而文章的篇幅都不长。

旅游文学中的"旅游"则更偏重于异地远距离长时段游玩。谢彦君的《基础旅游学》中说"旅游是个人以前往异地寻求审美和愉悦为主要目的而度过的一种具有社会、休闲和消费属性的短暂经历"[①]。旅行或旅游,休闲和审美是它的主要目的,即使是带有功利性的旅游如商务旅行,在其过程中仍然要有一定的审美愉悦,否则就不是旅行而是单纯的出差路过。

如果说游记和旅游文学都是偏重于"游"的话,那么行旅文学则偏重于"行"。行旅文学的"行旅"有出行、旅行的意思,很显然,它包括了游览或旅游,但其范畴要比游玩和旅游更广,可以包括其他目的或原因的非审美性的出行。如古时的征人行役、贬黜流放,今人的调研采风、科考探险等等,都涉及出行,但说这些活动是旅行旅游显然不是很合适,所以我们用"行旅"来指称。在时空方面,"行旅"也偏重于长时远游。广义的行旅文学可以包括散文、诗词、曲赋、小说等各种文学文体,狭义的主要指属于短篇游记散文和从游记发展出来的长篇纪行文章。在非虚构写作的视野内,行旅文学一般是指后者。

(二)中国行旅文学的发展

动物有迁徙,人类有行旅,文学反映社会生活,作为人类普遍性的社

[①] 谢彦君:《基础旅游学》,中国旅游出版社,1999,第49页。

会文化活动的行旅，自然成为文学的重要表现内容。所以行旅文学在文学诞生的早期就已经出现。后来中国文人讲究"读万卷书、行万里路"，更是推动了行旅文学的繁荣。最早反映行旅生活的文学是诗歌类文体，羁旅咏怀一直是中国诗歌的一个重要主题。《诗经》、古诗十九首、六朝辞赋、唐宋边塞诗等等，留下了无数名篇。但诗词曲赋多为写意抒情，纪实叙事少，很难以现在的非虚构写作来衡量。所以我们在非虚构写作的视域内主要还是讨论叙事散文中的短篇游记和从游记发展出来的长篇纪游文章。

1. 传统游记

在非虚构写作盛行之前，一般对某个地方的叙写，除了地方志等纯文献之外，主要就是游记。游记是对一次出行、游览、参观等的记录。最为常见的是景点游记，在表现方式上主要是写景抒情，在简洁生动的写景过程中融入感情、抒发感慨，或阐明道理、发表议论，从而使作品达到写景与写心、景趣与理趣互相交融的艺术境界。

中国有悠久的游记文学传统，东汉马第伯的《封禅仪记》通常被认为是最早的游记作品，魏晋南北朝时期繁荣起来，唐宋时期走向成熟，绵延至今，留下了无数脍炙人口的名篇佳作，如王安石的《游褒禅山记》、苏轼的《石钟山记》、徐霞客的《徐霞客游记》等等。现代文学时期的游记虽然有了许多现代的思想和技法元素，但总体格局还是传统游记的风格，如朱自清的《桨声灯影里的秦淮河》《绿》，郁达夫《故都的秋》，不脱写景抒情的基本路数。

传统的游记主要是体现个人的性灵趣味，格局大都不大，只能算是散文中的小品文。沈从文先生就说过，"游记文学历来不列入文章正宗，只当成杂著小品看待，在旧文学史中位置并不怎么重要。近三十年很有些好游记，写现代文学史的，也不过聊备一格，有的且根本不提"[①]。实际上到当代，传统风格的游记也还只被当成散文的一个小类，有时称作游

[①] 沈从文：《谈"写游记"》，《散文选刊》2000年第10期。

记散文。

2."十七年"文学中的游记

"十七年"文学时期的游记有了不同于传统游记的新质。此一时期，游记从个人趣味跳出，开始关注更为广阔的社会政治生活。一是受文学反映论影响，有着明显的社会生活转向，叙事性增强；二是受文学服务政治的影响，游记成为社会主义国家叙事的一部分，被赋予了更为鲜明浓重的社会性、政治性。

我们对山水记的要求，是要通过它来加深我们的爱国主义感情。那不光要能领略山水之美，更要写出我们的祖先和前辈，怎样在这山水上进行艰苦的劳动和斗争，怎样改造自然、征服自然，怎样结合山水来反映人民的感情，怎样体会到"换了人间"，来加深我们对祖国的热爱。①

学者王炳中指出："十七年"的山水游记多以"托物言志"的方式想象社会主义新中国，夹带着诸多新人新事新气象，其间的人、事、景、情在赞颂基调的粘合下成为政治抒情的统一体。② 新人新事入景以及风景的政治化是这一时期游记的本质规定和显著特征。在这一时期游记的典型代表，如刘白羽的《长江三日》《红日》、翦伯赞的《内蒙访古》、碧野的《天山景物记》、杨朔的《香山红叶》《雪浪花》，都鲜明体现了这一共性。以刘白羽《长江三日》为例：

当我正为夜色降临而惋惜的时候，黑夜里的长江却向我展开另外一种魅力。开始是，这里一星灯火，那儿一簇灯火，好象长江在对你眨着眼睛。而一会儿又是漆黑一片，你从船身微微的荡漾中感到波涛正在翻滚沸腾。一派特别雄伟的景象，出现在深宵。我一个人走到甲板上，这时江风猎猎，上下前后，一片黑森森的，而无数道强烈的探照灯光，从船顶上射向江面，天空江上一片云雾迷蒙，电光闪闪，风声水声，不但使人深深体会到"高江急峡雷霆斗"的赫赫声势，而且你觉得你自己和大自然是那样贴近，就象整个宇宙，都罗列在你的胸前。水天，风雾，浑然融为一

---

① 振甫：《古代散文中的山水记》，见《笔谈散文》，百花文艺出版社，1962，第131页。
② 王炳中：《论"十七年"山水游记中的"社会主义风景"》，《文学评论》2022年第1期。

体,好象不是一只船,而是你自己正在和江流搏斗而前。"曙光就在前面,我们应当努力。"这时一种庄严而又美好的情感充溢我的心灵,我觉得这是我所经历的大时代突然一下集中地体现在这奔腾的长江之上。是的,我们的全部生活不就是这样战斗、航进、穿过黑夜走向黎明的吗?现在,船上的人都已酣睡,整个世界也都在安眠,而驾驶室上露出一片宁静的灯光。想一想,掌握住舵轮,透过闪闪电炬,从惊涛骇浪之中寻到一条破浪前进的途径,这是多么豪迈的生活啊!我们的哲学是革命的哲学,我们的诗歌是战斗的诗歌,正因为这样我们的生活是最美的生活。列宁有一句话说得好极了:"前进吧!这是多么好啊!这才是生活啊!"……"江津"号昂奋而深沉的鸣响着汽笛向前方航进。

刘白羽以雄健浑厚的笔势描写了气象万千的三峡壮景,同作家胸中汹涌澎湃的时代热忱完全交融在一起。文章虽然落墨于山河画卷,却处处着眼于哲理的诠释,这种哲理不是一般的个体人生感悟,而是新时代新中国的伟大精神的升华。

3. 文化大散文范畴内的游记

20 世纪 90 年代以后,散文写作又出现了一种新的模式,所谓"文化大散文",是指那种在创作中注重作品的文化含量、往往取材于具有一定历史文化内涵的自然事物和人文景观,或通过一些景物人事探究一种历史文化精神的散文。①

文化大散文发端于 20 世纪 90 年代,盛极一时,2000 年以后逐渐衰落。余秋雨可视为典型与高峰,其代表作有《文化苦旅》《山居笔记》《千年一叹》《霜冷长河》《行者无疆》等。其他代表还有周涛、马丽华、祝勇等人。写文化的散文其实早已有之,但以余秋雨为代表的作为专有名词的"文化大散文",除了内容大历史、视野大格局之外,其"文化"也有特定涵义。在"文化大散文"里"文化品格"往往体现为一种文化考古、文化分析,更重要的是,具有一种"文化批评"的价值立场。

---

① 於可训:《近十年"文化散文"创作评述》,《文艺评论》2002 年第 2 期。

有学者曾总结了"文化大散文"的模式:长篇大论的体式,往后转的历史视点,传统文人的内心冲突,自然山水的人文意义,文化分析的手法,知性与感性合一的叙述语言等等。①

文化大散文中的游记性的散文,或者受到文化大散文影响的游记,总体上特别迷恋于山水风物的文化沉思或历史想象。如果说"十七年"的游记体现了政治转向的话,文化大散文的游记体现的则是文化转向。於可训先生总结余秋雨文化大散文的特点有三:第一个方面是重文化的感悟而不重过程和细节的描叙。第二个方面是重文化的联想而不重事实的考据。第三个方面是重理性的阐发而不重资料的引证。②

这是余秋雨文章的艺术特色,也是文化大散文的普遍特点,但从非虚构角度来看,这也是缺点:一是写实性不强。因为不重过程和细节,不重事实和资料的考证,主要是联想和想象,以及丰富的文化想像和文化联想中完成对表现对象的理性阐发,因此缺少朴素的真实,而接近于虚构文学。二是现实感不强。虽然反思历史文化也是回应现实社会的一个维度,但由于在具体写作过程中,这类游记散文过多地陷入个体内心和终极追问,整体上与现实生活的直接关联度不大,显得凌虚高蹈,特别是形成模式化、刻板化的写作套路之后更加剧了其空洞感。

4. 旅游文学

旅游文学也可以叫旅行文学,国内大约在 20 世纪 80 年代以后开始兴起。起初,旅游文学边界不清晰,往往被等同为游记。现在一般认为旅游文学的范畴大于游记,游记是旅游文学的一部分。

对于旅游文学,很多人还是以传统的散文思维分析其审美特质,"旅游文学最显著的特征有四:一为勾划行踪;二为状物;三为考察比较分析,以求所见者真,所闻者实;四为审美,以作者的审美活动与审美体验感染和引导读者。因此,凡具纪游、状物、探究、审美四特征的文学作品

---

① 王尧、晓蓓:《走向终结的"大文化散文"》,《出版参考》2004 年第 10 期。
② 於可训:《近十年"文化散文"创作评述》,《文艺评论》2002 年第 2 期。

均应归入旅游文学的范畴。"①

但是旅游文学热潮的出现,恐怕更直接的还是商业运作的推动。旅游文学背后的商业性特征不容忽视。"中国旅游文学由这样几大宗构成:头一宗是直接构成旅游吸引物或吸引因素的文学作品,这是文学与旅游资源的结合;再一宗是以旅游为审美对象的文学作品,这是文学与旅游主体的结合;第三宗是旅游业务、旅游服务类文学作品,这是文学与旅游业的结合"②。

5. 非虚构写作语境中的行旅文学

在非虚构写作语境中,所谓的游记或旅游文学又有所扩大。有些作品并非单纯审美休闲的游山玩水,也没有那么凌虚高蹈的文化哲思,但又确实是在大地上行走,叙写山川风物、风土人情,用过去的"游记"不能准确表达,也称不上是"旅游"的文学,所以就有了"行旅文学"这个更有包容性的概念。

实际上这个意义上的行旅文学也并非二十世纪八九十年代以后的新生事物,清末以后随着现代交通工具的推广,更多的人更方便地走向了更远的地方,行旅文学就大量出现。清末民初的王锡祺著《小方壶斋舆地丛钞》,录十九世纪的域外游记约为90卷。③ 贾鸿雁的《中国游记文献研究》仅仅计算出版的游记集的数量,共有608种,其中民国时期创作游记集和编选游记集570种,包括国内游记和游记集333种,域外226种,这个数据包含民国时期再版或选编的古代游记,但不包含散篇发表的现代游记作品。④ 现代文学时期长篇纪行文章兴盛,留下许多脍炙人口的名篇佳作,如沈从文的《湘行散记》、瞿秋白的《饿乡纪程》等。

进入21世纪,交通的改善,新生活的提倡,新媒体的兴起,个人表达平台的丰富,非虚构写作的走热,共同强力推动了行旅文学创作的热潮。

---

① 蒋益:《论旅游文学的特征》,《长沙大学学报》1998年第3期。
② 余颖若:《试论中国旅游文学的含义和范围》,《贵州民族学院》1997年第2期。
③ 李岚:《行旅体验与文化想象》,中国社会科学出版社,2013,第46页。
④ 李岚:《行旅体验与文化想象》,中国社会科学出版社,2013,第54页。

新媒体时代自媒体的崛起让更多旅行叙事以私人化情感表达进入公共情境,因为草根群体的介入使这些写作变得深入民间和富于生动表情。比如李娟的《羊道》三部曲是行旅文学非虚构写作的代表作,作者深入新疆阿勒泰的牧场,四个月、零距离记述牧场的点点滴滴。美国人海斯勒(中文名何伟)的《寻路中国》系列也可以归入到这一类。这些作品都不是简单的景点游记,也不是常规的旅行体验,而是在中国大地上行走的民间底层面貌的真实记录。

这些非虚构的行旅文学写作,不再像传统游记那样以写景抒情言志咏怀为主旨,也不像文化散文那样明确端出高端路线的架子,奔着大题材、大历史、大文化而去,而是重在对原生态的社会生活尤其是容易被忽略被遮蔽的底层和边缘进行观察、记录与思考,"游"的成分减少,"记"(纪实)的成分增加。如果说传统游记写意,文化散文铺陈,那么行旅文学则回归了叙事的质朴和理智。

二、行旅文学的特征与写作要求

(一)行旅文学的基本特征

作为非虚构的行旅文学,在继承此前纪游文学的文体风格的同时,又有着这个时代的特定的新质。

1. 写作精神上强调"在路上"与"在现场"

"在路上"和"在现场"在一定意义上是一体两面的统一体,但也有侧重面的相对差异。"在路上"是行旅文学的灵魂,强调写作所记录的一定是完整清晰、细节丰富、空间广阔的行走过程。"在现场",强调一定是深入实地的观察、记录和思考。这是非虚构写作真实性的规定。这种"在现场"坚决排除面对间接材料的想象发挥,也不能是浮光掠影的走马观花,它提倡的是一种"田野调查"式的深刻观察与客观实录。

自2011年《人民文学》开设"非虚构"作品专栏以来,呼吁作者离开书斋与二手经验、直面大地的写作正在成为共识。对行旅文学而言,"文学田野调查"之法日益明显。田野调查,也称作实地研究,是一种深入到研究现象的生活背景中,以参与观察和非结构访谈的方式收集资料,并通过对这些资料的定性分析来理解和解释现象的社会学研究方式。田野调查研究方式的基本特征是强调"实地",即研究者一定要深入到所研究对象的社会生活环境,参与当地人的生活,且要在其中生活相当长一段时间,靠观察、询问、感受和领悟,去理解所研究的现象。比如《羊道》作者李娟先后跟随扎克拜妈妈一家、居麻一家体验了原生态的游牧生活,零距离接触各个季节的牧场,亲身参与原始放牧。李娟最初写作《羊道三部曲》时,她原本打算写"对羊——或者是依附羊而生存的牧民们的节制的生活方式的赞美"。但到了后期,"态度渐渐复杂了,便放弃了判断和驾驭,只剩对此种生活方式诚实的描述"。

田野调查事实上可以有三种视角和立场:学者的、政府官员的和平民的。当下的非虚构写作更提倡的是平民的视角和立场。目前创作来看也是普遍采用底层日常平民化焦点的视角,比如《羊道》《定西笔记》《行路中国》都是这样。

因为有田野调查的依托,既保证了行旅文学的真实性,也保证了行旅文学的丰富性、深入性。

2. 价值取向上强调"非旅游"和"反观光"

所谓"非旅游""反观光",就是要摆脱一般旅游普遍存在的观光猎奇心态。传统意义的旅游就是观光,尤其消费主义的推波助澜,旅游越来越意味着对于异地风景的猎奇,成为一种具有欢愉性质的大众化活动,又因为其大众化、商业化的性质而日渐俗套而浮浅。所以一种反拨兴起,平民化非虚构写作开始结合游记,成为新的行旅文学,"游"(观光)的成分减少,"记"(纪实)的成分增加。

《哈佛非虚构写作课:怎样讲好一个故事》里指出,对于游记,我们通常所见的是"平行于内在旅程的地理学上的旅行"[①],但是"无论是作为作者还是读者,都应该寻找外在旅程能够反映内在旅程的方法,这不仅

[①] 马克·克雷默等:《哈佛非虚构写作课:怎样讲好一个故事》,中国文史出版社,2015,第108—109页。

是优秀游记的意义,也是生活本身的意义"①。在一般性的游记或旅行文学中,作者仿佛跟随名胜景点的导览图,描写游览所见的表面景象,而所谓抒情咏怀,也不过是集体无意识的个人再表达。比如古代游记往往离不开"仁山智水"思维定式,离不开"入世出世"的儒道转换;而当代游记往往就是爱国主义。在这里,主体的"自我"是固有的稳定的,不过是借旅行得以呈现出来。而行旅文学作为"反观光""非旅游"的写作,追求的是主体与旅行的互塑,更加重视通过在充分观察体验基础上的内在思考和沉淀,发现"自我"与"他者"的差异,重新定义"自我",建构出不同于旅行前的自我主体性。尹德翔认为:"游记是游行者离开本属于自己的文化空间体验另一种文化空间的记录,是旅行者主体文化与所达地客体文化互相比较和交流的产物,它不只讲述了旅行者私人的事实,同时也讲述了他的社会性的文化反应。"②著名旅行文学作家刘子超在其作品《午夜降临前抵达》中也强调:"旅行中最大的不确定性,不是抵达,而是如何抵达。说到底,旅行或者人生,就是一次次解决如何抵达的生命过程。"李娟的"羊道"系列行旅散文对边疆风光的描写不再是猎奇性的景观推送,而是将之作为牧民生活的必不可缺的内在元素,理性而平常。作品的主旨更多的是通过与"他者"(自然、牧民、牧场生活)的对照,反思"自我"内涵,重构"自我"身份。有人以"走出"与"返回"来概括李娟在其一系列著作中的身份体验与精神旅程。

3. 表现内容上从自然风景转向社会风景

行旅文学中的风景,和其他文学类型一样,也包括自然风景和社会风景两种类型。自然风景书写在中国古代山水文学里有着悠久的历史和丰厚的审美积淀,社会风景则是近代以来才开始大量进入游记写作。

这种变化,与古今之人的生存空间与生活方式的变化同步。"古人

---

① 马克·克雷默等:《哈佛非虚构写作课:怎样讲好一个故事》,中国文史出版社,2015,第112页。

② 尹德翔:《跨文化旅行研究对游记文学研究的启迪》,《中国图书评论》2005年第11期。

旅行,山桥蹇驴,竹杖芒鞋,时时刻刻都拥在自然的怀抱中,所以感觉最亲切的是自然,体味最深刻的也是自然,游记最好的题材便只有自然风景。现代人的旅行却不同了,凭借轮船火车的便利,走遍各地各国的都市;而在大都会中,人的活动常淹没了自然,于是'社会相'又代替了自然风景成为游记最好的题材"[1]。

当下非虚构写作的行旅文学,相较之前的传统游记,转变更为明显的是社会风景的书写。前文所述"游"的成分减少,"记"成分增加,就意味着自然风景退居次要位置,而对社会生活场景也就是社会风景的记叙成为中心。书写新时代的社会风景,并不意味着要放弃对自然风景的关注,只是这种关注不再像传统游记那样,停留于纯粹的自然风景描写,或者仅仅将自然人格化、道德化、哲理化,而是进一步思考作为社会学意义上的人与自然的关系。如何走向广阔的社会天地,以脚步丈量祖国的大好河山,记录日新月异的社会风景,展现我们这个时代各个角落已经发生和正在发生的伟大变化,成为当下行旅文学写作的一个重要命题。

4. 文本呈现上体现跨界与杂糅

当前非虚构写作中的行旅文学,承继了传统游记的美文思维、"十七年文学"的社会政治转向、文化大散文的文化转向,在自然风景与社会风景之间切换,使得自身充满了丰富驳杂的多样性。

旅行只是作者观察体验世界的一个线索,要真正认识这个世界,往往需要相当丰富的政治学、经济学、教育学、民族学、自然史、社会史、地理学、人类学、医药、美学、哲学等学科知识。因为行旅文学中的地理空间的转换往往也意味着文化空间的转换,所以20世纪80年代以来,随着文化研究的兴盛,行旅文学成为文化研究的重要文本场域,后殖民、女性主义、人类学、地理学、比较文学的研究者都将学术兴趣转向旅行书写,纷纷探讨其诗学与政治、文学审美与文化再现。反过来,行旅文学的写作也广泛吸收这些理论以增加作品自身的深刻与厚重,成为一种新的写

---

[1] 举岱:《游记选·题记》,桂林文化供应社,1942,第5页。

作与审美趣尚。

不同的地域承载着复杂多样的地缘政治(地理元素)和社会文化元素,而作为移动空间的书写的行旅文学自然也就有了跨种族、跨语言和跨学科的动态特质。在当下非虚构行旅文学作品中,人类学、考古学、神话学、自然地理学、人文地理学、民族学、民俗学、语言学、影像学等等学科跨界现象已经成为习见。在书写方式上,考据、思辨、史论甚至大量注释进入行旅文学的文本。在文体建构上,回忆录、新闻报导、书信、导游书籍、学术著作等具有显著差异的文体也被杂糅使用。

(二)行旅文学的写作要求

行旅文学的写作和散文一样文无定法、自由随性。但是也有其最基本的规律和要素。这就是写景为基,叙事为体,思考为魂。

1. 写景为基。这里的"景"我们可以扩大一点把它理解为环境和场景。既为行旅,在大地行走,必然有自然风景和场景的变换。一部行旅文学的展开,就是场景的不断转换。所以类似传统游记中的景物描写或场景描写仍然是行旅文学中的重要组成部分,写景是写好行旅文学的基础。在这个层面上,常规游记的基础写法仍然是我们要掌握的基本功之一。

2. 叙事为体。非虚构行旅文学的本体是叙事。如果用散文的分类标准来说,它属于叙事散文,这也是由非虚构写作的本质特征决定的。非虚构写作的源头之一是新新闻主义,非虚构写作的一个本质特征就是新闻性,而新闻的本体就是叙事。在行旅文学中,对生活的的观察记录和叙写是核心内容,写景、抒情、议论都只是辅助性的对文本的充实和升华。所以,对一个局部事件的细致交代,对整个行程起承转合的整体把握,是讲好这个行旅故事的关键。

3. 内省为魂。行旅文学当然不是冷冰冰一堆时空素材的堆积,在对这个行程进行深入细致的观察记录之后,依然需要体现作者的思想意图。行旅文学要有思想,要有作者的思考,但这种思考不是简单的一点人生感慨或心灵升华,而是多种文化交融碰撞之后的深思内省。很早就有人认识到:"属于冒险犯难的探险家时代大致上是结束了,但属于深思内省的旅行文学家时代却还生机盎然,方兴而未艾。"①也就是外在的猎奇式的旅行让位于重塑自我的行旅,也就是"外在旅程能够反映内在旅程"的意思。在这一点上实际考验的是作者的文化积累。

◎ 问题思考与写作训练

1. 与传统游记相比,行旅文学有哪些不同和特征?

2. 认真阅读梁衡的文章《觅渡、觅渡、渡何处?》和朱自清的文章《威尼斯》,从行旅文学文体特征角度看,两篇文章有哪些相同和相异之处?对你的写作有什么启示?

3. 根据自己行旅体验,写一篇不少于2000字的行旅文学作品。

阅读材料1:

觅渡,觅渡,渡何处?

梁 衡

常州城里那座不大的瞿秋白的纪念馆我已经去过三次。从第一次看到那个黑旧的房舍,我就想写篇文章。但是六个年头过去了,还是没有写出。瞿秋白实在是一个谜,他太博大深邃,让你看不清摸不透,无从写起但又放不下笔。去年我第三次访秋白故居时正值他牺牲六十周年,地方上和北京都在筹备关于他的讨论会。他就义时才三十六岁,可人们已经纪念他六十年,而且还会永远纪念下去。是因为他当过党的领袖?是因为他的文学成就?是因为他的才气?是,又不全是。他短短的一生就像一幅永远读不完的名画。

我第一次到纪念馆是一九九〇年。纪念馆本是一间瞿家的旧祠堂,祠堂前原有一条河,叫觅渡河。一听这名字我就心中一惊,觅渡,觅渡,

---

① 詹宏志:《旅行文学的两种书写》,《书城》1999年第12期。

渡在何处？瞿秋白是以职业革命家自许的，但从这个渡口出发并没有让他走出一条路。"八七会议"他受命于白色恐怖之中，以一副柔弱的书生之肩，挑起了统帅全党的重担，发出武装斗争的吼声。但是他随即被王明，被自己的人一巴掌打倒，永不重用。后来在长征时又借口他有病，不带他北上。而比他年纪大身体弱的徐特立、谢觉哉等都安然到达陕北，活到了建国。他其实不是被国民党杀的，是为"左"倾路线所杀。是自己的人按住了他的脖子，好让敌人的屠刀来砍。而他先是仔细地独白，然后就去从容就义。

如果秋白是一个如李逵式的人物，大喊一声："你朝爷爷砍吧，二十年后又是一条好汉。"也许人们早已把他忘掉。他是一个书生啊，一个典型的中国知识分子，你看他的照片，一副多么秀气但又有几分苍白的面容。他一开始就不是舞枪弄刀的人。他在黄埔军校讲课，在上海大学讲课，他的才华熠熠闪光，听课的人挤满礼堂，爬上窗台，甚至连学校的教师也挤进来听。后来成为大作家的丁玲，这时也在台下瞪着一双稚气的大眼睛。瞿秋白的文才曾是怎样折服了一代人。后来成为文化史专家、新中国文化部副部长的郑振铎，当时准备结婚，想求秋白刻一对印，秋白开的润格是五十元。郑付不起转而求茅盾。婚礼那天，秋白手提一手绢小包，说来送金五十，郑不胜惶恐，打开一看却是两方石印。可想他当时的治印水平。秋白被排挤离开党的领导岗位后，转而为文，短短几年他的著译竟有五百万字。鲁迅与他之间的敬重和友谊，就像马克思与恩格斯一样地完美。秋白夫妻到上海住鲁迅家中，鲁迅和许广平睡地板，而将床铺让给他们。秋白被捕后鲁迅立即组织营救，他就义后鲁迅又亲自为他编文集，装帧和用料在当时都是第一流的。秋白与鲁迅、茅盾、郑振铎这些现代文化史上的高峰，也是齐肩至顶的啊，他应该知道自己身躯内所含的文化价值，应该到书斋里去实现这个价值。但是他没有，他目睹人民沉浮于水火，目睹党濒于灭顶，他振臂一呼，跃向黑暗。只要能为社会的前进照亮一步之路，他就毅然举全身而自燃。他的俄文水平在当时的中国是数一数二了，他曾发宏愿，要将俄国文学名著介绍到中国来，他牺牲后鲁迅感叹说,本来《死魂灵》由秋白来译是最合适的。这使我想起另一件事。和秋白同时代的有一个人叫梁实秋,在抗日高潮中仍大写悠闲文字,被左翼作家批评为"抗战无关论"。他自我辩解说,人在情急时固然可以操起菜刀杀人,但杀人毕竟不是菜刀的使命。他还是一直弄他的纯文学,后来确实也成就很高,一人独立译完了《莎士比亚全集》。现在,当我们很大度地承认梁实秋的贡献时,更不该忘记秋白这样的,情急时用菜刀去救国救民,甚至连自己的珠玉之身也扑上去的人。如果他不这样做,留把菜刀作后用,留得青山来养柴,在文坛上他也会成为一个、甚至十个梁实秋。但是他没有。

如果秋白的骨头像他的身体一样地柔弱,他一被捕就招供认罪,那么历史也早就忘了他。革命史上有多少英雄就有多少叛徒。曾是共产党总书记的向忠发、政治局委员的顾顺章,都有一个工人阶级的好出身,但是一被逮捕,就立即招供。至于陈公博、周佛海、张国焘等高干,还可以举出不少。而秋白偏偏以柔弱之躯演出一场泰山崩于前而不动的英雄戏。他刚被捕时敌人并不明他的身份,他自称是一名医生,在狱中读书写字,连监狱长也求他开方看病。其实,他实实在在是一个书生、画家、医生,除了名字是假的,这些身份对他来说一个都不假。这时上海的鲁迅等正在设法营救他。但是一个听过他讲课的叛徒终于认出了他。特务乘其不备突然大喊一声:"瞿秋白!"他却木然无应。敌人无法,只好把叛徒拉出当面对质。这时他却淡淡一笑说:"既然你们已认出了我,我就是瞿秋白。过去我写的那份供词就权当小说去读吧。"蒋介石听说抓到了瞿秋白,急电宋希濂去处理此事,宋在黄埔时听过他的课,执学生礼,想以师生之情劝其降,并派军医为之治病。他死意已决,说:"减轻一点痛苦是可以的,要治好病就大可不必了。"当一个人从道理上明白了生死大义之后,他就获得了最大的坚强和最大的从容。这是靠肉体的耐力和感情的倾注所无法达到的,理性的力量就像轨道的延伸一样坚定。一个真正的知识分子向来是以理行事,所谓士可杀而不可辱。文天祥被捕,跳水、撞墙,唯求一死。鲁迅受到恐吓,出门都不带钥匙,以示不归之志。毛泽东赞扬朱自清宁饿死也不吃美国的救济粉。秋白正是这样一个典型的已达到自由阶段的知识分子。蒋介石威胁利诱实在不能使之屈服，遂下令枪决。刑前，秋白唱《国际歌》，唱红军歌曲，泰然自行至刑场，高呼"中国共产党万岁"，盘腿席地而坐，令敌开枪。从被捕到就义，这里没有一点死的畏惧。

如果秋白就这样高呼口号为革命献身，人们也许还不会这样长久地怀念他研究他。他偏偏在临死前又抢着写了一篇《多余的话》，这在一般人看来真是多余。我们看他短短一生斗争何等坚决，他在国共合作中对国民党右派的批驳、在党内对陈独秀右倾路线的批判何等犀利，他主持"八七会议"，决定武装斗争，永远功彪史册，他在监狱中从容斗敌，最后英勇就义，泣天地恸鬼神。这是一个多么完整的句号。但是他不肯，他觉得自己实在藐小，实在愧对党的领袖这个称号，于是用解剖刀，将自己的灵魂仔仔细细地剖析了一遍。别人看到的他是一个光明的结论，他在这里却非要说一说光明之前的暗淡，或者光明后面的阴影。这又是一种惊人的平静。就像敌人要给他治病时，他说：不必了。他将生命看得很淡。现在，为了做人，他又将虚名看得很淡。他认为自己是从绅士家庭，从旧文人走向革命的，他在新与旧的斗争中受着煎熬，在文学爱好与政治责任的抉择中受着煎熬。他说以后旧文人将再不会有了，他要将这个典型，这个痛苦的改造过程如实地录下，献给后人。他说过："光明和火焰从地心里钻出来的时候，难免要经过好几次的尝试，试探自己的道路，锻炼自己的力量。"他不但解剖了自己的灵魂，在这《多余的话》里还嘱咐死后请解剖他的尸体，因为他是一个得了多年肺病的人。这又是他的伟大，他的无私。我们可以对比一下世上有多少人都在涂脂抹粉，挖空心思地打扮自己的历史，极力隐恶扬善。特别是一些地位越高的人越爱这样做，别人也帮他这样做，所谓为尊者讳。而他却不肯。作为领袖，人们希望他内外都是彻底的鲜红，而他却固执地说：不，我是一个多重色彩的人。在一般人是把人生投入革命，在他是把革命投入人生，革命是他人生实验的一部分。当我们只看他的事业，看他从容赴死时，他是一座平原的高山,令人崇敬;当我们再看他对自己的解剖时,他更是一座下临深谷的高峰,风鸣林吼,奇绝险峻,给人更多的思考。他是一个内心既纵横交错,又坦荡如一张白纸的人。

我在这间旧祠堂里,一年年地来去,一次次地徘徊,我想象着当年门前的小河,河上来往觅渡的小舟。秋白就是从这里出发,到上海办学,后来又在上海会见鲁迅;到广州参与国共合作,去会孙中山;到苏俄去当记者,去参加共产国际会议;到九江去主持"八七会议",发起武装斗争;到江西苏区去主持教育工作。他生命短促,行色匆匆。他出门登舟之时一定想到"野渡无人舟自横",想到"轻解罗裳,独上兰舟"。那是一种多么悠闲的生活,多么美的诗句,是一个多么宁静的港湾。他在《多余的话》里一再表达他对文学的热爱。他多么想靠上那个码头,但他没有,直到临死的前一刻他还在探究生命的归宿。他一生都在觅渡,但是到最后也没有傍到一个好的码头,这实在是一个悲剧。但正是这悲剧的遗憾,人们才这样以其生命的一倍、两倍、十倍的岁月去纪念他。如果他一开始就不闹什么革命,只要随便拔下身上的一根汗毛,悉心培植,他也会成为著名的作家、翻译家、金石家、书法家或者名医。梁实秋、徐志摩现在不是尚享后人之飨吗?如果他革命之后,又拨转船头,退而治学呢,仍然可以成为一个文坛泰斗。与他同时代的陈望道,本来是和陈独秀一起筹建共产党的,后来退而研究修辞,著《修辞学发凡》,成了中国修辞第一人,人们也记住了他。可是秋白没有这样做。就像一个美女偏不肯去演戏,像一个高个儿男子偏不肯去打球。他另有所求,但又求而无获,甚至被人误会。一个人无才也就罢了,或者有一分才干成了一件事也罢了。最可惜的是他有十分才只干成了一件事,甚而一件也没有干成,这才叫后人惋惜。你看岳飞的诗词写得多好,他是有文才的,但世人只记住了他的武功。辛弃疾是有武才的,他年轻时率一万义军反金投宋,但南宋政府不用,他只能"醉里挑灯看剑,梦回吹角连营",后人也只知他的诗才。瞿秋白以文人为政,又因政事之败而返观人生。如果他只是慷慨就义再不说什么,也许他早已没入历史的年轮。但是他又说了一些看似多余的话,他觉得探索比到达更可贵。当年项羽兵败,虽前有渡船,却拒不渡河。项羽如果为刘邦所杀,或者他失败后再渡乌江,都不如临江自刎这样留给历史永远的回味。项羽面对生的希望却举起了一把自刎的剑,秋白在将要英名流芳时却举起了一把解剖刀,他们都将行将定格的生命的价值又推上了一层。哲人者,宁肯舍其事而成其心。

秋白不朽。

一九九六年六月二十五日

（文章来源:中国作家网:http://www.chinawriter.com.cn）

阅读材料2:

威尼斯

朱自清

威尼斯(Venice)是一个别致地方。出了火车站,你立刻便会觉得:这里没有汽车,要到哪儿,不是搭小火轮,便是雇"刚朵拉"(Gondola)。大运河穿过威尼斯像反写的S,这就是大街。另有小河道四百十八条,这些就是小胡同。轮船像公共汽车,在大街上走;"刚朵拉"是一种摇橹的小船,威尼斯所特有,它哪儿都去。威尼斯并非没有桥;三百七十八座,有的是。只要不怕转弯抹角,哪儿都走得到,用不着下河去。可是轮船中人还是很多,"刚朵拉"的买卖也似乎并不坏。

威尼斯是"海中的城",在意大利半岛的东北角上,是一群小岛,外面一道沙堤隔开亚得利亚海。在圣马克方场的钟楼上看,团花簇锦似的一块西一块在绿波里荡漾着。远处是水天相接,一片茫茫。这里没有什么煤烟,天空干干净净;在温和的日光中,一切都像透明的。中国人到此,仿佛在江南的水乡;夏初从欧洲北部来的,在这儿还可看见清清楚楚的春天的背影。海水那么绿,那么酽,会带你到梦中去。

威尼斯不单是明媚,在圣马克方场走走就知道。这个广场南面临着一道运河;场中偏东南便是那可以望远的钟楼。威尼斯最热闹的地方是这儿,最华妙庄严的地方也是这儿。除了西边,围着的都是三百年以上的建筑,东边居中是圣马克堂,却有了八九百年——钟楼便在它的右首。再向右是"新衙门";教堂左首是"老衙门"。这两溜儿楼房的下一层,现在满开了铺子。铺子前面是长廊,一天到晚是来来去去的人。紧接着教堂,直伸向运河去的是公爷府;这个一半属于小方场,另一半便属于运河了。圣马克堂是方场的主人,建筑在十一世纪,原是卑赞廷式,以直线为主。十四世纪加上戈昔式的装饰,如尖拱门等;十七世纪又参入文艺复兴期的装饰,如栏干等。所以庄严华妙,兼而有之;这正是威尼斯的漂亮劲儿。教堂里屋顶与墙壁上满是碎玻璃嵌成的画,大概是真金色的底,蓝色和红色的圣灵像。这些像得非常肃穆。教堂的地是用大理石铺的,颜色花样种种不同。在那种空阔阴暗的氛围中,你觉得伟丽,也觉得森严。教堂左右那两溜儿楼房,式样各别,并不对称;钟楼高三百二十二英尺,也偏在一边儿。但这两溜房子都是三层,都有许多拱门,恰与教堂的门面与圆顶相称;又都是白石造成,越衬出教堂的金碧辉煌来。教堂右边是向运河去的路,是一个小方场,本来显得空阔些,钟楼恰好填了这个空子。好像我们戏里大将出场,后面一杆旗子总是偏着取势;这方场的建筑,节奏其实是和谐不过的。十八世纪意大利卡那来陀(Ganaletto)一派画家专画威尼斯的建筑,取材于这方场的很多。德国德莱司敦画院中有几张,真好。

公爷府里有好些名人的壁画和屋顶画,丁陶来陀(Tintoretto,十六世纪)的大画《乐园》最著名;但更重要的是它建筑的价值。运河上有了这所房子,增加了不少颜色。这全然是戈昔式;动工在九世纪初,以后屡次遭火,屡次重修,现在的据说还是原来的式样。最好看的是它的西南两面;西南斜对着圣马克方场,南面正在运河上。在运河里看,真像在画中。它也是三层;下两层是尖拱门,一眼看去,无数的柱子。最下层的拱门简单疏阔,是载重的样子;上一层便繁密得多,为装饰之用;最上层却更简单,都是整块的墙面。墙面上用白的与玫瑰红的大理石砌成素朴的方纹,在日光里鲜明得像少女一般。威尼斯真不愧着色的能手。这所房子从运河中看,好像在水里。下两层是玲珑的架子,上一层才是屋子;这是很巧的结构,加上那艳而雅的颜色,令人有惝恍迷离之感。府后有太息桥;从前一边是监狱,一边是法院,狱囚提讯须过这里,所以得名。拜伦诗中曾咏此,因而便脍炙人口起来,其实也只是近世的东西。

威尼斯的夜曲是很著名的。夜曲本是一种抒情的曲子,夜晚在人家窗下随便唱。可是运河里也有:晚上在圣马克方场的河边上,看见河中有红绿的纸球灯,便是唱夜曲的船。雇了"刚朵拉"摇过去,靠着那个船停下,船在水中间,两边挨次排着"刚朵拉"在微波里荡着,像是两只翅膀。唱曲的有男有女,围着一张桌子坐,轮到了便站起来唱,旁边有音乐和着。曲词自然是意大利语,意大利的语音据说最纯粹,最清朗。听起来似乎的确斩截些,女人的尤其如此——意大利的歌女是出名的。音乐节奏繁密,声情热烈,想来是最流行的"爵士乐"。在微微摇摆的红绿灯球底下,颤着酽酽的歌喉,运河上一片朦胧的夜也似乎透出玫瑰红的样子。唱完几曲之后,船上有人跨过来,反拿着帽子收钱,多少随意。不愿意听了,还可到第二处去。这个略略像当年的秦淮河的光景,但秦淮河却热闹得多。

从圣马克方场向西北去,有两个教堂在艺术上是很重要的。一个是圣罗珂堂,旁边有一所屋子,墙上屋顶上满是画;楼上下大小三间屋,共六十二幅画,是丁陶来陀的手笔。屋里暗极,只有早晨看得清楚。丁陶来陀作画时,因地制宜,大部分只粗粗钩勒,利用阴影,教人看了觉得是几经琢磨似的。"十字架"一幅在楼上小屋内,力量最雄厚。佛拉利堂在圣罗珂近旁,有大画家铁沁(Titian,十六世纪)和近代雕刻家卡奴洼(Ganova)的纪念碑。卡奴洼的,灵巧,是自己打的样子;铁沁的,宏壮,是十九世纪中叶才完成的。他的《圣处女升天图》挂在神坛后面,那朱红与亮蓝两种颜色鲜明极了,全幅气韵流动,如风行水上。倍里尼(Giovani Bellini,十五世纪)的《圣母像》,也是他的精品。他们都还有别的画在这个教堂里。

从圣马克方场沿河直向东去,有一处公园;从一八九五年起,每两年在此地开国际艺术展览会一次。今年是第十八届；加入展览的有意、荷、比、西、丹、法、英、奥、苏俄、美、匈、瑞士、波兰等十三国，意大利的东西自然最多，种类繁极了；未来派立体派的图画雕刻，都可见到，还有别的许多新奇的作品，说不出路数。颜色大概鲜明，教人眼睛发亮；建筑也是新式，简截不罗嗦，痛快之至。苏俄的作品不多，大概是工农生活表现，兼有沉毅和高兴的调子。他们也用鲜的颜色，但显然没有很费心思在艺术上，作风老老实实，并不向牛犄角里寻找新奇的玩意儿。

威尼斯的玻璃器皿，刻花皮件，都是名产，以典丽风华胜，缂丝也不错。大理石小雕像，是著名大品的缩本，出于名手的还有味。

（文章来源：语文网：yuwen.chazidian.com/xiangxi-358845/）

第七节　纪录片

智利纪录片导演古兹曼曾说"一个国家没有纪录片，就像一个家庭没有相册"，这让我们认识到了纪录片的重要性。什么是纪录片呢？通过本节内容，你会对纪录片有所认知。

一、纪录片的界定

提到纪录片，你可能首先会想到一个词——"真实"。但是如果问你什么是纪录片，我们却很难给出一个统一的答案。其实，关于"纪录片"的界定，学界还没有统一的定论。但是，仅仅以"真实""非虚构"来定义纪录片是不够全面的。

世界上公认的第一部纪录片是1922年上映，由美国导演罗伯特·弗拉哈迪执导的纪录电影《北方的纳努克》。英国电影导演约翰·格里尔逊在1926年2月8日出版的纽约《太阳报》撰写文章评论罗伯特·弗拉哈迪的影片《摩阿纳》时，第一次将"纪录片"这个词在电影领域进行了理论表述。他认为纪录片是"对现实的创造性处理"[①]。后续又有很多学者对纪录片下了定义。而从词典对纪录片的解释中，我们可能能够更加准

[①] 埃里克·巴尔诺：《世界纪录电影史》，中国电影出版社，1992，第14页。

确地理解纪录片的含义。法国的《电影辞典》中将"具有文献资料性质的,以文献资料为基础制作的影片称为纪录电影,总的说来,纪录片的概念是与剧情片相对而言的,因为剧情片是对现实生活的扮演、虚构及重建"①。美国的《电影术语汇编》则是这样表达:"纪录片是一种非虚构的影片,它具有一个有说服力的主题或观点,但它取材于现实生活,并且运用编辑和音响来增进其观念发展"②。中国的《辞海》将"以真实的人物或事件为表现对象,不经虚构而直接反映生活的电影片种"定义为纪录片。纪录片"是现实生活的写照、历史的见证,有些则具有珍贵的文献性"③。《广播电视简明辞典》中对纪录片的表述为"用新闻纪录电影的手法,以摄影或录像手段对政治、经济、文化、军事、历史事件等作比较系统的、完整的报道"④。

对纪录片的理解,我们还可以从对比中有更清晰地认识。相比于故事片是一种虚构的艺术,由演员扮演,依靠故事情节的展开来表现主题思想、塑造人物形象。纪录片不叙述虚构的故事情节,没有演员的表演,行为的进展发生在现实生活环境中,依照其"自然"的轨迹推进。相对于都是用事实说话的新闻,纪录片是对社会常态的真实反映。对事件的呈现会交代背景,追随事件发生发展的过程,并展现出创作者的观点,体现出创作者独立的意志和思考。相较于运用纪实手法,对社会生活的某一领域或某一方面,给予集中、深入的报道,内容较为专一的专题片而言,纪录片真实地纪录社会生活,客观地反映生活中的真人、真事、真情、真景,着重展现生活原生形态和完整过程。

但是,随着社会的发展、技术的进步,纪录片在实践创作中不断的被创新。因此,对于纪录片的界定,我们应该本着更加开阔的眼光、更加发

---

① 倪祥保、邵雯艳:《纪录片专题片概论》,苏州大学出版社,2009,第5页。
② 张君昌、迟航主编:《影像中国当代纪录片理论争鸣与前沿探索》,新华出版社,2009,第9页。
③ 夏征农、陈至立主编:《辞海》,上海辞书出版社,2010,第868页。
④ 《广播电视简明辞典》编辑委员会:《广播电视简明辞典》,中国广播电视出版社,1989,第76页。

散的思维去审视它、认知它。

二、纪录片的本质属性

美国的埃里克·巴尔诺在《世界纪录电影史》一书中提到:"真实感和权威性是纪录片的命运所系"[1]。纪录片的美就是通过"真"来表现的。对真实的追求是纪录片生存和发展的原则。但是纪录片所展现的影像不是现实意义上的真实,而是美学意义上的真实,是对现实生活进行艺术观照的方式。这也就使得,纪录片的真实包含了更深层次的意蕴。纪录片的"真"包括两个方面:一个是真实,一个是真诚。真实是能够反映真实的能力,真诚则是以一种尊重人、尊重生活的态度来表现,不为一些特别的想法去制造一种效果。只有尊重了拍摄的对象,才能使得纪录片有更好的叙述力量,才能通过人性的交流来唤起人类积极向上的情感力量。

纪录片创作者把真实的内容通过媒介载体讲述、呈现给观众,观众通过自己的知识水平、阅历、经验理解创作者的意图,从而建构故事。这样不仅能丰富纪录片记录的形式,还可以提升观众们的兴趣度、适应市场需求、提高收视率。因此,这种交流互动的方式就促使了纪录片创作者喜欢将一些原本故事性不是很强的题材用故事化、戏剧化的叙述方式进行表述。但是纪录片的故事化,并不是非客观性的或者虚构的。相反,它和客观性紧密相连,它是在客观性的基础上体现出来的在题材上的、叙述上的故事特征。例如:相对于纪录片《话说长江》中,创作者对自然风光的重视,《再说长江》中就有了大量的故事性情节,为纪录片增加了许多不确定的因素,也让纪录片更具趣味性,更容易被大众理解和接受。将每个人的经历融合在一起,形象的展现出中国20年的发展历程,将抽象的"变化"转换成具体的"变化"。

三、纪录片的主要类型

随着纪录片的不断发展,纪录片的题材以及类型也越来越多样化,而对纪录片类型的划分不同学者也有着不同的思考。美国学者比尔·

---

[1] 埃里克·巴尔诺:《世界纪录电影史》,中国电影出版社,1992,第282页。

尼克尔斯是当今西方世界最权威的纪录片理论家之一，他在《纪录片导论》一书中将纪录片分成"诗意型纪录片""阐释型纪录片""观察型纪录片""参与型纪录片""反射型纪录片""表述行为型纪录片"。而这一分类对国内的纪录片研究也有着较为深远的影响。当然，还有很多学者从其他视角研究纪录片的分类。有从风格角度进行分类的，如杨伟光主编的《中国电视纲论》中把纪录片分为"纪实型""写意型""政论性"；有从题材、内容角度进行分类的，如欧阳宏生主编的《纪录片概论》将纪录片分为"新闻纪录片""历史文化纪录片""理论文献纪录片""人文社会纪录片""自然科技纪录片""人类学纪录片"；有从文化角度分类的，如张同道教授在他的一篇文章中把纪录片分为"主流文化""大众文化""精英文化""边缘文化"四种形态。此外，还有学者从创作者主观参与程度出发进行分类。如聂欣如把纪录片分为三种类型，即：人的主观参与度最高的，称为"艺术纪录电影"；人的主观参与度最低的，称为"科教纪录电影"；人的主观参与度适中的，称为"纪录电影"。

结合当下一些主流的纪录片分类，以及纵观纪录片的发展历程，我们主要从内容的角度介绍以下五种常见的纪录片类型：

（一）新闻纪录片

新闻纪录片是以记录国家重大事件的发生过程以及国家领导人的活动为主要拍摄内容的纪录片类型，具有一定的文献意义。例如：由国务院国资委新闻中心与中央电视台科教频道联合推出的新闻纪录片《建设者》系列节目，向我们展示了多项国内超级工程的建设进程，以让大众"关注中国智造，传递中国力量"。

（二）历史纪录片

历史纪录片指以历史上真实发生的事件或者文物古迹为拍摄对象，力图通过影像建构或重构当时的真实情形的纪录片类型。通过作品可以反映出创作者的观点与思想，进而对历史进行反思。例如：纪录片《书简阅中国》，立足于中国传统书信文化，再现了书信这种人们耳熟能详的信息载体从秦汉时期到近代两千年来的演变历程。

(三) 人文纪录片

人文纪录片是以"人"为核心，展示社会各阶层某一群体或者个体的生存状态的纪录片类型，它蕴含着创作者对所纪录对象的人文关怀和思考。例如：纪录片《第三极》，在呈现自然景观、生命及文化现象的同时，生动地讲述了关于人与自然生态、人与社会文化的故事。

(四) 人物传记纪录片

人物传记纪录片指纪录人物生平或某一时期经历的纪录片类型。它不允许用演员扮演，也不可以有虚构的情节和人物。例如：以"展现百年巨匠风采，传播民族文化精魂"为主题的百集大型人物传记纪录片《百年巨匠》，用独特的影像语言、多元化的叙事方式对20世纪中国最具影响力的文艺巨匠进行的全方位的影像解读和人物诠释，旨在弘扬中国的传统文化以及大师的精神与人格魅力。

(五) 自然纪录片

自然纪录片是以呈现大自然的原始风貌和野生动植物的生存状态的纪录片类型，蕴含着对人与自然关系的反省与深思。例如：法国导演雅克·贝汉的纪录片《微观世界》《迁徙的鸟》《海洋》等，旨在呼唤人们提升环保意识，关注和谐生态。

四、纪录片的艺术价值

纪录片和文学、电影、音乐一样，具备艺术价值。但是，纪录片的艺术价值又具有着其自身的独特性，主要体现在纪录片的拍摄方式、声音效果、解说方式、故事叙述等方面。而这些因素也是决定一部纪录片好坏的根本所在。

(一) 影像画面

人类对外界世界的感知多来源于视觉上的体验。因此，视觉感知一直在人类生活中扮演着重要的角色。但是，当现实生活无法随着时间而保留下来时，人们就需要用画面的方式来记录生活，那么影像拍摄就成为了一个良好且有效的记录手段。纪录片作为一个主要依靠画面语言来传达信息的艺术方式，尽管也需要借助声音的提升来发挥重要的表意功能,可是脱离了画面,声音的美学价值也只会失去原本的表现力,没有了依附。由此看来,诉诸于视觉的画面语言应该是纪录片的复合型语言系统中最基础的构成因素,它对故事、情节的叙述都可以有着较为真实的呈现。毕竟,影像所带来的感官体验是其他艺术形式所不能达到的,它对视觉的冲击力往往可以给人带来更为深刻的印象。因此,对于更讲究艺术性及社会性的电视纪录片来说,就需要努力的去追求画面语言的意境美。

技术的不断发展,可以促使纪录片画面呈现的不断精美与震撼。例如:拍摄于1983年的《话说长江》使用了日本的胶片,并在后期制作时,使用了抠图、多屏幕、活动图表、字幕傍题等手段,将长江影像全面且客观的呈现在了观众的面前。但是,《话说长江》也还只是一部由单机拍摄的简单纪录片。作为《话说长江》的延续,创作者在2006年拍摄《再说长江》时,采用了当时世界上最先进的高清摄像机,结合高速、延时、红外、航拍等高端拍摄技术更为全面地表现了长江的风貌和地质变迁,给观众们带来了更为强烈的视听感受。《再说长江》以俯瞰长江的视角,像飞鸟一样,将大自然的神奇造化全部纳入摄像机镜头中。而在新技术的支持下,拍摄于2019年的《长江之恋》采用了4K拍摄技术,用超高清的长江画面,给予观众视觉上的冲击,同时也为当代中国积累并保存了真实且珍贵的影像素材。《长江之恋》中所呈现出来的广阔的自然风光,由上而下、由远及近的角度特写,有效地提升了作品的层次感和立体感。从《话说长江》的胶片摄影机,到《再说长江》的高清镜头,再到《长江之恋》的4K拍摄,随着社会发展、技术进步,长江影像在得到了延续的同时,也展现出了国产影视作品本体语言发展的历程。

(二)声音语言

画面语言固然是评判一部纪录片好坏的重要标准,但是随着纪录片的不断发展与成熟,声音也逐步成为了纪录片艺术中不可或缺的基本要素之一。在纪录片作品中,画面可以塑造形象,声音同样也可以塑造形象。特别是纪录片是一种以真实性为基础的独特艺术形式,就更加需要通过对声音的呈现来再现真实的世界。声音元素的加入,可以使纪录片所展现的现实世界更加接近生活的原生态。所以说,它是纪录片中重要的艺术元素、叙事元素和审美要素。在纪录片的声音语言系统中,主要包括有现场声、同期声、解说音乐等元素。这其中,现场声和同期声是在现场录制完成的,用于增强作品的真实性。例如:腾讯视频和海峡卫视联合出品的美食短纪录片《早餐中国》就运用了大量的同期声,如早餐店老板的叫卖声,烹饪食物的滋滋声,食客享受美食的咀嚼声等,都是对美味更直接的诠释。创作者不仅用记录下的画面来展现食物的美好,还用声音传递出美食的真谛。解说则是在纪录片后期制作中加入的对纪录片画面的解读及延续;音乐作为艺术效果的修饰声,可以起到画龙点睛的作用,增强作品的艺术性。当把这些声音组合起来,并与画面结合在一起,创作者就能够通过两者的相互作用,让纪录片的呈现变得更加新颖。不仅如此,纪录片对思想内容的表达及情绪的感染力也能够被更好地展现出来。

其中,解说是纪录片中一种非常重要的声音表现形式,从它的撰写到与画面的配合,都在纪录片创作中占据着举足轻重的作用。随着纪录片发展和创作的需要,解说词的故事性和哲理性也被日益重视了起来。解说词是根据画面内容的不断发展而编写出来的;它不仅要借助于视觉形象,还要服从于画面内容的需要。解说词只有与画面进行了完美的结合,才能构建出纪录片特定的银幕语言。但这也并不代表纪录片解说词就一定要依附或从属于画面。"一篇再妙的解说词,往往并不是一篇比较像样的散文。因为,它不仅前言不搭后语,甚至有些文字看起来不知所云,莫名其妙。因为,它不是纯粹地解释画面,也不独立于画面之外,而是'似曾相识燕归来',而是初冬、早春江面上扑朔迷离的雾"[1]。在中国纪录片发展的早期,解说词并不与画面相辅相成。甚至很多时候纪录片解说词的产生是先于画面的,创作者们在完成解说词之后才按照解说

---

[1] 中央电视台:《话说运河》中国青年出版社,1987,第34页。

词的需要进行拍摄。所以，以至于很多纪录片在不看图像的情况下也能知道片子在讲些什么。这种以宣教为主要目的的纪录片，在某种程度上显示出了解说词对画面的有效支配，而解说词的自身也构建出了一个不需要观众参与的意义闭合系统。中国纪录片早期就多采用"话说"的方式进行解说。如《话说长江》和《话说运河》。"话说"是一种来自中国古代的传统说唱方式，最早出现在宋元话本中，并在不断的演变过程中，逐渐成为了中国纪录片中一种特殊的文体形式，它主要表现为解说词对画面的全面支配。这一解说形式一直持续到了80年代末90年代初才有了较大的突破性改进。解说词不是一个独立的个体，它要与画面相互融合，相互补充，以此来共同完成纪录片的呈现。特别是现在纪录片对纪实主义的崇尚，更是要求创作者需要对生活、拍摄对象秉持一种平等、尊重的态度，而不是营造出一种居高临下的距离感。

（三）叙事方式

在纪录片中，会有大量的现场拍摄素材和人物采访是需要创作者们在有限的空间内排列组合出"积"的审美效应来。因此，这也就需要创作者们具备较强的讲故事能力。纪录片不可能像电影、电视一样，只是几个人物，或者一个故事拼接起来的片子。它是一个拥有大量的人物、场景、故事，需要串联起来的宏大叙述主题。它不仅是对现实生活的真实拍摄，更是对创作者观点的诠释。这也就是说，纪录片需要创作者们在真实的基础上进行艺术的处理，从而让它达到更高品质的艺术要求，来满足观赏者的审美需求。如何使纪录片的最终意义得以实现，就需要对叙述结构进行进一步的整理和完善。因为创作者们只有将整体的叙事结构梳理清晰以后，才能让一个个记录生活的镜头组成一部优秀的纪录片作品。纪录片的叙述是创作者在现实社会的基础上，对生活做出的相对客观的艺术地展示，它不仅可以强调现实生活中所蕴含着的原汁原味的东西，让纪录片变得更加真实；还可以使纪录片拥有更为故事化的情节。不仅如此，通过对情感和思想的深入挖掘也能使叙述充满诗意和哲理。所以，对不同叙事视角的把握，可以影响到纪录片成型的最终效果。例如:纪录片《第一餐》系列,作品的每一集都是以一种独具地方特色的早餐和一位坚守多年的店主开始,让他们自己介绍这些属于自己,也属于更多人记忆的美食。作品以人物为基础,以故事为核心,以情感贯穿全篇。增强了事件、情节的可信性,使其具备亲近感。同时也让纪录片整体更具层次感和立体感。

五、纪录片的社会价值

纪录片对社会的关注度决定了纪录片的社会地位及影响力。许多纪录片作品之所以能够引起强烈的社会反响,就在于这些作品的主旨思想不仅可以适应时代的需求,还可以给人们带来精神上的满足。

(一)塑造国家形象

一部好的纪录片应该是以当代社会为时代背景,以当代人的生活状态或社会发展的进程为主要拍摄对象,通过纪实的风格真实地反映社会状况,反映当代人的思想感情,或记录社会发展的状况,从而担负起为时代写真的社会责任。例如:纪录片《我们一起走过——致敬改革开放40周年》以昔日小渔村的变化开启了改革开放的篇章。通过一个个具体可感的故事,反映出从1978年"真理标准大讨论"、上世纪九十年代"姓社姓资"的争论到全面深化改革的提出和习近平新时代中国特色社会主义思想形成,中国共产党以思想的不断解放推动改革开放不断深化的历史进程。以思想推动变化,变化展现在社会的众多领域,涉及生活的方方面面。《我们一起走过——致敬改革开放40周年》是运用纪录片特有的声像语言,为大众做出的一次积极表达。这其中既包括对中国辉煌成就的展现,又包含对未来可能拥有的发展前景的展望。不仅如此,它还传达出了中国和平发展的意愿,反映出了中国和平发展的事实,展现出了中国繁荣富强对世界发展所产生的积极影响。纪录片作为展现国家影像的一种技术手段,对国家形象的塑造能真实地呈现出一个国家的历史与文化,能有效地唤起观众的民族自豪感与自信心,还能向世界传递出一个国家的气度和胸怀。

(二)传播民族文化

"软实力是一个国家的文化与意识形态的吸引,它通过吸引力而非强制力获得理想的结果,它能够让其他人信服地跟随你或让他们遵循你所制定的行为标准或制度,以按照你的设想行事"①。而纪录片作为一种传播媒介,可以有效的对国家文化进行宣传。纪录片对国家文化的宣传不仅可以让更多人看到一个国家的发展现状、历史文化等,还可以促使其他人更为客观地看待和评价这个国家。所以说,纪录片的社会价值也体现在它的文献价值中。

纪录片作为艺术表现的一种形式,作为文化传播的一种方式。它并不同于电影和电视展现出来的是一个个经过不断地艺术加工而形成的小故事,它所展示的是一个国家、一个民族所特有的文化。纪录片作为一种大众传播手段,它所具有的文化底蕴必将是深厚的,它所洋溢的生命意识需要是强烈的,它对伦理道德的传达应该是充满浪漫主义气息的。只有这样,才能给人带来充分的艺术享受,并体现出更高层次的人文精神。因此,纪录片创作者可以通过艺术化的表现手法来激发一个国家传统的内在的生命力,并让它展现出古典美与现代美的意蕴来。但是,对于民族文化我们又应该秉持一种"取其精华,去其糟粕"的态度;维持一种"保持民族个性,汇合时代精神"的方式,将继承与创新结合起来,让它的精神风貌与时俱进,以焕发出新的蓬勃生机。例如:陈晓卿导演在2018年10月推出的全新美食类纪录片——《风味人间》,就是以全球化的视野来审视中国的特色美食。它是将中国美食文化与世界美食文化相对比,从而展现出中国美食的独特性,展现出世界文化发展的共通性。《风味人间》用食物突破了地域的限制,以食物为出发点,在全球范围内建构起共同的文化记忆和文化认同。可以说为纪录片如何传播民族文化、融合跨国文化提供了良好的范例。

---

① 约瑟夫·奈:《软力量:世界政坛成功之道》,吴晓辉、钱程译,东方出版社,2005,第11页。

(三) 促进情感交流

民族文化所体现出的理念、思想与精神,带给人们的是归属感和认同感。通过纪录片,我们可以感受到生活的美好,寻找到人生的乐趣,体味到人间的百态。特别是纪录片传递出的情感,可以突破地域的限制,成为建立人与人之间心与心交流的桥梁,成为世界的"通用性话语符号"。例如:在《风味人间》第一季第7集《万家灯火》中,创作者通过展现"家与美食"的关系,将世界各地串联在了一起。《舌尖上的中国》第二季第4集《家常》中也提到了这个关联着美食与情感的地方——"家","平淡无奇的锅碗瓢盆里,盛满了中国式的人生,更折射出中国式伦理。人们成长、相爱、别离、团聚。家常美味,也是人生百味"。中国作为传统的农业国家,其生产方式就决定了中国人的生活是依靠家庭、族群来延续的。而食物就不仅仅是为了满足口腹,更是对中国人家庭观念的体现、生活方式的定义、精神信念的传递。

纪录片的表达方式、呈现效果及审美价值会随着社会和技术的进步而发生变化,但是通过对社会现象的折射,对时代精神的传递,对人民风貌的展现,而引发的更为深刻的情感共鸣和心理认同是纪录片创作者不变的追求。

(四) 满足娱乐需求

随着人们审美心理的变化,纪录片开始以更为有趣的形式、更具综艺的风格、更接地气的表现手法来展现内容、传递情感、传播价值。例如:纪录片《早餐中国》系列,将主要内容对准不同地域最受欢迎的特色美食,用早餐情结引发情感共鸣,用综艺元素增加趣味性和娱乐性,以此来满足市场的需求和受众的审美。特别是节目组制作的一分钟纯享版短视频,将食物制作过程的关键点提炼出来,并配上充满趣味的表情包和语言,再加上轻快的音乐,营造出轻松的氛围,给观众带来了不一样的视觉体验与审美感受。在每一集播出前提前推送给观众,提高了节目的关注度,并且在每一季结束后,纯享版视频也会成为一个合集,成为受众快速、直接了解美食的一种便捷方式。同时,在每期节目的最后,创作者都会为已经对美食垂涎欲滴的观众标出详细的店址、地图、营业时间等信息,让更多人无障碍地追求美食,同时也增加了纪录片的亲和力与可信度。

并且,为了能够迎合信息碎片化时代用户的视听需求,纪录片开始以更加短小的形式出现在我们的面前。像一集时长不超过15分钟的微纪录片,就能够更好地迎合当下的受众口味,更充分的利用碎片化的时间,更契合时代发展的需要。例如:2012年推出的微纪录片《故宫100》,就是用每集6分钟的时长讲述了100个属于故宫的故事。2018年,由中宣部、国家文物局与中央电视台联合拍摄制作的纪录片《如果国宝会说话》也是一部优秀的微纪录片作品。

六、中国电视纪录片的发展概述

审视中国电视纪录片,发展的时间并不长。20世纪50年代中国最早的纪录片——《英雄的信阳人民》的出现,标志着中国电视纪录片就此掀开了历史的篇章。至此一直持续到70年代末都被称作是中国纪录片发展史上的起步期。

纪录片的发展初期处在中国的"文化大革命"时期,作为政治主流意识反映载体的纪录片的发展也受到了较为深刻的影响,甚至在很多时候会被极"左"路线和帮派利用为一种宣传工具,出品一些以形式主义为内容的作品。因此,即使在当时也存在着一些优秀的纪录片作品,但在题材反映上仍显得过于狭窄,艺术表现形式和手法上也显得十分僵化。这种公式化、概念化的形式主义之风,就限制了中国纪录片更快更好的发展趋势。但是,事件的发展是具备两面性的,当把"文革"融入进一个更大的环境背景中时,我们就会发现这一历史事件除了带来了直接消极的后果之外,对中国之后所进行的改革开放以及现代化建设发挥了一种独特地历史作用与影响。中国人在痛苦与灾难中学会了汲取教训和总结经验,带着更大的智慧探索着前进的道路。因此,在对旧体制弊端进行了较为深刻的认识与反省之后,中国的改革从一开始就努力去寻找一条新的出路。这虽然是一条渐进式的道路,但却始终有着一个正确的方向。然而，也正是这样一个正确的指导方向，在引领着中国政治体制改革不断完善的同时，为中国纪录片也指明了一条新的道路。纪录片创作者长期被压抑的创作积极性也因此得到了充分的释放，一批又一批思想内容健康、风格创新的纪录片出现在了电视上。特别是在七十年代末，八十年代初，中国纪录片的创作者拍摄了许多关于中国历史文化和自然风光的纪录片，并将自己深厚的思想情感投入在了其中，表达出了一种对祖国发展的美好期望以及对未来的无限憧憬。

纪录片发展的起步阶段，新闻是主要的纪录形式，政治是主要的记录内容，因此也就奠定了政治思想在中国纪录片主题中的主体地位。该阶段的创作高峰是一部新闻式的电视纪录片——《收租院》。而接下来的整个80年代则被称为是纪录片的发展期，纪录片内容也从纯政治题材转化为对祖国的悠久文化历史以及社会主义建设的歌颂。80年代，中国刚刚提出了现代化的建设目标，开始与世界对话。因此，西方文化的涌入对纪录片产生了较大的影响，中国开始借鉴西方纪录片的理念和方法来构筑中国的民族形象。1980年拍摄的《丝绸之路》是从国内各民族间的关系中梳理出了当下中国的发展方向。《话说长江》的拍摄则让中国观众第一次通过影像全面且直观地看到了一个国家的人文地理。这个时期还出现了纪录片专栏，例如《地方台50分钟》《动物世界》等，标志着我国的电视媒介第一次向大众传播的成功转型。

到了90年代，纪录片渐渐开始走向日常化，体现出以人为本的价值追求，并形成了稳定的审美价值取向。《望长城》《德兴坊》《生活空间》等是该时期涌现出来的经典作品。具有不同创作特点的电视纪录片群体也在这一时期有所增加，比较有代表性的就是海派创作群体、西部创作群体与中央电视台创作群体。与此同时，大型文献性纪录片开始崛起，作品内容主要是对一些历史事件或人物生平进行介绍，如《毛泽东》《周恩来》《邓小平》等。

随着新世纪的到来，中国纪录片开始提倡用真实的镜头来记录普通人的生存状态。如纪录片《我们的留学生活——在日本的日子》《老头》

《幼儿园》等。同时,纪录片创作者开始努力将政治议题引入到生活日常中,用日常生活的逻辑来解读政治。创作者选取更加具体可感的现实素材,来进行故事化的呈现。这不仅开拓了中国纪录片的视野,更激发了人们对记录之美的关注。并且,技术的发展也促使电视纪录片创作风格及主题不断朝多样化方向发展,电视纪录片独立创作队伍不断增加。在"国际化"、市场经济全球化的时代背景下,国内纪录片市场还购买了许多国外著名的电视纪录片节目,如《国家地理》《探索发现》等。

在新时代背景下,纪录片更是利用大众化的表达方式,本着以人为本的价值追求,展开个性化的叙事。并有效地结合现代技术和制作手段组合材料,扩大传播,缩小与观众的距离,承担起传递国家形象的职责,为增进国家间的交流和信任做出了贡献。

◎ 问题思考与创作训练

1. 你是如何理解纪录片的?

2. 通过和其他艺术形式的对比,说明纪录片具有什么样的独特价值?

3. 从现实社会生活中选取题材和表现对象,跟踪拍摄,积累素材,并通过配乐、剪辑等后期制作,完成一部10分钟左右的纪录短片。要求:要有较为明确的表现对象和主旨意蕴,镜头语言尽可能富有表现力。